大學叢書

教育行政

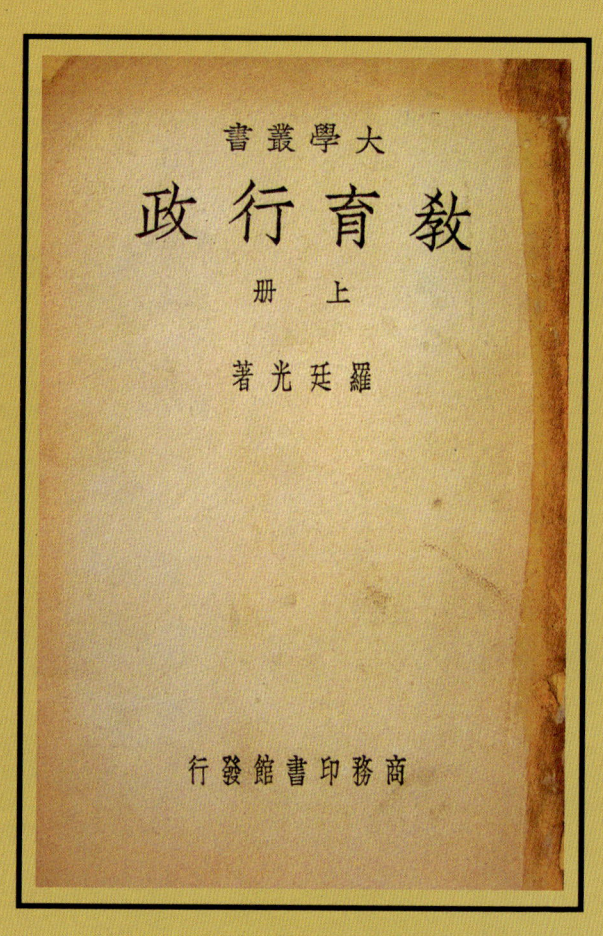

上冊

羅廷光 著

商務印書館發行

本書上冊1948年于商务印书馆出版时的封面

二十世纪中国教育名著丛编

教育行政

上册

罗廷光◎著

主编◎瞿葆奎 郑金洲　特约编辑◎孙锦涛 谢延龙

福建教育出版社

出版说明

20世纪，中国教育学科从无到有，从译到著，形成了具有一定风格的体系。中国教育学者在把握时代脉搏的基础上，博采中西，融汇古今，或独立编写教育学科教材，应迎中国师范教育之需；或自主撰述教育学科专著，夯实中国教育学术之基。皇皇百年，朵朵奇葩。它们在不同程度上折射了时代精神的光芒，反映了教育学术的风貌，凝聚了教育学者的卓识。

站在世纪之交，我社思量有必要重树前辈们的精神财富。2003年春夏之交，时任我社副总编的黄旭赴沪，力邀华东师范大学瞿葆奎先生和郑金洲教授担任主编，诚请老中青教育学者校注和介评，郑重推出《二十世纪中国教育名著丛编》。

辑入这套《丛编》的，皆历经了50年以上时间检验的，水平较高、影响较大、领学科风骚的著作。透过这些著作，试图展现20世纪中国教育学者的学术智慧，盘点中国教育科学的世纪历程，鉴往追来，在过去、现在、未来之间铺设中国教育科学的桥梁。这是一项承接前人、嘉惠后学的教育学术工程。

诚挚感谢主编及其工作集体、各册特约编辑的极大努力，各著作权所有人的全面支持。

《丛编》选、编、校、印中的缺点、错误，敬恳读者批评指正。

福建教育出版社
2006年8月

编校凡例

1. 选编范围。《二十世纪中国教育名著丛编》（以下简称《丛编》）选编20世纪经过50年时间检验的水平较高、影响较大、领学科一定风骚的教育著作。这些著作在学术上有承流接响的作用。

2. 版本选择。《丛编》以第一版或修订版为底本。在各册扉页前，附印原著的封面。

3. 编校人员。《丛编》邀请有关老、中、青学者，担任各册"特约编辑"，负责校勘原著、撰写前言（主要介绍作者生平与原著）。

4. 编校原则。尊重原著的内容和结构，以存原貌；进行必要的版式和一些必要的技术处理，方便阅读。

5. 版式安排。原著是竖排的，一律转为横排。横排后，原著的部分表述作相应调整，如"左列"改为"下列"等等。

6. 字体规范。改繁体字为简化字，改异体字为正体字；"的"、"得"、"地"、"底"等副词用法，一仍旧贯。

7. 标点规范。原著无标点的，加补标点；原著标点与新式标点不符的，予以修订；原文断句不符现代汉语语法习惯的，予以调整。原著有专名号(如人名、地名等)的,从略。书名号用《 》、〈 〉规范形式;外文书名排斜体。

8. 译名规范。原著外国人名、地名等,与今通译有异的,一般改为今译。

9. 数字规范。表示公元纪年、年代、年、月、日、时、分、秒,计数与计量及统计表中的数值,版次、卷次、页码等,一般用阿拉伯数字;表示中国干支等纪年与夏历月日、概数、年级、星期或其他固定用法等,一般用数字汉字。此外,中国干支等纪年后,加注公元纪年。

10. 标题序号。不同层级的内容,采用不同的序号,以示区别。若原著各级内容的序号有差异,则维持原著序号;若原著下一级内容的序号与上一级内容的序号相同,原则上修改下一级的序号。

11. 错漏校勘。原著排印有错、漏的,进行校勘。

12. 注释规范。原著为夹注的,仍用夹注;原著为尾注的,改为脚注。特约编辑补充的注释(简称"特编注"),也入脚注。

中国教育学科的百年求索

——《二十世纪中国教育名著丛编》代序

20世纪是中国教育学科艰难创生、曲折发展的世纪。伴随着中与西的文化激荡，传统与现代的思想交融，中国教育学科逐渐地从译介走向编著，从移植走向创生，从草创走向发展。教育学者们百年来以执着的精神、笃实的态度、质朴的思维，成就了中国教育学科发展史的世纪篇章。站在21世纪的门槛里，隔着时间的距离，回眸这段历程，不仅能窥视中国教育学科所沐浴的阳光，更能体味到她所历经的风雨。

一

教育思想史与教育学科史，不是两个"等价"的概念。在中国，教育思想史可以上溯到两千多年以前，但是教育学科史迄今却不过短短百余年的历程，而启动这一历程的是以日本为媒介的"西学"引介。促动这些引介的直接动因，还是新办师范学堂的课程"急需"。当年，所谓"办理学堂，首重师范"，而"教育为师范学堂之主要学科"。中国教育学科的历史和师范院校的发展乃唇齿相依。之所以借道日本取法"西洋"，主要是因为中日地理毗邻、文化同源。清末张之洞就说："致游学之国，西洋不如东洋：一、路近费省，可多遣；一、去华近，易考察；一、东文近于中文，易通晓；一、西书甚繁，凡西学不切要者，东人已删节而酌改之。中、东情势，风俗相近，易仿行，事半功倍，无过于此。"① 一时间，清廷公派、民间私往日本的学生甚众，多攻读师范速成科。这些学生归国后，又有不少成为师范学堂的译员或教习，成为引介教育学科的主要先驱。他们以译书立说为要务，广揽教育学说，拓展国人视界，推进了教育学人的思想"启蒙"，以及教育学科的学术"建制"。

在中国教育学科史上，1901年是个值得珍视的时段。就在这年，罗振玉创办了中国最早的教育专业杂志——《教育世界》；王国维译介了第一本完整的教育学著作——立花铣三郎讲述的《教育学》。这本著作连载于《教育世界》第9~11号，被视为"教育学"在中国的始点。但在此前，还有两门教育学科分支的著作先行引入中国，即是：田中敬一编、周家树译的《学校管理法》（载《教育世界》第1~7号）；三岛通良著、汪有龄译的《学校卫生学》（载《教育世界》第1~8号）。其后，《教育世界》又先后刊载了汤本武比古著、王国维译的《教授学》；原亮三郎编、沈纮译的《内外教育小史》。1902年，木场贞长著、陈毅译的《教育行政》付梓。中国教育学科的园地又添了"新蕊"。

上述著作都是所谓"进口货"，说的是他域的教育，解的是他国的问题，终究不能替代国人自己的"言说"。在引进、积累之后，国人就尝试立足中国实际，兼蓄西方理论，自编相关教育学科的著作，从而迈出了国人自主"治理"教育学科的最初步伐。朱孔文编的《教授法通论》（时中学社，1903），王国维编的

---

① 张之洞：《劝学篇·外篇·游学第二》。

《教育学》（教育世界社，1905），蒋维乔著的《学校管理法》（1909），黄绍箕和柳诒徵著的《中国教育史》（1910）[1]，袁希洛编的《教育行政数日谈》（1912），俞庆恩著的《学校卫生讲义》（上海江苏教育会，1915）等等，都称得上是各自领域的"先行者"。与同期的译作相比，这些著作在"量"上相当有限，在"质"上尚显稚嫩，但也不乏融合本土经验的作品。这是一个"方长、方成"的时期。总体来说，清末民初的教育学科体系，无论是内容还是结构，都深受赫尔巴特及其学派（Herbart and Herbartians）的影响，同时也符合当时师范课程设置的要求。这意味着，"理论"的驱动和"实践"的需要，构成了中国教育学科发展的原初动力。

随着社会政制的更替、教育情势的发展，尤其是在西方的留学生归国和杜威（J. Dewey）以及孟禄（P. Monroe）、麦考尔（W. A. McCall）等访华的直接推动下，中国教育学科发展的"风向标"由"中道"日本转向"直捷"西方。19世纪末20世纪初，西方的"教育科学化"运动，冲击了以赫尔巴特为代表的思辨教育学，初步建立了经验科学的教育学，即所谓单数"教育科学"（educational science）[2]。与此同时，教育学在与心理学、伦理学、生理学、社会学、统计学等学科（认真说来，这里的

---

[1] 一说为1902年。见孟宪承、陈学恂、张瑞璠、周子美编：《中国古代教育史资料》，人民教育出版社1961年版，第14页。

[2] 1798年，德国教育学家里特（K. Ritter）在《由教育学批判以证明普遍教育科学之必要性》（*Kritik der Pädagogik zum Beweis der Notwendigkeit einer allgemeinen Erziehungswissenschaft*）中，明确提出了"教育科学"（Erziehungswissenschaft）概念。见黄向阳：《教育知识学科称谓的演变：从"教学论"到"教理学"》，载瞿葆奎主编：《元教育学研究》，浙江教育出版社1999年版，第299页。

"学科"是"科学"。下同)的双向渗透中,又衍生出一批交叉性或边缘性的教育学科分支,形成了所谓复数"教育科学"(educational sciences)概念①。这一概念意味着大量社会学科,还包括某些自然学科,应用于教育领域所形成的分支学科群。大抵在20世纪20年代及稍后,这些分支先后在中国"登陆",于是建立了现代教育学科的一定体系。与清末民初相比,这一时期译介尚盛,但已不及国人著述的规模,而且"登陆"的方式也呈现出多样化的态势:有些仍然走的是先译介后编著的路线,如教育社会学、比较教育学等;有些是先有国人编著,而后又引介西方的相关著述,如教育哲学、教育统计学等;还有些仅有国人的编著,似未见引进相关的学科性著作,如教育伦理学、教育生物学等。可略列表举例如下:

1919～1949年国人早期译介和编著的部分教育学科著作②

教育学科	早期的学科著作	国人早期译介的学科著作	国人早期编著的学科著作
教育哲学	1904年,霍恩(H. H. Horne)著《教育哲学》(Philosophy of Education)	1924年,豪恩(霍恩)著、周从政译述《教育哲学》(中华)	1923年,范寿康著《教育哲学大纲》(中华学艺社)

---

① 1912年,瑞士心理学家克拉帕雷德(É. Claparède)在日内瓦指导一个教育心理学研讨班时,明确提出了复数"教育科学"(la sciences de l'éducation)概念。

② 侯怀银:《20世纪上半叶中国教育学发展问题的反思》(华东师范大学2001年博士学位论文);瞿葆奎主编,瞿葆奎、沈剑平选编:《教育学文集·教育与教育学》,人民教育出版社1993年版;黄向阳:《教育伦理学辨——兼析教育问题的哲学反思》(华东师范大学1994年硕士学位论文);王承绪主编:《比较教育学史》,人民教育出版社1998年版;等等。

教育伦理学	1897年,杜威著《教育伦理学》(Educational Ethics: Syllabus of a Course of Six Lecture-Studies)、《构成教育基础的伦理原则》(Ethical Principles Underlying Education)		1932年,丘景尼编《教育伦理学》(世界)
教育社会学	1917年,史密斯(W. R. Smith)著《教育社会学导论》(An Introduction to Educational Sociology)	1918～1919年,史密斯著、刘著良译《教育社会学导言》(载《安徽教育月刊》)	1922年,陶孟和编《社会与教育》(商务)
教育生物学			1947年,张栗原编《教育生物学》(文化供应社)
教育心理学	1903年,桑代克(E. L. Thorndike)著《教育心理学》(Educational Psychology)	1921年,哥尔文、沛葛兰著,廖世承译《教育心理学大意》(中华)	1922年,舒新城编《教育心理学纲要》(商务)
教育统计学	1904年,桑代克著《心理与社会测量》(Mental and Social Measurements)	1928年,塞斯顿著、朱君毅译《教育统计学纲要》(商务)	1922年,薛鸿志著《教育统计学大纲》(北高师编译部)
教育测量学		1927年,杜佐周编译《麦柯教育测量法撮要》(民智书局)	1922年,张秉波、胡国钰编《教育测量》(北高师编译部)

比较教育学	1817年，朱利安（M.—A. Jullien De Paris）著《比较教育的研究计划与初步意见》（Esquisse et vues préliminaries d'un ouvrage sur l'éducation comparée）	1917年，余寄编译《德英法美国民教育比较论》（中华）	1929年，庄泽宣编《各国教育比较论》（商务）
课程论	1918年，博比特（F. Bobbitt）著《课程》（The Curriculum）	1928年，波比忒（博比特）著、张师竹译《课程》（商务）	1925年，余家菊著《课程论》（《中华教育界》第19卷第9期）
……	……	……	……

其实，这种学科分化的景象，从《中国教育辞典》（中华，1928）和《教育大辞书》（商务，1930）这两本有影响的教育专业辞书中就可窥见一斑。除了学校管理学、学校卫生学以外，它们还收录了教育哲学、教育论理学、教育伦理学、教育美学、教育社会学、教育病理学、教育心理学、教育统计学等辞目。从形成机制来看，这些学科主要集中在两类：一类是以"他学科"为理论框架，分析教育活动中形而上的、社会的或个人的问题；另一类是研究如何运用科学的方法来分析教育活动的学科。它们的涌现，既反映了20世纪初叶西方教育学科"科学化"的基本成果，同时顺应了国际教育学科分化的总体趋势。有些学科诞生不久，便在中国教育学科的殿堂里占得了席位。

新中国成立后的50年代，这些初具形态的教育学科接受了新民主主义和社会主义的改造。在"以俄为师"、"全面学习苏联经验"的号召下，这种改造逐渐演变成按照苏联教育学科体系加以规划。中国的教育学科只开一扇"北门"，在数量上大为收缩，仅留下了教育学、心理学、各科教学法、教育史等学科；在内容上倒向了苏联教育学者的研究成果，禁闭或批判了西方学者的教育理论。中国教育学科经历了一次"血透"。"引进"又一次成了教育学科建设的主题，而重点在译介苏联的"教育学"教材，如凯洛夫主编的《教育学》、奥哥洛德尼柯夫和申比廖夫著的《教育学》、叶希波夫和冈察洛夫著的《教育学》等等；虽逐渐有些结合中国实际的自编教育学科教材，但框架上，甚至内容上基本是苏联教育学科的"复制"。这是一种"大教育学"的体系，它不仅使自身背负上"沉重的翅膀"①，而且砍宰了教育哲学、教育社会学、比较教育学、教育统计学等分支学科。与这种"论"的"教育学"相映衬的，主要是教育史学科的建设。在外国教育史方面，先是翻译了麦丁斯基的《世界教育史》，康斯坦丁诺夫、麦丁斯基、沙巴也娃的《教育史》等等；而后又改编和自编了一些外国教育史的教材；在中国教育史方面，运用马克思主义的立场、观点和方法，挖掘和整理一些资料，编写了一些教材和讲义，并在学科体系方面进行了一些初步的探索。这些学科探索，试图以马克思主义为指导思想，确立适合新中国教育需要的学科体系。但是，在1949～1966年间形成的这些断续的、局部的、零星的、有限的学科建设成果，随着"文革"的到来，迅速淹没在一统的"语录化"教育表述之中。这是不堪回首的当年，又是必须回首的当年。它给中国教育学科史添加了一些史无前例的、苦难的、独特的国际笑料。这建国后17年的教育学科建设，也全部被批斗并付之东流！

　　历经了三十年的曲折或中断，中国教育学科的"家园"百废

---

① 陈桂生：《教育学的迷惘与迷惘的教育学——建国以后教育学发展道路侧面剪影》，载《华东师范大学学报》（教育科学版）1989年第3期。

待兴。恰恰在这段岁月里，随着跨学科或多学科的研究日盛，教育学与经济学、政治学、未来学、技术学等学科的相互沟通渐密，西方教育学界又迎来了教育学科分化和发展的新高潮。在开放的背景下，从苏联因袭而来的"大教育学"体系，不仅与国际教育学科分化的整体趋势相悖，而且难以适应新时期教育改革和发展的需要。冲破这种"大教育学"体系，建立教育学科分支体系，成为当务之急。首先是恢复和重建一些教育学科，如教育哲学、教育社会学、比较教育学、教育统计学、教育测量学、教育行政学等；其次是新建一些中国教育急需的学科，如教育经济学、教育政治学、教育法学、教育文化学、教育生态学、教育评价学等等。除了重点译介西方的教育学科成果以外，编写相关的学科著作，建立专门的研究学会，开设专业的教育课程，等等，都极大地推动了中国教育学科体系的建设。尤其是20世纪八九十年代以来，随着教育学科"自我意识"的觉醒，两门以教育理论本身为研究对象的学科——元教育学和教育学史，逐渐进入了中国教育学者的视野。其中，差不多每门教育学科都拥有若干本国人自主撰述的著作，从这百花丛中，似乎可以窥见中国教育学科建设的不少新思维、新风貌、新成就①。至于它们的贡献厚

---

① 如黄济编著《教育哲学初稿》（北京师大出版社，1982；《教育哲学》，1985），陆有铨著《现代西方教育哲学》（河南教育出版社，1993）；鲁洁主编、吴康宁副主编《教育社会学》（人民教育出版社，1990）；潘菽主编《教育心理学》（人民教育出版社，1980），邵瑞珍、皮连生、吴庆麟编《教育心理学》（上海教育出版社，1983），张大均主编《教育心理学》（人民教育出版社，1999）；厉以宁著《教育经济学》（北京出版社，1984），邱渊著《教育经济学导论》（人民教育出版社，1989），王善迈主编《教育经济学概论》（北京师大出版社，1989）；王承绪、朱勃、顾明远主编《比较教育》（人民教育出版社，1983），吴文侃、杨汉清主编《比较教育学》
（转下页注释）

薄,总得有几十年的时间检验。如果说1919～1949年是中国教育学科的初创期,那么这一时期则是中国教育学科的发展期。与初创期相比,处在发展期的中国教育学科不仅在分支数量上有大幅增加,而且呈现出一些"辩证"的特点:在领域上呈现出分化与整合的统一,在内容上呈现出"西学"与"中学"的会通,在方法上呈现出定量与定性的互补。

几度兴废,几番沉浮。世纪百年,见证了中国教育学科从牙牙学语、蹒跚学步走向独立言说、自主行进的曲折历程,涌现了不少先声之作,扛鼎之著,综合之论,特色之述。虽然教育学科的"家族"渐趋庞大,但它的发展是没有止境的。可以说,"在从某一角度分析教育的某一方面或某一组成部分的层面上,有多少涉及'人'的学科;在教育研究的层面上,有多少可用于研究'人'的问题的方法,便有可能产生多少分支学科;在把教育作为一个整体,从多种角度同时进行综合研究的层面上,教育领域内有多少种具有现实作用和影响的实际问题,就有可能产生多少分支学科。"① 而且,教育学科的分化层级也在向"纵深"拓展:

(接上页注释)

(人民教育出版社,1989);陈玉琨著《教育评价学》(人民教育出版社,1999);陈孝彬主编《教育管理学》(北京师大出版社,1990),孙绵涛著《教育行政学》(华中师大出版社,1998);万嘉若、曹揆申主编《现代教育技术学》(中国科学技术大学出版社,1991),尹俊华主编、戴正南副主编《教育技术学导论》(高等教育出版社,1996);陈桂生著《"教育学"辨——元教育学的探索》(福建教育出版社,1998),叶澜著《教育研究方法论初探》(上海教育出版社,1999),王坤庆著《教育学史论纲》(湖北教育出版社,2000),唐莹著《元教育学》(人民教育出版社,2002);等等。

① 瞿葆奎、唐莹:《教育科学分类:问题与框架》(教育科学分支学科丛书·代序),载吴康宁:《教育社会学》,人民教育出版社1998年版,第22页。

从一级学科间的交叉逐渐向二级乃至三级学科间的衍生迈进。这些学科有的已较成熟,有的正在发展之中,有的还处在初生之际。

二

中国教育学科是"西学东渐"的产物,是在译介西方教育学科的过程中形成的。在这一过程中,源自西方的教育学科必然与中国教育实践之间产生某种摩擦或张力,因此,如何克服它们,使教育学科贴近中国教育实践,并裨益于中国教育实践,自然成为许多中国教育学者百年的学术追求。这是一种特殊的"中国意识",也是一种普遍的"本土意识"。正是在这种意识下,他们感到,"教育学有共同之原理,亦有本国之国粹",因而不能简单地移植或照搬外来的教育理论,而必须对这些"舶来品"保持一种"警觉"。

这种"中国意识",也许是一种"本能",伴随着各门教育学科在中国的成长。当年,吴俊升曾提出"中国教育需要一种哲学"[1];雷通群曾倡导"使教育社会学成为中国化"[2]。萧孝嵘也曾说:"我国人的心理背景与他国人的心理背景自有一些差别,故在有些事件中,不能根据国外之研究结果推知本国的情形。本书为顾及此种特殊背景起见,尽量采用我国的研究资料。在某些问题上,如无本国的资料,或有之而在某些方面尚有问题,则采用国外的资料。"[3] 罗廷光曾同样认为,"不可把外国教育行政书籍直接拿来应用——况真正精心结撰之作仍不多觏。我们要做开

---

[1] 吴俊升:《中国教育需要一种哲学》,载《大公报》1934年11月5日。
[2] 雷通群:《教育社会学》,商务印书馆1933年版,"例言"第1页。
[3] 萧孝嵘:《教育心理学》,正中书局1944年版,"编辑大意"第2页。

创的工作,要本远到的目光,渊邃的见解,认清本国教育行政的问题,运用科学的方法和专门的智能以为解答;更当就教育行政之'学'与'术'本身作进一步的研究,以求树立本门学术之深厚的基础"①。……这些学者都注意到,西方的教育理论植根于西方的教育土壤,况且它们也不是不证自明的、完满无缺的,因而不能简单地移诸中土,相反我们必须立足中国教育情势,对它们进行必要的改造。

"改造"的方式是多种多样的。在20世纪上半叶,似乎就涌现了诸如下列的方式:

一是"删削"式。例如,1905年湖北师范生编译波多野贞之助讲义的"例言"中说:"是编是由日本波多野先生折衷中西诸学说,综论教育之原理,以国民教育、道德教育为宗旨,不偏重个人教育,亦不偏重社会教育。兼按中国情势立言,一切奇衺险怪之谈,概从删削。"②

二是"添加"式。例如,余家菊等在《中国教育辞典》的"凡例"中就说:"本书力求成一册'中国的'教育辞典,而不愿成为一纯粹抄译之作,故于本国固有之教育学说、教育史实、教育名家,乃至于教育有密切关系之各项事例,莫不留意搜采。"③

三是"参合"式。例如,1914年张子和在《大教育学》的"自叙"中说:"但其原本,实草创自日本教习松本、松浦二氏之手。余为中国产,思欲讨论修饰,以适合于中国教育界之理想、实际,遂不惮搜集近今东西人之名著,参合而折衷之,思想之崭

---

① 罗廷光:《教育行政》(上册),商务印书馆1943年版,"自序"第1页。
② 金林祥主编:《20世纪中国教育学科的发展与反思》,上海教育出版社2000年版,第60~61页。
③ 余家菊等编:《中国教育辞典》,中华书局1928年版,"凡例"第1~2页。

新,资料之弘富,盖皆馀事也。"① 这已不是简单地"堆砌"外来教育理论,而是体现中国教育学者本人的理论选择和综合素养。这种选择和综合,在一定程度上展现了中国教育学者的创新精神。

四是"改易"式。例如,赵演改译查浦曼(J. C. Chapman)和康次(G. S. Counts)的《教育原理》的译者序中就说:"但因鉴于该书例证,全系采自美国,且处处就美国情况立论,姑译者采取改译的办法。一切外国材料不能适用者,尽行删除,易以中国材料。且设法就中国情况立论,使读者觉得书中所讨论的,即是中国的教育原理。"② 理论是外来的,材料是中国的,这种"大手脚"似易损原著的整体风貌。

五是"融化"式。例如,朱兆萃在《教育学》的"例言"中说:"本书对于国人所创设的教育主张、教学方法,作者加以搜罗,融化在系统中,努力于国化,以期渐成为自己的制造品,而非舶来品。"③ 这种方法提升了境界,通过融入国人自己的研究,实现对外来教育理论的渐进式改造。

诸如此类,如此等等。这折射出中国教育学人谋求教育学科"中国化"的良苦用心。这种"用心",最初指向"日本化",而后指向"美国化"。时至20世纪50年代,它又与"苏化"的现实联系在一起,而"苏化"又意味着切断已往、抵制西方。正当1957年,针对苏联教育学科中存在的僵化、教条化倾向,曹孚认为马克思列宁主义的教育学"一向把历代的教育学方面的文化

---

① 张子和编纂:《大教育学》,商务印书馆1914年版,"自叙"第2页。
② 查浦曼、康次著,赵演改译:《教育原理》,商务印书馆1935年版,第17页。
③ 朱兆萃:《教育学》,世界书局1932年版,"例言"。

遗产，作为自己的科学源泉之一"，"可以而且应该从过去的教育学与教育思想中吸取与继承一些东西"。而且，"教育，作为一种上层建筑，在一经形成之后，有它相对的独立性，教育思想与教育学术的发展有它自己独特的资料与规律。"① 割断现实与历史的联系，漠视新与旧之间的传承关系，不可能有中国教育学科的发展。但是，在努力探寻"教育学中国化"的过程中，一些学人一方面要求以马克思主义教育学说、毛泽东教育思想为指导，以中国教育实践为出发点，建立中国的马克思主义教育学、中国的社会主义教育学；另一方面却又把苏联的教育学当作是马克思主义教育学、社会主义教育学的化身。由此使"教育学中国化"简化为苏联教育学与中国教育实践相结合。当年，瞿葆奎也就犯过这种错误的"代数学"。"中国化"的道路艰辛而又曲折！初步整理的"中国化"思路，在"左"的思潮下"夭折"了——在西方教育学是"资本主义"的、苏联教育学成为"修正主义"的情况下，中国教育学科必然闭关锁国，必然陷入"以阶级斗争为纲"的"政策汇编"和"工作手册"的窘迫之中，从而不可避免地出现了阶级性突现、学科性失踪的"异化现象"！

我们认为，1961年周扬在高校文科教材编选会议上提出的这点意见是正确的："要编出一本好的教材首先要总结自己的经验，整理自己的遗产，同时要有选择有批判地吸收外国的东西，只有这样，才能编出具有科学水平的教材，才是中国的教育学、中国的文艺学。"这是一个中外与古今的问题。所谓只有中没有外，就没有全面观点；只有今没有古，就没有历史观点。在这种

---

① 曹孚：《教育学研究中的若干问题》，载瞿葆奎、马骥雄、雷尧珠编：《曹孚教育论稿》，华东师范大学出版社1989年版，第213、223页。

思想指导下，以刘佛年主编的《教育学》①为代表的教材②，试图谨慎地矫正一些教育学科在"教育大革命"中所发生的偏离，但仍留有"以阶级斗争为纲"的一些时代痕迹。好景难长，还没有来得及出版，"文革"浩劫降临，再次剥夺了中国教育学科生存的空间。我们不得不承认，这曾经是中国教育学科"自主"走过的一段短暂历程，但曾几何时，一下子又成为"文革"对所谓封、资、修大批判、大斗争的对象。

综合上述，似乎可以说，那种"痛快地"认为我国教育学科是"先抄日本"、"继袭美国"、"再搬苏联"的说法是一种比较简单化了的认识的声音。"中国化"是先后中国教育学者矢志不移的学科情怀。当然，做得有高下之分，优劣之别。改革开放以后，这一问题再次被提上日程，并在80年代末90年代初形成了一股讨论的热潮③，提出了"建设具有中国特色的社会主义教育学"的使命。这场讨论大体沿两个方向展开：一是"个性为主"

---

① 刘佛年主编的《教育学（讨论稿）》，为了教学试用和征求意见，曾于1962～1964年先后内部印刷4次。"文革"后，应华东师范大学校内教学急需，1978年第5次印刷。后应人民教育出版社的要求，稍加修改，于1979年正式出版。1981年，主动函请停印。其后，涌现了一些适应新形势的教育学，如华中师范大学等五院校合编的《教育学》[人民教育出版社，1980，1982；王道俊、王汉澜主编《教育学（新编本）》，1988，1989]，南京师范大学教育系编的《教育学》（人民教育出版社，1980，1984），等等。

② 在教育史方面，中国教育史用"编"，有毛礼锐、邵鹤亭、瞿菊农等的《中国古代教育史》、陈景磐的《中国近代教育史》、陈元晖的《中国现代教育史》；外国教育史用"借"，有曹孚根据麦丁斯基的《世界教育史》和康斯坦丁诺夫等著的《教育史》，编纂了一部《外国教育史》。在教育心理学方面，有潘菽主编的《教育心理学》。等等。

③ 瞿葆奎主编，郑金洲副主编：《教育基本理论之研究（1978～1995）》，福建教育出版社1998年版，第964～968页。

的中国化,即充分重视本国的教育实践,注重中国教育规律的探索;二是"共性为主"的中国化,即在探寻中国教育规律的同时,探索普遍的教育规律。随着全球化时代的到来,"本土化"又成了从空间上关涉中国教育学科发展的关键词。与"中国化"相比,"本土化"的应用范围不限于中国,可以是全球化进程中任何一个国家或地区。因此,"教育学中国化"可以看作是中国语境下的"教育学本土化",或者说"教育学本土化"在中国的具体体现。

然而,"教育学中国化"、"教育学本土化"这两个概念在不同程度上带有所谓"殖民"的色彩,甚至残留着"西方中心主义"的痕迹,因为它们的前提仍然是外来的(更确切地说,是西方的),是生长于异域的教育理论;它们的逻辑仍然是结合本地的教育实际,筛选、改造和应用外来的教育理论。在这一过程中,外来的教育理论可能在与本土的教育实践结合的过程中,生发新的冲突,引出新的问题,重构新的理论,但总体来说,这种模式难以催生出体现中国"原创"的"本土理论"。事实上,从中国教育问题出发,建立"中国的教育学",一直是20世纪中国教育学人的憧憬。例如,早在1932年,就有学者提出,"外观世界大势,内审国内需要;研究本国民族思想的特质,找出教育与本国政治、经济、社会的关系,并认识儿童本性及其学习过程。综合种种,而创设中国教育的基本理论,而确立中国教育理论的体系"①。1955年,有人提出要"创建和发展新中国教育学"②。

---

① 罗廷光:《什么是中国教育目前最需要的》,载《时代公论》1932年第8号。

② 程湘凡:《对教育学教学大纲的意见》,载《光明日报》1956年11月26日。

而近年的呼声尤为强烈,如有论者要求"建设中国特色的社会主义教育学"①,有人提出"本土生长"的概念②,有人重提"中国教育学"的设想③,等等。这都是期盼建立真正属于中国自己的"原创"教育理论,为世界教育理论贡献自己的智慧,有如陈元晖厚重的豪迈气概:"真正摆脱'进口教育学'而有'出口教育学',让外国人来翻译我们的著作。"④ 建构本土的教育理论,是全球化时代赋予中国教育学者的神圣使命,学者们不懈地奔走呼号,为此殚精竭虑。然而,这种本土的理论建构,概而言之,就要"统新故而视其通"——立足于今,融会古今;"苞中外而计其全"——立足于中,兼采中外。是耶非耶?

三

前述以教育活动这一实践形态为对象的教育学科,又可以说不外"教育哲学"和"教育科学"两类。"在教育学——其中只有一部分的事实和原则可以用自然科学的方法来发现,另一部分却非有综合的理解不可——这种从全体上来衡量的态度,是求得

---

① 例如,鲁洁:《建设具有中国特色的社会主义教育学管窥》,载《教育评论》1988年第1期;刘黔敏:《建设中国特色的教育学:挑战与应答》,载《教育理论与实践》2004年第11期;等等。
② 项贤明:《教育:全球化、本土化与本土生长——从比较教育学的角度观照》,载《北京师范大学学报》(人文社会科学版)2000年第2期。
③ 叶澜:《中国教育学发展世纪问题的审视》,载《教育研究》2004年第7期。
④ 陈元晖:《中国教育学史遗稿》(北京师范大学教授文库·陈元晖卷),北京师范大学出版社2001年版,第67页。

确信所必需的。"① 从这个意义上说，教育学乃是教育科学与教育哲学的结合体，因而也是众多教育学科分支的整合体。这些分支学科是从总体的教育学分化而来，仅从某一方面揭示教育的本质属性，而要形成有关教育的整体认识，又有赖于总体的教育学加以整合，以跨越学科间的壁垒，寻求以"教育"为基质的统一性。这大概就是分化与整合的辩证法。但是，有不少学者好像没有看到那些分化出来的教育学科分支背后的这种统一性，要么认为分化是对总体的教育学的消解，要么认为这些分支不过是其他学科的知识应用，教育学并没有对它们的建构做出特有的贡献，从而怀疑教育学的学科价值。面对这些"非难"，从本源上重提教育学与其他学科的关系问题，也许有其必要性。

自哲学中"脱胎"以来，教育学似乎总是难逃与其他学科的"纠缠"。从伦理学、心理学，到社会学、生理学，以至与人有关的学科，似乎都可以成为教育学的"理论基础"。在历史上，例如，尼迈尔（A. H. Niemeyer）就认为伦理学、人类学、心理学、生理学是教育学的"基础学科"；拉伊（W. Lay）称这些学科为教育学的"辅助学科"；赫斯特（P. Hirst）则将它们视为对教育学"有贡献的学科"。这种学科的"介入"或"引入"，是否威胁到教育学存在的合法性？在20世纪的百年中，粗查历史，这个问题至少曾两度唤起中国教育学者的兴趣。

一次是20世纪30～40年代。黄炎培、江恒源、杨卫玉等人持否定的意见，认为教育可以借助其他学科、专设相应的机构来

---

① 孟宪承：《教育哲学引论》，载周谷平等编：《孟宪承教育论著选》，人民教育出版社1997年版，第351页。

研究，但没有另辟独立学科的必要①。多数学者，如常道直、艾伟、姜琦、陈友松等，则坚信教育学作为一门独立的学科，不仅是必要的，而且是可能的。承认这种独立性，并不意味着教育学不需要其他学科的支撑。相反，我们必须接受这一事实：教育学与物理学、化学、生物学不同，自身并没有一套已经证实的基本概念。"教育学不过借用了自然科学的假设和方法，应用了生理学、心理学、社会学里面已经树立的基本概念。有如医学应用了生理学、内分泌学的概念以建造身体；工程学应用了力学、数学的概念以建造机器，教育学应用了生理学、社会学以及自然科学的概念以建造人格。"② 既然医学、工程学之类的学科可以屹立于学科之林，教育学岂非一门独立的学问？！因此，关键的问题，不是教育学是否需要其他学科的资源，而是教育学如何对待其他学科的知识。然而，这一时期的学者没有或没有来得及合理地明晰阐明这一点。

另一次是20世纪90年代以来。随着学科间相互渗透的加强，不仅从事其他学科的学者所谓"越界"讨论教育的问题，而且以教育学为志业的学者大都"主动"地向其他学科"伸手"，找寻于教育知识建构有用的概念与命题、理论与方法。随着其他学科的发展，教育学相应地获得了更加丰富、更加坚实的学科基础，似乎也表现出对其他学科越来越深的知识"依赖"。面对这种情况，有学者忧虑，教育学在缺乏主体意识的情况下，所谓盲目"占领"其他学科的材料，结果可能反被其他学科所占领，以

---

① 程其保等编：《中国教育问题总检讨》，载《教育通讯》1948年复刊第5卷第4期。
② 陈选善：《三十年来教育中之科学方法》，载《教育杂志》1935年第25卷第8期。

致沦为"别的学科领地";也有人怀疑,在学科独立性方面先天不足的教育学,恐难抵抗其他学科的"入侵",从而在知识的大分化中走向"终结"①;还有人呼吁应对其他学科的应用保持高度警惕,避免陷入"非学科性"的境地之中,从而主张多方寻求教育学独有的学科立场和认知方式。与这种被动的"守势"相比,不少学者采取一种积极的"攻势"策略。他们认为,多学科的介入是教育研究的规律,因此,担心教育学的领地遭到"入侵"、"占领"或"蚕食",而对其他学科采取一种消极的抵制态度,是枉费功劳的,而且是有害的;重要的是,利用教育学的整合优势,秉持一种自由而开放的态度,"以我为主"地吸纳其他学科的理论和方法,或接受这些学科的知识"滋养"。但也有论者断言,这种多学科的渗透会使教育学的研究范式变得越来越模糊,教育学从而成为"一个边界不断扩大的专门化的研究领域"②,这似仍是对教育学学科独立性的存疑。

不加检视地"应用"或"移植"其他学科的成果,或者,对其他学科采取"拒斥"或"防范"的态度,这两种想法与做法都有失偏颇。前者奉行的是"拿来主义",有使教育学沦为其他学科"领地"的危险;后者无异于"废食主义",漠视了其他学科对教育学的贡献。那么,如何在兼蓄其他学科知识的同时,保持教育学的学科独立性?我们今天的认识是,实现这种统一性的"阿基米德点",就是教育实践本身。虽然其他学科可以讨论教育

---

① 吴钢:《论教育学的终结》,载《教育研究》1995年第7期。回应这种观点,有如郑金洲:《教育学终结了吗?——与吴钢的对话》,载《教育研究》1996年第3期;周浩波:《论教育学的命运》,载《教育研究》1997年第2期等。

② 劳凯声:《中国教育学研究的问题转向》,载《教育研究》2004年第4期。

实践，但这并不能替代教育学本身的讨论。因为"每一门学科，即使在它关注教育实践时，也都有它自己的概念，并用这些概念提出它自己的独特的理论问题，这些问题基本上可以说具有哲学的、心理学的或历史学的性质，而不是实践性的。"而且，"每门学科都从复杂的实践中进行适合于它自身有限的抽象。这类学科不探讨任何种类的共同的问题，每门学科的成果都不足以恰当地制定出教育实践的原则。"① 对于教育实践而言，来自其他学科的知识都不是确定不移的，而是未定的、不完全的；它们能否成为教育学的知识，还必须在教育实践中接受检验。惟有在教育实践中得到验证或辩护的知识才是"教育的"，才是"实践的"。这便是教育学的特有立场，即一种基于教育实践的"综合"立场。在这种立场下，教育学不再将其他学科的知识看作是不证自明的，或看作是依赖的对象，相反却可以理直气壮地从教育实践的角度对这些学科的知识提出质疑，做出修正，进行综合。如果离开了教育实践这个"根本"，教育学就会在其他学科的冲击下成为"萍踪浪影"了。由此显示出，作为一门专事教育实践的教育学相对于其他学科的独立性。

四

关于学科的独立性问题，不能局限于知识领域，还需要与社会现实保持适当的距离。这种距离是学科从"依附"走向"独立"的前提。更直接地说，教育学科不能简单地、完全地附和社会现实的需要，不能仅仅一味地为社会现实提供辩护，而要从

---

① 赫斯特著，沈剑平译：《教育理论》，载瞿葆奎主编：《教育学文集·教育与教育学》，第444页。

"学术自由"或"学术独立"的角度,坚持对社会现实的理性批判。这种批判是一切社会学科良性发展的条件。

在20世纪,中国教育学科有许多的进展,但也有过曲折,有过停滞,有过中断。造成这种曲折、停滞、中断的原因是多方面的;其中之一也许就是,缺乏学术上的自由氛围和独立精神。妨碍这种自由和独立的,首先是意识形态的干预和控制。

例如,辛亥以后颁布的《普通教育暂行办法》规定:"凡民间通行之教科书,其中如有尊崇满清朝廷,及旧时官制、军制等课,并避讳、抬头字样,应由各该书局自行修改,呈送样本于本部,及本省民政司、教育总会存查。如学校教员遇有教科书中不合共和宗旨者,可随时删改,亦可指出,呈请民政司或教育会通知该局改正。"随后,"三民主义"、"党化"教育,"国家主义",以至"新生活运动",等等带有强烈意识形态控制的"官方哲学",通过师范学校课程标准的颁布以及教科书的审定制度,渗透进了某些教育学科教材或著作中。例如,汪懋祖在其编著的《教育学》(正中书局,1942)中明言:"本书根据国父三民主义、孙文学说及总裁之言论训词,上承孔孟,拟组成新儒家的教育思想。"又,"参采陈立夫《唯生论》阐明人生之意义与人本教育。"该书虽然也吸取了杜威等人的学说,但全书的基调是附庸和逢迎于意识形态控制的[①]。

新中国成立后,第一要务也是根据新民主主义和社会主义的精神,改造旧时的教育学科。在相当长的一段时期里,马克思主

---

① 又如,范锜著的《三民主义教育原理》(民智书局,1929),张九如编的《三民主义教育学》(商务,1929),潘廉方编著的《三民主义教育概论》(国民图书出版社,1946)等,都是带有明显的意识形态的教育著作。

义、毛泽东思想成为教育学科建设的指导思想，甚至是教育学科知识的"惟一"理论来源。而且，这一时期鲜有学科性的专著，多是教材的编撰，而教材通常是以行政性的教学大纲或计划为依据的，易于成为意识形态的"传声"或"应声"。甚至有学者感喟，当年的"教育学者非科学也，描述记录之学也，追风媚势之学也"①。"教育大革命"以至"文化大革命"，教育学科一度沦落为"政策"编纂学，一度异化为"语录"诠释学。在"教育要革命"的号召下，教育学科也成为阶级斗争的"革命哲学"的领地，"革命性"地成为重述"最高指示"的"语录学"。这是中国教育学史上近乎荒诞却又是真实的故事。这是政治的逻辑向教育学科领域无限膨胀的结果。这就使中国教育学科丧失了前途和生命。

在社会政制更替之初，意识形态的干预和控制是稳固新生政权的一般要求，但这并不等于说，政治的逻辑就可以取代学术的逻辑。没有学术上不断的自由争论，就没有学科上的持续发展。诚然，教育学科的发展离不开具体的社会历史条件，必须直面当时的教育现实，但这并不意味着教育学科没有自己的相对独立性，没有超越和批判教育现实的可能性。恰恰是这种独立性，构成它助益于教育现实的"资本"。能否确保这种独立性，关键仍然在于研究者是否坚持了自由和独立的批判立场。倘若研究者对社会现实只是"附会"，不仅社会现实和教育现实的改进无望，而且教育学科地位的保持和提升也是泡影。早在 1933 年，赵廷为就敏锐地看到研究者的"太不争气"：一是"一味学时髦"，二是"太会适应环境"，三是"不肯下苦功夫"，四是"兴味太狭隘"。前两点所显示的正是教育学者的"独立性"问题，后两点

---

① 王道俊：《在困惑中探索》，载《教育研究与实验》2005 年第 2 期。

涉及的是研究者的"主动性"问题。他说:"凡是研究教育的人们应该有一种专业的兴味和信仰,可是我国所谓教育家也者,有不少人受社会所同化,正与不学教育的人们一样党同伐异,一样的抢地盘和利用学生,一样的不惜把教育根本摧毁"①。总之,研究者必须有专业的精神,必须保持研究的相对独立性。

谋求教育学科的独立性,不仅意味着从中国原发的教育问题出发,形成具有"原创"品质的本土教育理论,意味着从教育实践本身出发,整合相关学科的知识资源,建构内在于自身的一定概念、命题和理论,而且要求教育学者"独立于各种世俗的权力",克服浮躁学风,抵制"泡沫"学术,鄙弃剽窃行径,认真思考外来概念、命题或理论之于教育学科体系的妥适性。布迪厄(P. Bourdieu)说:"社会科学只有拒绝迎合社会让它充当合法化或社会操纵工具的要求,才能构成自身。"②更进一步说,教育学者应该具有探寻未知、追求真理的"求真"精神,怀疑权威、自主探索的"自由"精神,超越现实、破除迷信的"批判"精神③;应该在推进学科或教材建设方面,切实转变教育观念和思维方式,"只有超越传统教育观念与思维方式的束缚,立足新的基点,把握新的尺度,进入新的境界,才能审视新现实,发现新问题,提出新见解,才能重新诠释、探讨、改造原有的概念、范

---

① 轶尘:《教育的学问为什么给人家瞧不起》,载《东方杂志》1933年第30卷第2号。

② P. Bourdieu, *In Other Words*: *Essays Toward a Reflexive Sociology*, Cambridge: Polity Press, 1990, pp. 27~28. 转引自邓正来:《关于中国社会科学的思考》,上海三联书店2000年版,第7页。

③ 文雪、刘剑玲:《教育学在什么意义上不是科学》,载《教育理论与实践》2004年第4期。

畴、命题、逻辑，取得突破性的进展。"① 这也许是一条真正的追求创新之路。

五

综上所述，中国教育学科是在异域理论的"驱动"下，在其他学科的"挤压"下，在意识形态的"控制"中艰难行进的。挣脱依附的生存处境，谋求自主的发展空间，是支撑它们前进的不竭动力。然而，担负中国教育学科建设使命的，无疑是中国教育学人；凝聚中国教育学人睿智思想的，无疑是他们的呕心之作。筹划这套《二十世纪中国教育名著丛编》的目的，也正在于通过与那些有质量、有影响的教育著作进行创造性的对话，感悟20世纪中国教育学人的学术智慧；在于探寻中国教育学科的历史足迹，彰明这些学科在新世纪发展的路向参酌。

为了中国教育学科的发展，多少代学者在既往的20世纪上下求索，走过了百年艰辛的道路。然而，毕竟"芳林新叶催旧叶，流水前波让后波"。仰视未来，后来者居上又是教育学科发展史的客观法则。

《代序》乃刍言。该说的或又未说；而说的或又未说清楚，甚或又说错了。伫候老、中、青教育学者批评。

瞿葆奎　郑金洲　程　亮
2006年3月

---

① 王道俊：《在困惑中探索》，载《教育研究与实验》2005年第2期。

特约编辑前言

———— 一 ————

罗廷光（1896—1993），号炳之，我国著名教育学家。关于他的生平，用海德格尔式的描述便是：他出生，他活着，他死去。（这是海德格尔谈到亚里士多德生平时说的一句话）用上世纪前半期大多数中国学者的共同经历来描述，应该是这样：他出生，他国内求学，他国外求学，他大学任教，他死去。

1896年农历六月十三日，罗廷光出生于江西省吉安县淳化乡云楼村。从5岁起，他便跟父亲开始学读书识字。父亲过世后，他于1911年入吉安县高等小学学习，20岁中学毕业后任小学教员。1918年罗廷光考入南京高等师范教育专修科学习。翌年五四运动爆发，罗廷光激于爱国义愤，参加了南京学生和各界群众的大规模示威游行。南京高师毕业后，他先后任教于厦门集美师专和河南第一师范。1925年罗廷光入南京东南大学进修，同时兼任江苏省第一女子师范（南京）教员，毕业后他又先后任教于南昌鸿声中学、扬州中学和无锡中学。

1

1928年罗廷光考取江西省公费赴美留学资格，入美国斯坦福大学教育研究院，主攻教育史和教育行政，一年后转入哥伦比亚大学师范学院学习，主攻比较教育和教育行政，同时兼及研究教育科学方法。1931年罗廷光获硕士学位回国，任国立中央大学副教授，翌年升教授，并兼任教育社会学系主任及实验附中、附小校长。1933年，他到武汉任湖北教育学院院长。1935年，罗廷光赴英国入伦敦大学皇家学院研究教育理论，同年8月，他代表中国教育学会和中国社会教育社，出席了在牛津举行的第六届世界教育会议。1936年上半年，罗廷光先后考察了法、德、意、丹、波、苏等国的教育，7月从莫斯科回国，受聘到河南大学任教授兼教务长及教育学系主任，开设"比较教育"课程。

　　1937年抗战爆发，北大、清华、南开三校在长沙、南岳组成临时大学，罗廷光从南京前往南岳任教。1938年他随校南迁昆明，在新组成的国立西南联合大学继续任教。此间，罗廷光曾参加国立中山大学教育研究所硕士学位的典试工作，并兼授该大学教育研究所的课程。1940年赴江西泰和，就任中正大学教授兼教务长，《教育行政》一书就是在这一时期完成的。1946年他到重庆，任中央大学教授并兼师范学院院长。1948年他被聘为联合国教科文组织中国委员会委员，出席了本年在南京召开的成立大会，讨论了如何发展中国教育、科学和文化事业等问题。

　　建国后，罗廷光于1950年任南京大学教授兼教育学系主任。1952年他任南京师范学院教授，并兼该院院务委员会委员和院学术委员会委员。从1954年起，他专门从事《外国教育史》的教学。1962年他又任江苏省哲学社会科学联合会副主席。1984年南京师范学院改名为南京师范大学，罗廷光继续任教至1993年去世。

二

《教育行政》一书是罗廷光先生一本重要的著作。当前我国很多学者认为，从上世纪初我国学者开始自己撰写教育管理学著作始至解放前，共有二百多本著作问世，其中有两本是最具代表性的，一是杜佐周著的《教育与学校行政原理》，另一本就是罗廷光的《教育行政》。罗廷光《教育行政》一书的产生，既是教育管理学在我国发展的必然，又是当时教育行政实践发展的要求和反映。就教育管理学在我国的发展而言，我国古代，教育管理学还不是一门独立的学科，对教育管理的论述夹杂在教育的论述中，并一直停留在经验描述水平上。19世纪末，我国开始对西方教育管理研究的成果进行大量的翻译和引介，有外国传教士翻译的著作，如《泰西学校论略》、《七国新学备要》等。大量的是中国学者自己翻译的著作，如山田邦彦著的《日本普通教育行政论》，① 木场贞长著的《教育行政》② 以及田中敬一编的《学校管理法》③ 等著作。就这样，中国出现了大量翻译的教育管理学著作。据有关学者统计，在1900年到1911年间，翻译的有关教育管理方面的论著就有40种之多。随着大量教育管理学著作的翻译引入，我国学者逐渐意识到必须有国人自己编写的、符合中国国情的教育管理学著作，于是一批教育界学人，从20世纪初

---

① 〔主编注〕山田邦彦：《日本普通教育行政论》，载《教育世界》1905年12月—1906年6月，第114、115、116号。

② 〔主编注〕木场贞长著，陈毅译：《教育行政》，1902年版。华东师大教育信息中心藏。

③ 〔主编注〕田中敬一编，周家树译：《学校管理法》，载《教育世界》1901年5—8月，第1—7号。

开始，便陆续编写了一批教育管理学著作。三四十年代有杜佐周的《教育与学校行政原理》，程湘帆的《中国教育行政》，夏承枫的《现代教育行政》，张季信的《中国教育行政大纲》等书。罗廷光的《教育行政》也是其中一本，对于这一点，正如他在《教育行政》自序中说的："我们不能把外国教育制度移植过来，同样也不可把外国教育行政书籍直接拿来应用。"

《教育行政》一书也是当时教育行政实践发展的要求和反映。在清末的时候，教育管理就已经列入各级师范学校的正式课程，光绪二十九年十一月（1904年1月）的《奏定学堂章程》中，就规定师范学堂开设教育管理课程。民国时期，1913年公布的《课程标准》中规定在两级师范中，分别设置学校管理、教育制度、教育法令等必修课。而在1930年至1940年国民党政府颁布的《高中师范课程暂行标准》中，也规定了要开设"小学行政"课程。在实践中，教育管理课程的设置必然要求有相关的教材，一系列教育管理和教育行政著作、教材的产生也就成为必然。在20世纪30年代以前，我国就已经有人编著过一些教育管理方面的读本，但就其内容而言，或介绍国外论著的观点，或解说当时的法规，几乎说不上有什么学术方面的建树。实践需要有高水平的教育管理学著作的产生，其中罗廷光《教育行政》一书的出现就是适应这种要求的反映。《教育行政》一书作为国民党统治时期的产物，也必然是对那个时期教育行政状况和要求的反映。1929年，南京国民政府颁行《中华民国教育宗旨及其实施方针》，确立了三民主义的教育宗旨，这是整个国民党统治时期实施教育的法定依据。1937年抗战爆发，民国政府提出了"战时应作平时看"的教育方针，要求教育要为抗战服务。1938年国民党临时全国代表大会通过《中国国民党抗战建国纲领》，又对"抗战建国"教育方面的基本国策作了规定。据此，民国政府实行了抗战时期的国民教育制度和初等教育行政的三联制。1940年教育部公布《国民教育实施纲领》，推行儿童义务教育和失学民众补习教育合一的新国民教育制度，新国民教育制度又是国民党推行"管、教、养、卫"新县制的组成部分。1940年8月，国民教育制度推行后，教育管理上即实行初等教育行政三联制，教育行政三联制强调教育行政管理环节的完整性与连接性，确立了中央、省市、县分层逐级管理的机制。国民党统治时期实行的一系列教育行政举措要求有理论的反映和总结，在这样的背景下，罗廷光的《教育行政》应运而生。

三

《教育行政》一书分为上、下两册，上册为教育行政本论，下册为学校行政，都从六个方面进行阐述。上册六个方面为：概论，学制系统，各级教育行政机构，教育人员，教育经费，教育视导；下册六个方面为：行政组织，教务，训育，事务，体育卫生，研究与推广。此外，在书的最后还附有民国时期主要教育行政政策和法规文件的文本资料。

《教育行政》上册六方面中，概论部分主要对教育行政的一些基本概念和原理进行了说明，涉及教育行政的起源、概念、范围，我国教育行政发展的概况，以及教育宗旨和政策等内容。其余五个部分实质上讲的是教育行政组织和运作问题，其中学制系统和各级教育行政机构属于教育行政组织，学制是教育组织制度问题，教育行政机构是组织机构的设置问题。而教育人员、教育经费和教育视导则属于教育行政运作活动的三个方面。在《教育行政》上册中，罗廷光主要提出了以下一些见解：

第一，关于教育行政的基本概况方面。明确了教育行政的一些基本性问题,如教育行政和教育行政学的概念。教育行政是指国家对于教育事业的行政,是教育行政人员推进诸般教育设施的功能的行动。具体而言,教育行政就是指国家对于教育负起组织、计划、监督和指导的责任,以最经济的手段、最有效的方法,去实现国家教育宗旨及实施方针,藉以完成国家教育的使命。教育行政学是根据本国国情,运用科学方法,就一般问题和制度,或分析,或综合,或演绎,或归纳,推究其利害得失,折衷于至当原理,权衡比较,藉以得到圆满的解决与成功。教育行政学的研究范围包括国家的教育方针、政策、学制、经费、视导、督察、师资、人员及各级教育行政机关的组织、衔接等。再如教育行政的趋势表现为民主化、集权化、科学化和专业化四个方面;教育宗旨为一切教育实施的准则,它产生于民族的哲学,所以一国便有一国的教育宗旨。教育政策是国家对于教育行政的方策或计划,是实现教育宗旨的一种最有效的方策。并对七个教育政策的重大问题进行了讨论,即中央集权与地方分权,教育官办与教育民办,干涉与放任,整齐划一与参差多变化,教育与宗教的关系,中等教育之普及与选择问题和男女同校分校问题。

第二,关于教育行政组织的学制和教育行政机构方面。学制系统有两点较重要,其一,什么是学制。学制就是学校制度,由学校和制度两大要素构成,缺一不可;其特点是各级各校层次分明,衔接灵便,有条理、有系统,并由国家法律规定或政府明令公布出来。学制的功用在本质上是为了达到国家的教育宗旨。其二,学制改革。对于学制改革,除了借鉴他国,还要审度本国政治、经济和社会等状况,以及今后趋向和学生身心的发展,而且改革应当慎重行事,集全国学者共同研讨,依据现实情况进行处置。学制改革要遵循以下原则进行:以本国国情为依据;顾及学生身心发展;符合单轨精神;各级学校上下衔接;教育机会均等；适应社会需要和国民经济力；学校教育与其他教育组织保持密切联系和学制富有弹性。

教育行政机构方面，一是指出各国教育行政制度，各因本国国情而异，一国之所长，未必能移植于另一国。二是表明了教育行政组织的原则：教育行政从属于普通行政；各级教育行政机关联系畅通；中央与地方统一；发挥专家的作用；有采纳民意的机制，设置审议机关；遵循分工合作原则；设置学术研究机关；基于事实而趋向较高的理想。

第三，关于教育行政运作活动的三个方面，即人员、经费和视导。组织的运作离不开人，教育人员包括教育行政人员、学校校长和教员三部分。教育行政人员最大的问题是没有严格的任职资格规定，这极大地损害了教育事业。提出了学校校长的任用资格；在行政上，既要服从上级的指挥以处理全校校务，又要不以俯首听命为能事，根据个人经验和心得，向上级提出种种改进的建议；对同事，校长必须显示其双重领袖的资格，一为办事上领袖的资格，一为学识上领袖的资格；对学生，校长应使他们竭诚景仰和推戴；对社会，校长应努力做个社会的领袖。对于教员，指出其待遇过低，难以吸引和保持优秀教师，一切教育事业必难发展；同时要求教员必须进修，学习新思想、新知识，培养研究兴趣，补足专业训练，达到增进教学效能之目的。

在教育经费方面，认为解决教育经费不足应从两个方面努力，一是增加财源，二是加强教育经费管理。教育视导方面，认为视导的目的在于视察学校、辅导教师、改进教法、发展学生、从事专门研究和统一教育行政六个方面。确定教育视导人员的资格应考虑三方面因素，即身体和态度、学识和经验，品格。

《教育行政》下册为学校行政，罗廷光主要提出了以下一些重要见解：

第一，学校行政组织方面。涉及学校行政组织的设计、组织内部分工以及组织效率三个方面。其中比较重要的见解有二：一是学校行政组织设计遵循的原则，即组织力求翔实、有弹性，组织系统要完整，责任要专一，劳逸要均等，联络要敏捷，行动要灵活，组织要合于经济、合于学生需要、合于民主的精神等。二是影响学校行政组织效率的三个因素，即学校行政计划、办事方法、学校办公室的布置和设备。

第二，学校教务与事务方面。学校教务涉及学级编制、课程、教材及用书、上课时间支配、成绩考察和计分法等内容。学校事务涉及学校建筑与设备、学校经费管理和校工、图书馆和教具的管理等。这两方面比较重要的见解有：一是课程行政的原则，包括使课程"活化"，勿令其僵化；充分利用教员的努力和社会的帮助；要经常研究、分析课程，评价效果；了解课程本身、学生、家长及当地社会经济状况，增进课程的效能；多方搜集地方教材，充实教学内容。二是学校建筑和设备。学校倘有较完善的校舍和设备，不但可减少行政和训育上的困难，而且可大大增进教育的效能。学校建筑和设备的重要原则为：多变化，合卫生，适于学生身心发展，具有艺术意味，经济，坚固，安全，儿童化。三是学校经费，包括开办费、经常费和临时费。学校经费的预算和决算必须遵守相关的步骤和原则，同时要强化学校的会计制度。

第三，训育、体育卫生和研究推广方面。训育必须从德智体等教育活动的整体性角度来理解，训育中儿童所享的自由范围，应与其理智发达的程度成比例。训育要有明确的目标，其实施要以相关原则为引导，遵循一定的制度。训育人员包括校长、主任、导师及教师等，其中校长对学校的训育负有重大责任。要对训育中的奖惩、顽童训练和学生自治三大问题进行研究。学校体育要确定实施的目标和要点，设置体育视导人员，督促体育之实施。学校要设置卫生行政组织和校医。中小学应成立专门的研究组织，其范围广窄，要看学校性质、学校规模大小及经济能力而定。

对于研究推广而言，研究方式可采取集会、讲演、参观、调查、通讯等；研究方法主要有历史、观察、实验、测量、统计、案例、问卷等；研究一般要遵循以下一般程序：问题的发现和选定，材料的搜集和整理，概括和下结论、作报告。学校教育不应限于围墙以内，要推广到社会方面去，主要涉及三方面内容，即推广家庭教育、办理社会教育、增进学校间的联络和协作。

四

著名教育学家邱椿读完《教育行政》后，如此评价道："大抵教育行政学的研究，不外哲学的、历史的、比较的和科学的四个途径。……中外流行的教育行政学的书籍何止汗牛充栋，但求一能兼用上述四种研究法而获得成功者，我自愧孤陋，尚未看见过。……罗炳之（廷光）先生以其近年来精心结撰的教育行政学的原稿见示，我曾细读一遍，觉得本书确是运用上述四种研究法而获得成果的一本杰作。"（见本书《邱序》）邱先生从研究方法上对《教育行政》给予的肯定，这正是此书的显著优点之一。此外，《教育行政》还有以下突出优点：

该书内容厚重，论述有一定深度。在对教育行政的每一个重大问题进行探讨时，该书总是旁征博引古今中外的相关资料和论述，既探求每一问题在中国教育史上的发展轨迹，引述中国学者的相关看法，又考察它在当时主要资本主义国家的发展情况和相关论述，同时结合此问题在当时中国的现实状态，进行充分的分析论证,不但使该书的容量和厚度大大增加,而且使相关论点具有了可靠的基础,从而使论述的深度也大为增进。譬如在论及课程行政时,先谈课程的本质,然后用大量材料说明课程在西方和我国的变迁;接下来,引用了国外关于课程编制理论的观点和国内学者关于课程编制方法和步骤的看法,而后在论及当时中小学课程的现状时,又引用相关资料详细列出了小学、中学的课程时数和教学时间;最后提出了课程行政的具体原则,而且在本章的后面,还附有国外两种课程编制步骤的见解。

从形式上看,该书不仅具有较强的逻辑性,而且还体现了一定的文学性。逻辑性主要体现在全书各个章节之间隐含着严密的内在联系。这里我们仅以该书上册教育行政本论为例进行说明,因为当时教育行政都将学校行政部分纳入其中,但在如今,教育行政专指当时教育行政本论部分而言,学校行政部分已经为学校管理所替代。在本书教育行政本论部分,总体框架由六个部分组成,即概论、学制系统、各级教育行政机构、教育人员、教育经费、教育视导。这个框架的构成就体现了严密的逻辑性。"概论"部分交待了教育行政的基本概念和原理,从逻辑上看,这是对教育行政深入理解的前提。然后是"学制系统"和"各级教育行政机构"部分,这是阐述有关教育行政组织的问题。教育行政必须依靠组织载体才能进行,所以在概论之后,就应是教育行政的载体,即组织问题。而组织的两个部分(学制和行政机构)的安排也体现了一定逻辑顺序。学制就是组织制度问题,机构的建立必须依据制度进行,所以只能是先学制、后机构的安排。组织建立后需要人来运作,所以教育行政组织之后就是教育人员。最后是教育经费和教育视导两种教育行政活动。

至于文学性,不独是指辞章的华丽,还应包括语言文字的流畅运用和强的表现力、感染力,这里说《教育行政》的文学性就是指后一方面而言。我们知道，有思想、有观点是一回事，能否生动地表达出来则又是一回事。《教育行政》一书对一些问题的论述则实现了思想观点的生动表达，体现了一定的文学性。引一段论述为例，主题是有关当时教育行政人员资格的弊端，虽文字甚长，但仍感应当引之，否则片言只语总觉得难以充分体现其文学性。其文如下："中国教育界有种奇特的现象，便是各级教师，从小学教员以至大学教授，他们的资格都有明白的规定，惟独教育行政人员却不是这样。在教育行政人员中受有资格的限制的，只县市教育局长（或科长）、督学及教育委员等下级行政人员；至省教育行政机关以上的行政人员，除督学以外，全无法定资格的规定。大约官做的越大的，越不需要什么资格。多少年来中国吏治腐败，行政效率降低，乃至整个政治不上轨道，这种不合理的办法，至少要负大部分责任。因为做官不靠资格，大家都有希望，人人都可'进行'，结果谁的活动能力大，谁有极大之政治的奥援，谁就可以飞黄腾达。钻营者众，禄位到底有限，僧多粥少，争夺以兴；个人力量之不足，不得不植党以营之。尔诈我虞，互相倾轧，个人地位不免动摇，整个政局因而不靖。一般官场如此，教育何能例外？因了资格不加限制，任何人都想向教育界活动，致有资格者裹足不进，或竟无法插足，材质之劣下可想而知。在此种不合理的情况下，专业精神当谈不上。'中山先生主张找厨子必到菜馆里去找'，厨子尚须注重专业，教育行政岂可让未受训练及没有资格的人滥竽充数，由此知我国教育行政人员不受资格限制的种种弊端。"

　　本书的另一个优点，就在于它的实践性和科学性。教育行政学的价值和重要作用，就在于能为教育行政实践服务，推动和指导教育行政实践，这一点在该书中有明显的体现。该书在对每一个教育行政问题的论述中，都有专门对当时此问题现状的讨论，

11

这一点可以从各章节的目录标题中见其一斑,如"我国现行学制系统"、"我国今后学制之问题"、"对地方教育行政制度的批评"、"中央教育经费的管理"、"现行视导制度"、"我国中小学现行课程"等等。有的部分虽然在章节题目上看不出来,但在具体内容上都有当时现实问题的讨论。实践性的重点是在告诉人们做什么和如何做,强调的是做的规范的措施,教育行政学的价值不能仅停留在这一层次上,它还要使人们从理论高度去思考和认识为什么这样做的问题,在这一点上,本书体现出的则是科学性。也就是说,《教育行政》一书的科学性,不仅表现在罗廷光先生积极采用科学的方法研究教育行政,以及本书内容体现了科学性,而且还在于:它告诉人们在思考教育行政问题时,要以科学的理论为依据和指导,用科学的理论去理解和思考。

记不起是哪位先贤曾经说过:人人皆有与其优点相伴随的缺点;没有缺点的人,一般来说不会有什么特别突出的优点。罗廷光《教育行政》一书正如此话所言,其优点自是很突出和鲜明,但其缺点正如其优点一样,也是很明显的。抛开时代局限不言,此书的一个明显缺点就在于分析批判太少,材料引用过多,尤其是在一些官方文件的引用方面,有些部分甚至就是这些文件的集积,让人感到似乎是文件汇编。比如在"校长的职权和任务"一节中,关于小学校长的职权方面,就只是罗列了江苏省教育厅的规定、《江宁自治实验县法规》的规定、《广西表证中心国民基础学校教职员服务规程》的规定等方面的文件。教育行政学引用相关官方文件是必要的,但缺乏分析和阐述的官方文件罗列,则会损害这种引用的必要。另外,此书还有一个缺点,就是对有些根本性的问题缺乏更深层次的阐述和见解。如在"历届中央教育行政组织的检讨"一节中,它只是指出了几种中央教育行政组织制度的优点和缺点,而对于为什么会产生这些优缺点缺乏进一步的分析，且没有对这些优缺点进行分析比较，从而提出自己关于中央教育行政组织制度的见解。

美国教育家阿德勒（M. Adler）在其著作《怎样读一本书》中，提到一本名著应具有六个特点，其中之一就是：名著所阐述的问题实际上是任何一个时代都存在的。罗廷光的《教育行政》作为我国教育管理学的一本名著，它所阐述的问题，不独在他那个时代是存在的，而且在当今的教育行政管理中依然是存在的，而这正是今天我们所能够且需要借鉴的。比如在学科建设方面，《教育行政》一书提出的框架，不仅有助于今天教育行政学学科体系的构建，而且还有助于教育管理学学科体系的建设，因为本书虽以"教育行政"冠以其名，实际上则是一本教育管理学的书；在教育行政基本理论方面，教育行政、教育行政学以及教育政策等基本概念的界定也给我们今天很多启示；在教育行政实践上，今天我们遇到的一些问题和困难，《教育行政》一书的许多见解也都能给我们提供相关的参考和借鉴，像学制改革要借鉴国外和依据本国国情积极稳妥进行，教育行政机构要设置审议和学术研究机关，提高教育行政效率要对计划、组织和执行等环节进行整体考虑，充分发挥校长在学校行政中的作用，学校应建设优美的环境，等等。

罗廷光先生的《教育行政》出版至今，已有半个多世纪，重读此书时又看到这样的文字："先生在讲教育史时，充满了爱国主义精神，讲到夸美纽斯被迫离开祖国时，他面对祖国的方向，双膝下跪，在灾难深重的祖国前捧起一把热土，感人至深……"，"先生在湖北任教育学院院长时，学校农场将生产的蔬菜分送给教师员工，先生却坚持付钱，从未少付一分一毫；先生从不任用自己的亲属做学校的职工；就是打公用电话没有零钱，过后也一定要设法补交上4分钱的电话费……"我想，把学者及其著作还原为生平和感想,只能是小巧之见,然而,细读一人的著述,其人确实可见于其中的。《教育行政》一书留给我们的不仅是一名学者的探索成果,更重要的是一种泽及后辈的精神和人格。

孙绵涛　谢延龙
2006 年 10 月于沈阳师大教育经济与管理研究所

目 次

重版小言	（1）
邱序	（1）
自序	（1）
卷上　教育行政本论	（1）
第一篇　概论	（3）
第一章　绪言	（5）
第一节　教育行政的起源	（5）
第二节　教育行政的意义和本质	（8）
第三节　教育行政的范围	（10）
第四节　教育行政研究的进步	（11）
第二章　教育行政的背景及其趋势	（22）
第一节　教育行政的背景	（22）
第二节　教育行政的趋势	（25）
第三节　我国教育行政的背景及其适应原则	（28）
第三章　中国教育行政之史的考察	（33）
第一节　沿革	（33）
第二节　科举时代的教育行政	（37）

1

第三节　新教育之发端与科举制之停止…………（44）
　第四章　教育宗旨与教育政策………………………（51）
　　第一节　教育宗旨………………………………（51）
　　第二节　教育政策………………………………（58）
　　第三节　抗建期中我国教育方针与政策………（66）
第二篇　学制系统………………………………………（71）
　第五章　学制系统……………………………………（73）
　　第一节　学制的本质及其发展…………………（73）
　　第二节　我国学制之沿革………………………（75）
　　第三节　我国现行学制系统……………………（86）
　第六章　现行各级教育制度…………………………（90）
　　第一节　国民教育………………………………（90）
　　第二节　中等教育………………………………（96）
　　第三节　高等教育………………………………（112）
　第七章　我国今后之学制问题………………………（118）
　　第一节　各国学制之比较观……………………（118）
　　第二节　我国学制问题…………………………（129）
第三篇　各级教育行政机构……………………………（137）
　第八章　中央教育行政………………………………（139）
　　第一节　我国中央教育行政机关之沿革………（139）
　　第二节　现行中央教育行政制度………………（146）
　　第三节　对历届中央教育行政组织的检讨……（150）
　第九章　省教育行政…………………………………（153）
　　第一节　我国省教育行政机关的沿革…………（153）
　　第二节　现行省教育行政制度…………………（157）
　　第三节　对历届省教育行政制度的考核………（162）
　第十章　地方教育行政………………………………（166）

第一节　我国地方教育行政机关的沿革……(166)
　　第二节　地方教育行政制度的近况……………(172)
　　第三节　对历届地方教育行政制度的批评……(184)
第十一章　教育行政组织问题………………………(190)
　　第一节　各国教育行政制度述要………………(190)
　　第二节　比较中的行政组织问题………………(203)

第四篇　教育人员……………………………………(215)
第十二章　教育行政人员……………………………(217)
　　第一节　各级教育行政人员的现况……………(217)
　　第二节　教育行政人员的资格…………………(220)
第十三章　学校校长…………………………………(237)
　　第一节　校长的资格……………………………(237)
　　第二节　校长的职权和任务……………………(245)
　　第三节　校长的任用和任期……………………(255)
第十四章　学校教员…………………………………(260)
　　第一节　教员的资格和任用……………………(260)
　　第二节　教员的训练和检定……………………(275)
第十五章　学校教员(续)……………………………(284)
　　第三节　教员的待遇……………………………(284)
　　第四节　教员的进修……………………………(293)

第五篇　教育经费……………………………………(297)
第十六章　教育经费之扩张及其来源………………(299)
　　第一节　我国教育经费之扩张概况……………(299)
　　第二节　教育经费的来源………………………(308)
第十七章　教育经费之分配…………………………(316)
　　第一节　中央教育经费的分配…………………(316)
　　第二节　省市教育经费的分配…………………(318)

3

第三节　县市教育经费的分配……………………(325)
第十八章　教育经费之管理………………………(330)
　第一节　中央教育经费的管理……………………(330)
　第二节　省教育经费的管理………………………(332)
　第三节　县与地方教育经费的管理………………(335)
第十九章　教育经费问题…………………………(339)

第六篇　教育视导……………………………………(353)
第二十章　教育视导概说…………………………(355)
　第一节　教育视导的本质和意义…………………(355)
　第二节　教育视导的目的和功效…………………(360)
　第三节　近代教育视导研究的进步………………(363)
第二十一章　教育视导制度………………………(367)
　第一节　史略………………………………………(367)
　第二节　现行视导制度……………………………(371)
　第三节　各地改制近况……………………………(374)
第二十二章　教育视导人员(附视导原则)………(380)
　第一节　视导人员的资格…………………………(380)
　第二节　视导人员的任务…………………………(386)
　第三节　视导人员的活动…………………………(390)

重版小言

本书初版在重庆、赣县等处发行。胜利后上下两册各在上海重印一次；纸张改良，封面形式统一。此刻实际已是三版了。接到书馆通知，本想乘机加以"增订"；但恐牵动太大，排印费时，馆中诸多不便。且经一再考量，结果觉真想变动的，不过少量统计事实和数种新颁法规而已，余固无需乎更张。统计数字，时在演变，即加足"马力"亦难追及；益以迩来生活失调，社会巨变，此种数字所代表的价值和正确性，早已令人怀疑，至于政府新近颁布的几种重要法规（如《中华民国宪法》及《行政院组织法》等），确于实施上大有关系，为读者参考方便起见，我都把它们列在卷末"参考原料补"里，并在书的有关各章——注明，藉供查阅。

本书刊行以来，多承读者厚爱，谬加藻饰，友好则予以督励，特此道谢，尚乞多加赐正。

罗廷光，三七〔1948〕六，九，国立中央大学。

邱 序

  大抵教育行政学的研究，不外哲学的、历史的、比较的和科学的四个途径。哲学的研究法之长处，在能探讨教育组织的精神范畴，阐明其一贯性或矛盾性，并提供教育行政上的最高指导原则；其短处则常忽略客观的、具体的事实和问题。历史的研究法之长处，在能发挥国家教育之传统的特殊精神，并显示教育制度的发展过程与法则；其短处则常漠视创造的新兴的因素。评述各国教育制度的异同优劣以作本国教育行政的革新之借镜，是比较的研究法之长处；但种种制度，纷然杂陈，支离破碎，毫无归宿，是其短处。运用严密方法，探求客观事实，研讨个别问题，提出具体方案，是科学的研究法之长处；但侧重个别事实而忽略普遍原理，接受现存标准而缺欠批判精神，是其短处。所以哲学研究必参用科学方法，才不致流于空虚；科学方法必兼顾哲学理念，才不致流于肤浅。历史叙述不参用比较方法，其弊为固陋；比较方法不兼顾历史基础，其弊为支离。在教育行政学的研究上，哲学的和科学的，历史的和比较的四种途径是互相补充的，缺一不可的。中外流行的教育行政学的书籍何止汗牛充栋，但求一能兼用上述四种研究法而获得成功者，我自愧孤陋，尚未看见过。

罗炳之（廷光）先生以其近年来精心结撰的教育行政学的原稿见示，我曾细读一遍，觉得本书确是运用上述四种研究法而获得成果的一本杰作。本书著有评述每个教育行政制度或问题时，不仅能探求其哲学基础以阐明其精神范畴，而且能广搜一切有关的客观事实加以科学的整理；不仅能叙述我国教育制度的历史背景，以显示其传统的特殊精神，而且能博考欧美各国教育制度的异同优劣，以发挥比较观摩的效能。所以本书陈义精微而不流于空虚，立论客观而不陷于肤浅，叙事平实而不囿于固陋，取材渊博而不失之支离，这当然是本书最显著的贡献。至于系统的严密，文笔的流畅，批判的公允，都是读者所易看见的优点。

炳之先生嘱我作序，我固辞未获，不敢作溢美的言词，谨略论教育行政学的研究法与本书的特殊贡献以求正于海内贤达，并愿藉此机会祝贺炳之先生著述上的成功及感谢他给我作序的光荣之盛意！

邱椿，三〇〔1941〕二，一。

自 序

　　论者每谓国内出版界关于教育行政之著作不多，佳构尤鲜；或详于过去的演变，而昧于当前的需要；或详于外国教政的组织，而忽于本国地方实际情形；或侈谈德莫克拉西①政制的原理，而不明三民主义教育实施的原则和方法；或只就教育行政的本身立论，而不知从远大处追寻教育行政之政治的、经济的和社会的背景；或空谈理论，毫无科学的事实做基础；或俯拾陈言，极少新的见解和意念可以贡献；或编抄法令，敷陈条规，罔知剪裁，了无见解，读之令人生厌！

　　实则年来国内刊行教育行政的专书并不算少，较好的也有，不过仍未能满足人们的希望罢了。

　　我们看到外国（美尤甚）教育行政学者的班班辈出，及其所刊行的专门著作的层出不穷，固已欣羡不置；但经细加考虑，知其可供我们参考的，科学方法和专门技术以外，仅若干实施的原则及试行有效的经验而已。我们不能把外国教育制度移植过来，同样也不可把外国教育行政书籍直接拿来应用——况真正精心结撰之作仍不多觏。我们要做开创的工作，要本远到的目光，渊邃

---

　　① 〔特编注〕即民主。

的见解，认清本国教育行政的问题，运用科学方法和专门的知能以为解答；更当就教育行政之"学"与"术"本身作进一步的研究，以求树立本门学术之深厚的基础。

笔者前在国立中央大学及国立北京大学担任"教育行政"和"学校行政"教学有年，近在国立西南联合大学师范学院继续讲授"教育行政"亦有两载，当时深感适当课本的难得，乃一面教学，一面编印纲要，教学生笔记。此刻把全部讲稿，整理完毕，颜曰教育行政，实兼含"教育行政"又"学校行政"二者在内。笔者以为这种编法不独给使用的人方便，且可免去许多重复，较为合理。当笔者着手编著本书时，曾着眼下列数点：（一）纯以本国问题为主体，参用外国有效的经验以求解决；（二）不仅讨论教育行政的本身，更及其所依附之政治的、经济的和社会的背景；（三）遵照中央教育宗旨、方针和政策，而贯以三民主义的精神；（四）所举事实力求新颖而正确；（五）所据理论必健全而可靠者；（六）尽量引用科学方法和专门技术，藉供读者使用研究；（七）叙述力求扼要——文献、章则及他项有关材料概载"附录"及"参考原料"；（八）行文力求生动条畅；（九）正常教育行政问题以外，兼重抗战时期的教育行政。组织纯仿大学用书体例，每章列有"研究问题"，卷末附有中西文重要参考书，教者可自由使用。

本书所据法规至最近时期（截至三十一年〔1942〕）而止，但未来变动在所不免，还望阅者随时留意。

本书承邱大年先生详为校阅并惠序，属稿时前四章陈友松教授曾予以极大的助力，合此致谢。

罗廷光，三一〔1942〕六，一，于泰和杏岭国立中正大学。

卷上　教育行政本论

卷上

琴音諸家考序

第一篇 概论

第一篇 概论

第一章
绪　言

第一节　教育行政的起源

天下大抵先有事业，然后产生研究这门事业的学术；教育行政（Educational Administration）是研究国家对于教育事业的行政，其产生当在国家教育事业发达以后。考之往古，我国自唐虞以至逊清，关于教育行政的重要事项，虽史不绝书，如"命契为司徒，敬敷五教，夔典乐，教胄子；"周设地官"大司徒"统辖全国教育政务，并在地方设"州长"，"党正"；汉武帝兴太学，置明师，并制定博士弟子制；平帝时王莽执政，令天下立学官，兴乡学，以奖进教育；隋文帝诏国子寺不隶太常，设祭酒一人以辖之；炀帝置进士科，启后世科举之渐；唐设国子监及弘文、崇文两馆，并置馆监以资统辖；宋王安石奏请改革科举，提倡学校教育；元中统二年〔1261〕诏诸路设提举学校官，至元二四年〔1287〕又设江南各路儒学提举司；清初规复国子监制，并设各省提学道，嗣又改为提学督政；洋洋大观，似乎很有声有色的了。即在欧洲，古希腊时代，文化之盛，也很可观。我们只看斯

5

巴达的厉行国民教育，便可知道当时国家对于教育该何等的重视！然而完备有系统的教育制度，仍只是近代的产物。19世纪以前，世界各国都无普泛设立教育行政制度的倾向，更没有这种事实。就中国而论，姑不问是国学或乡学，是科举或学校，政府当局从未顾及一般民众的教育，更不懂国民教育的重要。西洋各国，当初对于教育，多主放任，每把教育事业的全部或一部，委之私人或私人团体办理，毫不加以干涉。故实际负教育责任的，乃家庭、教会和社团；教育行政之无系统无组织，中外可说是一致的。

19世纪民族主义的勃兴和民主观念的远播，实是促使教育行政制度成立的主要因素。从这时起，各国中央教育行政机关纷纷成立：1817年，普鲁士的教育部脱离了内政部而独立（嗣称宗教教育部 Ministerium für Geistlichen-und Unterrichtsangelegenheiten）；1828年，法国设置了教育部（称教育美术部 Ministère de L'Instruction Publiqueer des Beaux Arts）；1899年，英国成立了教育部（Board of Education）；日本在明治四年（公元1871年）也设了文部省；中国在清光绪三十一年（公元1905年）也设了学部（后改为教育部）。北美合众国至今虽尚无联邦教育部的设立，但各州教育行政机构已逐渐完成，近更有集权的趋势，并屡建议创设中央教育行政的机关：皆顺着这个潮流而来的。

这时各国何以都那么急切的要求创设专管全国教育行政的机关呢？大约有下面几种原因：

一、就政治方面说，19世纪民族主义的勃兴，促使人们了解民族精神的凝结，乃巩固国基的要素；同时民主观念逐渐广播，并深植于人们脑中，依其所示，每个民主社会的构成，实有赖于各个健全份子，非少数人所能奏功。顾如何发扬民族的精神和如何培植各个健全份子，则舍教育之道莫由。为欲达政治上目的，教育不能再听私人（或私人团体）经营，应由国家统筹支配，以期标准确立，机会普遍而均齐，国家教育制度于是乎成立，教育行政机关于是乎产生了。

二、就经济方面说，18世纪产业革命以后，各国工商业发达，工厂林立，大都市兴起，处处需要着系统的组织和严格的管理。为求增进教育的效率起见，各工商业发达的国家，便都致力于应用工商业的管理于教育行政上，以加强其组织，增厚其力量。因之系统的教育行政制度乃不可少。再从另一方面看，教育也就是一种投资的企业，"美国某教育局长曾将波士顿公立学校历届毕业生因生活能力增加所得之劳金，与未经学校训练的人所得者两两比较，结果，前者之收入大于后者数倍。一方又将二者差数，即已受教育者比较多得之俸金，与其历年用于教育之费用相比，化成百分数；觉得世上无论何种投资事业，没有再比教育投资的利息更大。"国家花了这么许多金钱在教育上，究竟所得效果如何，不能不加以过问——美国学务调查的运动，便是应着这个需要而起的。寻常股东对于公司的经营状况和未来计划，尚不时留意考核，何况教育事业关系整个国家社会的福利！故为增进经济上的效率，教育实有由政府统筹计划和人民多方面监督的必要；而系统的教育行政制度乃不可少。

三、再就教育的本身说，近自公共教育实施以后，教育的范围已大扩张，教育的事业日见复杂；由此产生出的问题也就层出不穷。如学制的厘订，标准的确定，课程的编制，教育人员的任免，乃至教学的视导，经费的支配，校舍的建筑和公文的处理等，在需要专门家从事研究解决。岂独需要专门办理教育的人员，更需要专管教育行政的机关！

从上可知近代教育行政制度的形成，决不是偶然的。国家既认教育为一种重要的事业,而此教育事业又当由国家管理,不可再任私人经营,当局对本事业必研究精审,措施妥善,方可收到极大的效果。于是教育行政的研究,被认为国家教育重要问题之一,而教育行政学也逐次成立并发达异常迅速了。

第二节 教育行政的意义和本质

什么是行政?"行政者,乃政府官吏推进政府功能时之行动也。"(参看 Century Dictionary)古德诺(F. J. Goodnow)以为,一切政治制度中只有两种基本的政府功能,那就是国家意志的表现和国家意志的执行;前者叫做政治,后者叫做行政。研究行政上之种种问题,期获得圆满之解决与成功的,叫行政学。(参考附录)

什么是教育行政?可说是教育行政人员推进诸般教育设施的功能的行动。简单说便是国家对于教育事业的行政。明白点说,教育行政乃指国家对于教育负起组织、计划、执行、监督和指导的责任;以最经济的手段,最有效的方法,去谋实现国家教育宗旨及实施方针,藉以完成"国家教育"的使命。所谓教育行政学,即据本国实情,运用科学方法,就一般问题和制度,或分析、或综合、或演绎、或归纳,推究其利害得失,折衷于至当原理,权衡比较,藉得到圆满的解决与成功。故凡国家对于教育应取的方针,应采的政策,学制的审议,经费的支配,视导的标准,督察的方法,师资的训练,人员的任免以及各级教育行政机关的组织和衔接等,概在研究之列。至在此抗战时期,教育行政上当有不少特殊问题,为本门学者所应留心解决,更不消说。

英国教育行政学者巴富尔(Sir G. Balfour)氏曾说道:"教育行政之目的,无非使合理之学生,于合理之情况下,从合理之教师，受到合理之教育。"这话不错，教育行政的诸般设施，亦惟布置合理的环境，订定合理的方法，使教师安心教导，学生安心求学。目的非他，求贯彻教育宗旨及增进教学效能而已。

近因教育事业繁重，教育学术进步，欲求教育行政问题处置的妥善，决不是一个只知"坐而言"的理论家或只知"起而行"的实行家所能办到，必其人学识经验兼备，更有优越的能力和精良的技术。换言之，今日主管教育行政的领袖，必须具有健全的教育学理，丰富的教育经验和精良的教育技术；此外还当有雄伟的魄力，远到的目光和灵敏的手腕。

就地位说，一般人的见解，每认教育行政为内务行政的一种。从历史上看，各国中枢教育行政机关未成立以前，亦常把教育行政事项，由内务部或与其有关之卫生、宗教和美术等部会同办理，直把教育行政当做了它们的附属事业看待。吾人若就教育行政的基本意义上一加推究，便易理解教育行政确有其独立的特性，不应隶于任何部门之下。因为他种行政多只重视"现在"，重视目前的需要；除卫生行政以外，又多把目光注射在成人生活的福利上。惟教育行政，不徒重视现在，抑且重视未来，不徒着眼成人生活的改善，抑且期求儿童和青年福利的增进。又教育行政的最大任务，在管理一国的学术和教育事业，二者皆关系整个民族的盛衰和兴替，其重要可想而知，以故现今世界各国无论其中央教育行政机关业已独立并实操全国教育行政的大权的（如德、法、意、日等）；或名义上虽以独立惟尚未实行统辖全国教育行政的事权的（如英）；甚或名义上尚无中枢教育行政机关（类于教育部）但已有设立之要求和倾向的（如美）；纵彼等所采的政策各不相同，而其重视教育行政却是一致的。

第三节 教育行政的范围

教育行政的领域内,应该包括些什么呢?狭义的教育行政,仅指各教育行政机关对于教育事项之计划、设施、管理和指导而言。若自广义言之,除此以外,尚应赅含学校行政。为求实现本科应有的任务和完成本科应有的系统,本书范围假定如下:

一、概论——教育行政的起源、意义和本质,教育行政的范围,教育行政研究的进步及近代教育行政的趋势。

二、中国教育行政略史。

三、教育宗旨与教育政策。

四、学校系统。

五、各级教育行政组织。

六、教育人员。

七、教育经费。

八、教育视导。

九、学校行政组织。

十、教务。

十一、训导。

十二、事务。

十三、研究。

十四、推广。

前列各项可归为两大类:(一)狭义的教育行政(即教育行政本论),(一至八);(二)学校行政(九至十四)。以上二部分列上下两卷,外附重要"参考原料",俾读者便于查考。

第四节　教育行政研究的进步

教育之科学的研究，乃最近三四十年来的事。1900 年以前，欧美任何流行刊物，都未见有教育科学研究的论文发表。《普尔期刊论文索引》（*Pool's Index to Periodical Literature*）截至 1905 年，其中所载，只以"自然科学研究"、"农学研究"及"医学研究"三者为限。"教育科学研究"（Educational Research）这名词，即在 1917 年前的《期刊指南》（*Reader's Guide to Periodical Literature*）中亦未见到。自本世纪初教育测量运动及稍后之学务调查运动、课程研究运动发生以后，教育科学研究各方面乃有长足的进步。（详见拙著《教育科学研究大纲》，中华书局，第一篇）

教育科学研究的发展，系随着生物学、生理学及心理学的研究进步而来的。高尔顿（Galton）的《遗传的天才》（*Hereditary Genius*）刊行于 1869 年[1]；本书不独为心理特质之遗传的研究开了个先导，且首倡一种"意像的量表"（Imaginary Scale）可用以测量一般的能力，影响后人之研究心理测量者甚巨。冯特（Wundt）在 1879 年创设了世界第一个心理实验室，科学的心理学于是得到了飞跃的进步。因了高、冯二氏的影响，卡特尔（Cattell）在 1890 年《心理》（*Mind*）杂志上发表了他的名著《心理的测验和测量》（*Mental Tests and Measurements*）拟定了

---

[1] Galton, F., *Hereditary Genius: An Inquiry into Its Laws and Consequences*, Richard Clay and Sons, London, 1869.

"心理测量"的计划,启后人无限的法门①。比纳(Binet)1895年也拟制了同类的测验②。赖斯博士(Dr. Rice)首制标准的"拼字测验"(Spelling Scale)开了教育测量的先河,时在1894年。而桑代克(Thorndike)的《心理及社会测量引论》(*An Introduction to the Theory of Mental and Social Measurement*, Teachers College, Columbia University),斯皮尔曼(Spearman)的《普通智慧之客观的测量》(General Intelligence Objectivly Determined and Measured, *The American Journal of Psychology*. Vol. 15),皆于1904年问世,其后继影响更大。明年,比纳、西蒙初次刊行世界闻名的智力测验(名 Binet-Simon General Intelligence Tests)1908年再加以订正。传到美国,甚表欢迎,除经戈达德(Goddard)、库尔曼(Kuhlmann)及推孟(Terman)等人订正以外,并产生了奥蒂斯(Otis)的团体智力测验③,算是美国有团体智力测验的第一次。在这测量运动当中,尚有斯通(Stone)、考蒂斯(Courtis)对于算术测量;桑代克和艾尔斯(Ayres)对于书法测量;希莱加斯(Hillegas)对于缀法测量;白金汉(Buckingham)对于拼法测量;各有极重要的贡献。

美国学务调查运动,发源于1910年前后,不久即风靡全国,到了1916年的克利夫兰(Cleveland)的调查,几已登峰造极。

---

① Cattell, J. M., Mental Tests and Measurements, in *Mind*, Vol. 15, 1890, pp. 373-380.

② Binet, A. and Henri, V., La Psychologie Individuelle, in *Anne Psychology*, Vol. 2, 1895, pp. 411-465.

③ Otis, A. S., An Absolute Point Scale for the Group Measurement of Intelligence, in *Journal of Educational Psychology*, Vol. 11, May-June 1918.

调查之应用标准测验者，以1911年至1912年纽约市的调查为始。1916年以后，几于无岁无调查，无地无调查。1933年举行的中学教育及师范教育调查，其规模之大，经费之足，为前此所未有。单只中学教育一部分，报告已达28册。截至1935年，仅由美国纽约哥伦比亚大学师范学院主持之地方教育调查，已有47种，其中以1933年芝加哥市教育调查最为驰名。该调查共耗美金10万，时间数年，报告计6巨册。1937年，该院又刊行哈特福德（Hartford）市教育调查一册，主持者斯特雷耶（Strayer）氏自诩为调查技术最精新的作品。[1] 至1938年印第安那州立大学史密斯（H. L. Smith）教授主编之全美教育调查及参考资料索引[2]，更惠益本门学者不浅。

课程研究在美国始于1910年以后，其发动以一"新委员会"（A New Committee — The National Education Association's Committee on Economy of Time in Curriculum-making）为起点，随后分科专门的研究，因而奠定近代科学的学校课程的基础。艾尔斯（对于字汇研究）、查特斯（Charters）与米勒（E. Miller）（对于文法语言研究）、威尔逊（G. M. Wilson）（对于数学）、巴格莱（Bagley）与拉格（Rugg）（对于社会科学）、霍恩（E. Horn）（对于历史）和博比特（Bobbitt）（对于科学的编造手续）等人，皆为重要的贡献者；而查特斯的《课程编造》（*Curriculum Construction*）和博比特的《课程编造法》（*How to Make a Curriculum*）更被推为本门的名著。本运动中所表现的显著特征，便是

---

[1] 关于学务调查运动的经过及各种重要调查介绍，详罗廷光：《教育科学研究大纲》，中华，第四章及第十三章。

[2] Smith, H. L. and O'dell, E. A., *Bibliography of School Surveys and References on School Surveys*, Indiana University, Indiana, 1938.

课程研究之充分科学化。①

在教育行政本身方面，自教育科学研究发达以后，各国学者遂努力应用科学方法，深究教育行政上各项重要问题，精益求精，成绩斐然。尤以美国方面进步最速。该国近年来一方因学龄儿童的增加，教育经费的扩张，教育人员的补充，课程的丰富，校舍设备的改善……致使教育行政问题日显其重要；他方则教育行政学者班班辈出，除元老孟禄（P. Monroe）、桑代克、埃利奥特（Elliot）、斯特雷耶及克伯莱（Cubberley）等人外，新进专家亦复不少。从1926年斯特雷耶的论文报告②中，已知当时该国教育行政研究所造诣的程度，迄今有加无已。姑举数种较重要的科学研究，藉明近代教育行政学者努力情况的一斑③：

一、普通行政与组织的研究 美国近来无论在州或市行政方面，皆有集权的趋势；固然一方由于环境的需要，同时也是一辈行政学者努力奋斗的结果④。在教育行政方面，从1897年韦伯斯特（Webster）的研究，已曾指出狭小的学区制日渐衰落，州

---

① 关于学务调查运动的经过及各种重要调查介绍，详罗廷光：《教育科学研究大纲》，中华，第四章及第十三章。

② Strayer, G. D., The Scientific Approach to Problems of Educational Administration, in *School and Society*, Vol. XXIV, No. 623, Dec. 1926.

③ 关于学务调查运动的经过及各种重要调查介绍，详罗廷光：《教育科学研究大纲》，中华，第五章。

④ 此等方面重要研究，如：(1) H. M. Bowman, *The Administration of Ohio-A Study in Centralization*, 1903；(2) J. A. Fairlie, *The Centralization of Administration in New York State*, 1897-1898；(3) F. J. Goodnow, The Growth of Executive Discretion, *Proceedings of American Political Science Association*, 2, 1905；(4) S. P. Orth, *The Centralizng of Administration in Ohio*, 1902-1903；(5) F. Rollins, *School Administration in Municipal Goverment*, 1902.

政府所施关于课程、教科书、师资检定及义务教育的管理权日益扩张[1]。迄今此种集权趋势益发明显，斯特雷耶的研究[2]，可给人们一个综合的观念。

关于教育法令，研究最早的，要算埃利奥特（E. C. Elliott）。他在1906至1909年间，曾汇集美国六州政府所颁公共教育法令和法庭判决案，不独本人得到极有价值的结果，且影响后人之从事同类研究者极巨。莫里森（Morrison）就法令方面研究当时（1922年）市教育行政之各项问题，如行政权的集中，小规模教育局的组织及各项选举法之比较价值等，颇多独到之处。麦金尼斯（McGinnis）研究22万户城市的学校行政组织，对小城市的学校行政和组织，曾有极详细的讨论。在这里他举了很多影响学校组织的重要因素，并引进了若干具体的实例，大可供改良地方教育行政制度的参考。此外，特拉斯勒（Trusler）、韦尔齐恩（Weltzin）及爱德华兹（Edwards）对于学校之行政和组织，皆有极可注目的研究。[3]

二、科学的教育视导　史蒂文斯（Stevens）曾在1912年研究教学效率测量问题，把教师上课复习时的问答，当作教学效率测量的根据，得到了很好的成绩。霍恩注意学生教室中参加复习的机会，藉以定夺教学效率的高低（时1914年）；也是初期客观

---

[1] Webster, W. C., Recent Centralizing Tendencies in State Educational Administration, in *Columbia University Studies in History*, *Economics and Public Law*, Vol. 8, No. 2, 1896.

[2] Strayer, G. D., *Centralizing Tendencies in Administration of Public Education*, Teachers College, Columbia University, N. Y., 1934.

[3] 详 Trusler, H. R., *Essentials of School Law*, 1927; Weltzin, F., *The legal Authority of the American Public School*, 1932; Edwards, N., *The Courts and the Public Schools*, 1933.

地研究教学技术的一种。自此以后，很多同类的测验量表随着而生。考蒂斯在1919年，皮特曼（Pittman）在1921年对于用客观方法研究教学视导的效率，皆有很重要的贡献①。伯顿（Burton）1922年初次使用具体的考核表，以鉴别教学成绩的良否②。巴尔（Barr）于1920年、1924年先后发表文字，主张主观的情感的视察，必须代以客观的具体的考核，——以教师和学生的特殊活动为根据，这话大为本门学者所赞许。不久，布吕克纳（Brueckner）（1925，1926年）及巴尔（1926年）均实行用时间和次数来分析教学的情境③。莫里森创造注意的量表（Attention Charts）测量学生班中注意力的久暂，用以估量教学的价值如何④。至美国底特律（Detriot）市1918年左右举行之地理视导价值和书法视导价值的实验，更是人人所称道的⑤。

团体方面，则如全美视导会议1929年刊行的《科学的视导法》（*Scientific Method in Supervision*）洵为本门空前的杰

---

① 详 Courtis, S. A., Mesauring Effects of Supervision, in *School and Society*, Vol. 10, July 1919. 及 Pittman, M. S., *The Value of School Supervision Demonstrated by the Zone Plan in Rural Schools*, Warwick and York, 1921.

② Burton, W. H., *Supervision and the Improvement of Teaching*, D. Appleton and Co., N. Y., 1922.

③ Brueckner, L. J., The Value or a Time Analysis of Classroom Activity as a Supervisory Technique, in *Elementary School Journal*, Vol. 25, April 1925.

④ Morrison, H. C., *The Teaching Technique of the Secondary Schools*, Part II, Ann Arbor, Michigan, 1924.

⑤ 据 Barr and Burton, *The Supervision of Instruction*, Chap. XV.

作①。本书为一委员会所编，布吕克纳实主其事。作者诸君多能用科学方法估计教学和管理的效能，同时更引许多专门技术，以处理各项有关视导的重要问题。依会员霍恩君说，本书不但可帮助一般视导员解决所遇各视察指导的问题，且可导引人们为更深切更精到的研究，至少：（1）由此改订学科，（2）想出经济的教学方法，（3）帮助解决行政上的困难，——惟一切基础，须建筑在科学上面，否则不免徒劳而无功。

总之，教育视导，在近人看来，不仅是"术"，而且是"学"，不仅要提高教师教学的效能，而且要对于本门学术有切实重要的贡献。其所用方法则为科学的方法，像贾德（Judd）早年说的："我国（美国）教育视导的重要任务，在使其科学化，不只教学而已。"②

三、教育经费的研究　此中内容包含甚广，凡政府每年的收入和支出，地方各项经费的支配，人民负担赋税的能力，乃至教育税的征收等，概在研究之列。以地域分，斯威夫特（E. H. Swift）和罗素（W. F. Russell）对于科罗拉多（Colorado）和依阿华（Iowa）两处的学校财政有很重要的报告。林赛（E. E. Lindsay）和霍利（T. C. Holy）关于依阿华州的学校财政研究，可于该处之学务调查中见之。又学务调查之特重教育财政的研究者，如克伯莱之于加利福尼亚（California），斯特雷耶之于纽约州，莫里森之于伊利诺伊皆是。就中以斯威夫特和斯特雷耶等人的成绩最佳，影响最巨。

---

① Scientific Method in Supervision, *The Second Yearbook of the National Conference of Supervisors and Directors of Instruction*, Bureau of Publications, Teachers College, Columbia University, 1929.

② Judd, C. H., Scientific Organization of Supervision, in *American Educational Digest*, Vol. 45, Dec. 1925.

讲到团体研究,在美国以"The Educational Finance Inquiry"(教育财政研究会)最负盛名。本会成立于1921年,会员概由美国参事会（American Council）聘任。斯特雷耶（主任委员）、黑格（R. M. Haig）、亚历山大（C. Alexander）、伯奇（H. G. Burdge）等皆为会中要角。从1924到1929年,所刊研究报告,大小已有三十册之多,成绩之著,可以想见。1931年,美国曾举行全国教育财政调查一次,由专家莫特（Mort）主持其事。该调查团依所得结果刊行了两种名著：一是《教育财政研究问题》（Research Problems in School Finance,按：此书已由陈友松译出,商务印书馆印行）,另一是《各州公立学校经费的分析》（The State Support for Public Schools）对于教育财政学皆有重要的贡献。该团又编有1923至1931年《教育财政参考资料索引》（Bibliography on School Finance）一份,内容分66类,计6800篇,学者于此可获绝大的助益。此外斯威夫特于1935年开始研究欧洲各国的教育财政,本年即出有丛书若干部；联邦教育局埃布尔（Abel）曾著书论1929年后世界经济恐慌所予教育的影响；诺顿（Norton）最近著有《财富、儿童与教育》（Wealth, Children and Education）一书,标举许多极有价值的事实,为前人所未道者；而1934年林（H. H. Linn）所刊之《实用学校经济学》（Practical School Economics）于教育经费的节省,更已发前人所未发也。

四、学生留级和休学的研究　自1904年马克思韦尔（Maxwell）发表纽约全市小学儿童之年级地位的研究报告以后,人们对于学生留级、休学问题的兴趣,突然浓厚。桑代克、艾尔斯和斯特雷耶都曾有过极好的成绩。桑氏1907年应美国教育行政当局之请,从事学生留级、休学问题的研究,尽量使用统计方法分析政府负责材料,而得《学生休学的研究》（The Elimination of

Pupils from School)的报告,刊载《美国教育公报》上,大为一般人所注目。越二年,艾尔斯研究同类的问题以纽约市立学校学生为对象,因本市教育局长的帮助,终于获得极好的成果。他的报告《学校中的落伍者》(*Laggards in Our Schools*)久为一受行政人员和学者所重视。斯特雷耶的《各级学校年龄和级别的调查》(*Age and Grade Census of Schools and Colleges*)乃1911年问世,几乎把全学制系统中各级学生升级、留级及休学的图影都摄在里面。根据这个,我们可直接找出现行制度的症结所在,以为将来改革的张本。桑、艾和斯三氏以后,继起研究者,仍大有人在;每年的单行刊物,每届的学务调查,每期的行政报告,对于学生留级、休学的问题,莫不倍加注意。近更利用"年龄学级量表"(Age-grade-table)和"学级进步量表"(Grade-progress table)显出各级学生年龄的分配及其进步情形;工具益发完备,研究益发精到了。

五、学校建筑和设备的研究　斯特雷耶和恩格尔哈特(Engelhardt)于1916年创制客观的"校舍计分表"(The Score Card for School Building)开了科学的校舍测量的先河。当初只限于小学校舍,后来他们继续努力,先后制成"中学校舍标准"、"教育行政机关建筑标准"及"乡村学校校舍计分表"[①];都是很

---

① Strayer, G. D. and Engelhardt, N. L., *Standards for High School Buildings*, Teachers College, Columbia University, 1924.

Strayer, G. D., Engelhardt, N. L. and Elsbree, W. S., *Standards for the Administration Building of a School System*, Bureau of Publications, Teachers College, Columbia University, N. Y., 1927.

Strayer, G. D. and Engelhardt, N. L., Score Card for Village and Rural School Buildings of Four Teachers or Less, *Teachers College Bulletin*, Seventh Series No. 9, 1929.

客观具体且有数量可核算的。其应用广及于全国，决非无故而然。除此以外，安德森（Andersen）对于学校设备的研究，已有很好成绩，其结果可直接应用之处不少。奥尔马克（Almack）和史蒂文森（Stevenson）关于班级大小问题，颇多发明，依其结论："在一个约1120名学生的学校里，采用双级并行制以40人一级为最佳。"

六、学生注册和出席的研究　例如研究强迫教育法令与儿童工作的，有恩赛因（Ensign）；研究各州强迫出席法令的实际效果的，有邦纳（Bonner）；就现有高等学生的籍贯、住址而定初级大学（Junior College）的校址的，有库斯（Koos）；由四城学生家长的职业而找出其与学生之升级、选课及将来出路的关系的，有康茨（Counts）。这些研究，都凭有可靠的事实，与向壁捏造者，大相悬殊。

雷维斯（W. C. Reavis）近在美国教育学社第37次年鉴上发表《教育研究对于教育行政之贡献》一文[①]，可视为教育行政之科学研究的总检讨。

由上可知近代教育行政的研究，大有突飞猛进之象，前途发展，正未有艾也。

附录

行政学的定义，依张金鉴氏所举："行政学者，乃研究行政权力者在合法之组织、职权与关系下，为完成国家目的及推行政府职务时应采用若何之最经济、最有效之方法、步骤及实施，以期获得最圆满之解决与成功

---

① Reavis, W. C., Contributions of Research to Educational Administration（附详细书目），*National Society for the Study of Education* 37th *Yearbook*.

耳。"（见所著《行政学之理论与实际》，商务，第6—7页）

研究问题

(1) 申述教育行政的起源及其与政治、经济、社会的关系。

(2) 何谓行政？何谓教育行政？教育行政在诸般行政中所占的地位如何？

(3) 什么是教育行政学？教育行政学所研究的是什么？

(4) 试就教育局长（或科长）地位，举至少五个教育行政的实际问题。

(5) 试就中学（或小学）校长地位举至少五个教育行政的重要问题。

(6) 试就社会教育方面举至少五个重要问题。

(7) 略述近代教育行政研究的概况。

(8) 教育行政自趋向科学化以后，对于教育实施有何重大影响？

第二章

教育行政的背景及其趋势

第一节 教育行政的背景

教育行政已往与各种社会势力隔绝，又与政府其他机构脱节，闭户造车，自然不能合用了。我国教育行政制度，一向是模仿外国而来：忽而日、德，忽而英、美，忽而苏、法，纵经若干次的改革，独感不适国情。其主要原因，在未正确了解我国社会背景，切实把握它的隐微的因素。不独中国如此，西洋亦每每皆然。教育社会学家芬尼（Finney）说道："把教育当作商店管理（以一小区域自划），无论怎样科学化，怎样小心翼翼，必感不足，必须对于社会的机构有充分的认识方可。"[1] 可谓概乎言之矣。时代的巨轮，推进了科学和工程的发展，引起了生活的改革，社会的革命和民族自决运动，乃至抗战运动等等。教育行政，不期然而然的受到了绝大影响。本来，教育行政，是一种实现国家教育宗旨和政策的工具：教育不能脱离政治、经济、社会

---

[1] Finney, R. L., *A Social Philosophy of Education*, pp. 540-541.

和文化等而独立。教育行政更是随时随地为它们的势力所左右。现代教育学者多已觉悟：如欲提高教育的效能，非把学校圈子扩大到社会，就大处、远处觅寻改造本身、改造社会的新方案不可。所以纽龙（Newlon）称《教育行政是一种社会的政策》（*Educational Administration as a Social Policy*），曾有专著讨论这个。[①] 教育行政的权威学者斯特雷耶氏说：新时代的教育局长是一个社会的工程师（a social engineer）；他的主要职责就在发展社会政策，藉着全民教育的推行，实现民主社会的理想。[②] 我国邱椿教授近在所著《现代教师责任的新认识》文中，也曾痛快淋漓地说："现代良好教师的新责任，在改造社会理想，在联合其他国民共同缔造一个合理的政治、经济制度，在使全部教育机构成为实现这理想的社会制度之工具。"[③] 人们倘使读过杜威、克伯屈等人合著的《教育的前锋》（*The Educational Frontier*）及拉格（Rugg）著的《大工业时代》（*The Great Technology*），当易知此辈前进的教育家最近思想的转变：他们认社会革新是教育革新的先决条件；他们要从远大处探求教育的真义，找寻教育的出路，其重视教育之社会的背景，随处可见。在这里，他们倡导了一种大的运动，发行了一种极可注目的期刊，叫做《社会的前锋》（*The Social Frontier*），所给予该国乃至世界人士的影响相当的大。

不但如此，美国教育家为深究教育之社会的责任起见，新近

---

① Newlon, J. L., *Educatinonal Administration as a Social Policy*, 1934.

② Strayer, G. D., Changing Concepts of Educational Administration, in *Teachers College Record*, March 1939.

③ 邱椿：《现代教师责任的新认识》，载《教育杂志》第 28 卷第 11 号。

组织了一个"学校社会研究委员会"(Commission on the Social Studies in the School),刊行一种丛书,名《教育之社会的基础》(*The Social Foundation of Education*),由康茨(Counts)教授主编,所论颇多精彩。该书虽以美国教育为对象,但其所持见解和主张,大可发他国教育家的猛省。全书共分三部分:第一,分析美国文化发展受的几种基本动力——民治的风尚,自然的赋予和工程的发展;第二,讨论现时代社会的趋向与紧张情形,分家庭、经济、交通、教育、娱乐、科学、艺术、司法政府与国际关系等方面;最后归到教育上应有的社会哲学和方案,包括时代的动向,新民治的需要和学校的责任。在引论中,康氏说:

"史册已明示:教育永久具有时间、空间和环境的功能;在其基本哲学、社会目标和教学程序上,它定然多少反映出历史上某阶段之特殊民族或特殊文化群的经验、情境、希望、恐惧与兴奋。在实际上教育的组织与实施,决非单以教育之终极的普泛的意义为准的。一民族的生物遗传,或者一代一代的没有什么大变化,致在教学的过程上显出若干的常住性;但就整个教育事业来看,它却是相对的随着具体的变迁的社会境况为转移。教育没有它本身的内在逻辑或经验基础为决定其方法或内容的张本。无论在理论或实施方面,教育充分表现着某特定时代和特定社会的理想,或挟着有意的计划,或含着隐藏的目的,都不一定。因为没有一种包罗万象的教育哲学、教育政策与方案能切合一切文化和一切时代的;所以教育问题在伯里克利(Pericles)时代古雅典为一种型式,在唐代的中国为一种型式,在中古的萨克森(Saxony),现代的日本,共产党治下的苏俄,20世纪的美国,又各有其型式。很显而易见的,是任何人负起决定某民族的教育理论与实施之责时,应该开始就检讨其社会背景——关于它的天然环境、主要趋向和紧张情形、中心理想乃至人生的价值和兴味等,否则必无是处"①。

美国教育家又因为认清了时代社会已经从个人主义的经济转向到集体经济,教育必须设法适应此种新需要;教育行政者必须代表一般人民谋幸福,使集体经济的生活基础得以稳固,并进一步发扬美国的新文化,实现所谓"新民主"(The New Democracy);这是美国人的要求。

世界其他国家的教育,也是同样地那里迈进着,凭是社会主义的苏联、法西斯主义的意大利乃至纳粹统治下的德国,它们的教育制度,莫不以本国政治、经济、社会的情况为背景;学校变成了宣传主义的工具,教师和学生都做了政府党的爪牙。教育的政策、内容、制度、方法等等——受着国家严密的统制。这些国家的教育行政显然和民主国家大不相同了。

第二节 教育行政的趋势

近代教育行政的趋势,最显著的,有下面几种:

(一)民主化 英美等民主国家,处处标榜着民主的精神,其教育行政之民主化程度,当亦较他国为深。所谓教育行政之民主化涵义有二:一指教育行政自身的民主化;例如教员有参与行政的机会;教育长官对属下无官僚的习气;视导员十分尊重对方的资格;政府所颁法令,非一律强制执行,留有地方伸缩余地等

---

① Counts, G. S., The Social Foundations of Education-Introduction, Part IX, in *Report of the Commission on the Social Studies*, American Association, 1934.

都是①。另一便是所谓教育的民治（Popular control）即教育权操自公民，民意机关与教育机关异常接近，使教育成为真正民有民享的事业。美国教育董事会由民选出；它有决定政策，通过预算及任命行政首脑之权。这种由教育董事会掌管教育大权的办法，美国人认为是很民主的。苏联虽说是个独裁的国家，它的教育行政机构，倒是十分民主化的。除地方的工会代表、学生和校工等皆得参加校务会议以外，教育行政机关更尽量容纳公民的意见，并获到他们的助益不少。莫斯科市的教育局所设咨询和协助机关共有25组，每组代表多至六百余人，合有代表千余人，他们都是热心参加教育行政人员呢②。

（二）集权化　集权化也是近代教育行政的一个趋势，和民主化并不冲突。法国是个民主的国家，它的教育行政却是十分集权的。美国教育行政，一方面固然是民主化，同时也是集权化。近来趋向以州为行政单位，州教育行政长官握有极大权柄。在美国因过去地方狭小区域的分权制，引起行政专家不断的指摘，认为无论从财富和教育经费，国民负担的平衡，受教育机会的均等，行政费用的撙节及专门人才的罗致等方面看，都有集权的必要。又为预防集权后的流弊，该国教育专家曾拟有种调剂的办法。（斯特雷耶曾依实际调查拟定实施原则九条，详见③）至于

---

① 参看 Hunkins, R. V., Democratic School Administration: A Misnoner or a Misconception, in *Educational Administration and Supervision*, Vol. XXV, Sep. 1939.

② Sir Simon, E. D. and Others, *Moscow in the Making*, See Chapter on Education in Moscow, Jarold and Sons Ltd., London, 1937, pp. 92-142.

③ Strayer, G. D., *The Centralizing Tendencies in Administration of Public Education*, Teachers College, Columbia University, 1934.

苏联，更于民主、集权之间配合巧妙：一方尽量许可公民参与教育行政并接受他们的意见；他方却极力提高行政长官的权限，其组织上下相承，形成了一种金字塔式的集权制度，这种制度，人们称为"民主集权制"，——我国近来亦趋向于民主集权制，但与苏联不同。

至若德、意和日等法西斯国家教育行政上之极度集权化，更不消说。此等国的集权制，所不同于民主国者，以其硬性过大，殊少伸缩余地。

（三）科学化　第三种趋势，则为科学化。这在美国最为明显。关于近代教育行政科学研究之进步情形，前章已经说过。[1] 在今，举凡行政组织，学校系统，教育视导，教育经费，人事管理，学生升级，课程编订，事务行政及学校建筑和设备等，概已入于科学研究的范围；且每一领域皆有专家悉心研究，精益求精，对于教育行政问题的解决有极重要的贡献。总之，无论就学术或事业方面看，教育行政之趋于科学化，乃是十分显明的。

（四）专业化　这与科学化有连带关系。因了教育行政之日益科学化，所需要的专门知识和技能便益多，单凭个人一点小聪明和普通常识，决不足以胜任愉快，于是教育行政领袖，督学或视导员及学校校长的职务，成了一种专业，正如医生、律师、工程师需要长期的专门训练一般。专业化的教育行政，特点很多，最重要者，莫如组织上易官僚式为商业式——设科用人。根据需要，授位设职，注重效用，办公力求敏捷，用人必当其才；行政上易繁复不合理的为简便合理的；以及视导上易消极侦察的为积极指导的都是。为造就此种专业人才，欧美各有名大学，多设有教育行政科系或专门课程，予以理论和实际的训练。美国教育协

---

[1] 看罗廷光：《教育科学研究大纲》，中华，第二编。

会（N.E.A.）中有教育行政部（Department of Superintendence of Schools），会员多至三千余人。关于事务行政方面，美国也有一个学校事务行政人员协会（Association of Public School Business Officers），会员数目亦不少。此外各级学校校长和视导员亦各有其专业的团体：处处显出行政下专业的精神。我国除县市教育局长（或科长）和督学（及视察员）资格略有规定外，余则均付阙如。所谓教育行政之专业化实际远谈不上。

第三节 我国教育行政的背景及其适应原则

中国教育之必须认清背景乃是近来的一种大觉悟，有识之士，类皆不以过去之盲目的抄袭为然。"中国的政治、经济与教育不可分离的基础现象，都非先加深刻的视察不可。无论如何，教育制度改革案，若不对中国政治、经济详加考察，而惟以日、德、法、美、英的现行制度及中国传统思想作基础理由，必定是一个不合理的改革案。"[1] 这种觉悟心理的表现，还可从专家近来发表的文字中加以证明[2]。雷沛鸿氏曾从教育行政的立场，指摘过去教育的弊端至少有五：

(1) 缺乏原动力；今后应以复兴中华民族为原动力。

(2) 教育与政治分家；今后应实行政军教三位一体制。

---

[1] 陶希圣的话，见古楳：《现代中国及其教育》，中华，下册，第504页。

[2] 中国教育学会在所刊《中国生产教育问题》专号中，分析时人论文：讨论中国教育根本问题的凡18篇；指出危机的凡42篇；说明需要的凡43篇；指示动向、寻求出路和要求教育改革的，凡117篇；抓着国计民生的根本问题，提倡生产教育的凡662篇。

(3) 教育与经济分家；今后学制应与经济背景相呼应。

(4) 缺乏社会基础；今后应用慧眼决择我国独特文化的优点，并顾及本民族特性和地理气候环境的因素。

(5) 教育设施缺乏整个性，一贯性；今后应有远大计划以实现社会主义之社会，即民生主义之社会。①

此外学者之研究民族性及从事本国文化、政治、社会、经济和资源的分析，更给了我们很多的新资料②，帮助我们了解本国社会及其他方面情况不少。

"九·一八"以来，国人恫于国难的严重，非深自警惕，卧薪尝胆，不足以救亡图存；于是唱出了非常时期的口号，而非常时期的教育，也随着而高唱入云。这时期教育之设施，力求适应国防与生产的需要，若公民训练的改进，军事童子教育的厉行，技术人才的训练及科学设备的充实等都是。未几"七·七"事变发生，全面抗战展开，全国人于艰苦奋斗时期，我国社会的变动，从无若是其甚者。为适应本时期的特殊需要，二十七年〔1938〕四月国民党临时全国代表大会制定了《抗战建国纲领》（参考原料一）为今后各方设施的准则。

---

① 雷沛鸿：《中国过去的普及教育运动》，广西普及国民基础教育研究院印行。
② 例如研究民族性与教育的关系的，有庄泽宣及陈学恂（见所著《民族性与教育》，商务）；研究中国教育之经济的背景的，有古楳（见所著《中国教育之经济观》，民智）；研究中国文化的，有陈高慵（见所著《中国文化问题研究》，商务）；研究中国农村经济的，有伯克（J. L. Buck）。〔见所著《中国农田经济》（*Chinese Farm Economy*, the Commercial Press）与《土地使用法》（*The Utilization of Land in China*, the Commercial Press）〕又中国文化建设协会所刊《十年来之中国》对于中国各方面情况，皆有扼要的陈述：凡此都可帮助我们了解中国社会及其教育的背景。

纲领中对于教育行政较有关系者有下列各项：

(1)"组织国民参政机关，团结全国力量，集中全国之思虑与识见，以利国策之决定与推行"（政治，第十二条）是为教育行政民主化的先声。

(2)"实行以县为单位……并加速完成地方自治条件，以巩固抗战中之政治的社会的基础……"（政治，第十三条）是为充实县教育行政组织，厉行县单位教育建设的准则。

(3)"改善各级政治机构，使之简单化、合理化，并增高行政效率，以适合战时需要"（政治，第十四条），是为改善教育行政机构，提高教育行政效率的基础，无形的却又承认了教育行政科学化和专业化的必要。

(4)"经济建设以军事为中心，同时注意改善人民生活。本此目的以实行计划经济……"（经济，第十七条），是为教育行政之集权化，计划化的张本。

(5)"以全力发展农村经济，奖励合作，调节粮食，并开垦荒地，疏通水利。"（经济，第十八条），是为教育注重生产并发展农村经济的基准。

(6)"推行战时税制，彻底改革财务行政"（经济，第二十条），是为解决教育经费问题的先决条件。

(7)"发动全国民众，组织农工商学各职业团体，改善而充实之……"（民众运动，第二十五条），是注重民众教育以扩大教育行政功能的根据。

(8)"加强民众之国家意识，使能辅助政府肃清反动……"（民众运动，第二十八条），是为注重抗战的民众教育的注脚。

关于教育方面，更有重要的规定：（1）改订教育制度及教材，推行战时教程，注重于国民道德之修养，提高科学的研究与扩充其设备；（2）训练各种专门技术人员，予以适当之分配，以应抗战之需要；(3) 训练青年，俾能服务于战区及农村；(4) 训练妇女，俾能服务于社会事业，以增加抗战力量。

本会并又通过了《战时各级教育实施方案纲要》（参考原料二），乃抗战建国教育最正确的解释，可为今后教育实施的准绳。

三十年〔1941〕四月国民党第五届执行委员会第八次全体会议为"抗战必须争取最后胜利，建设必须达到国防绝对安全"，依据着蒋中正先生："我们一切政策，一切设施都要以国防为中心，一切利害是非，都要根据国防来判断。我们的军队必须成为高度国防的武力；我们的政治必须成为动员国防力量总机构；我们的经济，必须是培养国防力量最大的根源，我们的同胞，也必须是个个具有战斗智能，决心为国效命，并恪守国家法令的国民；一切文化教育事业，亦必须适合国防的需要，成为国防的一部分。"再综合孙中山先生遗教及《抗战建国纲领》，……特规定"战时三年计划大纲"，其主要任务：

（一）"以充实军事、政治、经济、社会等工作为前提，从而争取最后之胜利。

（二）"以扩大军事物资与民主物资之生产，从而满足抗战军事之需要，安定人民之生活。

（三）"各种有关国防之设施，在抗战期间固须改进，即在战后亦须延长其设施之内容，与依此设施之需要而建立之制度，在质与量上继续迈进。

（四）"加强政治组织，并特别注意于基层政治机构之建立与奠定民治之基础。

（五）"依据本党之政纲政策，调整一切政治、经济和社会之组织，使其机构人事法令规章，能成为动员国防力量之枢纽。

（六）"一切文化教育之事业，均须适应国防之需要，各种人才之教育及训练，须与其他部门计划配合，使人才准备与事业之进度相适

——— 31

应,一切计划可以按时完成。"

从这,我们不难了解本时期我国教育行政的背景及其适应原则为何了。

研究问题

(1) 研究教育行政何以必须顾及其背景?我国以往教育行政未注意及此,其弊何在?

(2) 教育行政之重要背景为何?试申言之?

(3) 读 Counts, *Social Foundations of Education*,举出其有关教育行政部分,加以评论。

(4) 近代教育行政趋势述要。

(5) 据专家研究"现代中国"的结果,举出其可供教育行政参考的重要材料。

(6) 战时教育行政实施纲领。

第三章

中国教育行政之史的考察

我国自商周以至清末数千年间,古有传统的教育和学校制度,绝谈不到系统的教育行政制度,——有之,只自清末改制兴学始。本章所述,仅历代学校教育及其有关事项的大概,藉以窥我教育行政制度由来的一斑。

第一节 沿革

一、公共教育之发轫 所谓公共教育(英名 Public Education)系指政府或公家所施一般人民的教育而言。倘若孟子的话是真的,我国公共教育发轫最早,唐虞之际,已有端倪。"后稷教民稼穑,树艺五谷,五谷熟而民人育……饱食暖衣,逸居而无教,则近于禽兽。圣人有忧之,使契为司徒,教以人伦。"(《孟子》)足见那时很注意一般人民的教育。《尚书》亦称舜命契为司徒,敬敷五教。又命伯夷作秩宗,典礼,夔典乐,教胄子:是古时管理教育文化事业,已有专官了。学校在王宫左右者,曰上庠，曰下庠①，皆为养老之地。（大约需要老人示后生模范并加指示，此制三代因之。）夏代建学沿旧制，仍重养老，惟名称稍易：国学称学，大学为东序，设在国中，小学为西序，设在西郊；乡学称校。商代制度一仍其旧，国学称学，大学为右学，在西郊；小学为左学，在国中；乡学则改称序。施教的要旨，在使学生明五伦之教；学科以礼、乐为主，兼及于射、御、书、数。

商以前为氏族时代，人民生活简单，游牧散处，各自称雄，无严密的政治组织，更无居高临下的统率人物。到了周代，渐入于农业时代，社会生活日益复杂，各种氏族斗争日益剧烈，周公以雄才大略，荡平大难，灭国五十，统一寰宇，分封子弟和功臣，目的乃在屏藩王室，使中央权力增大，便于控制全国。从此设官分职，政治组织较前完密，家庭社会基础较前稳固，而其教育制度也日趋于系统化了。

周代设学主旨，在于化民成俗，掌教的职官，在中央，为大司徒，在地方，为州长和党正。教科书的纲要，在于德行道艺；而施教的要项，则不外礼乐刑政。这是周代教育的总纲。以学校而论，于国有学，天子之学曰"辟雍"，诸侯之学曰"泮宫"，都是大学的程度，王太子及少数俊秀子弟得入此种学校。学的是诗书礼乐等高尚的科目及穷理、正身、修己、治人的道理。于乡（万二千五百家）有校；州（二千五百家）有序；党（五百家）有庠；闾（二十五家）有塾，皆小学程度。儿童入学年龄，约自八岁至十四岁，他们学的是洒扫应对进退之节，礼乐射御书数之文。那时女子教育依《戴礼·内则篇》所述：女子十岁不出门，学婉顺服从的妇德，习蚕丝纺织缝纫等女工，酒浆烹饪的技术和

---

① 有虞氏的学校叫"庠"。庠的意义为养，从可知古时教育特别重视教养。

祭祀的礼节。所重在实行。主要科目为妇德、妇言、妇功、妇容。周代教育和近世西洋所谓公共教育很相接近；我国在二千年前已具有规模，可算世界最先进之邦。

二、学校教育之中衰　周自东迁以后，王纲解纽，中央权力既衰，旧礼教、旧制度日趋于崩坏，干戈相寻，迄无宁日；而且臣弑君、子弑父之事，数见不鲜。诗人赋青衿，叹学校之中衰！实际，周初所遗留的一点公共教育制度，确亦破坏无余了。

那时国与国之间，勾心斗角，争相雄长，一般君主曾无余暇顾及普通教育（即公共教育）；人民所晨昏致力于学习者，耕种战斗，纵横捭阖之术而已。以故公立学校特殊无足观。但私人讲学之风，却甚发达。观于孔子晚年讲学洙泗，弟子有三千，身通六艺者亦七十二人，可以知之。直至战国，此风尤甚。维时各国需才孔急，求士甚殷；故民间俊秀子弟争访名师，发奋攻读，以求致用。如此阶级制度打破，平民不独易有上进之路，且研究高深学术的机会亦增多了。况斯时社会变迁甚剧，人民所受刺激特多，因刺激而引起思想，更引起独立自由的思想，学术因而特别发达，形成了我国学术史上一个光华灿烂时期。而在教育方面，其性质亦与前期大相悬殊；前期教育是较成制度，有系统的，此刻教育却不成制度，无系统可言；前期教育注重普及于一般人民，此刻教育，则只注意于政治人才的培养；前期教育，其中心在政府，在公立学校，此刻教育的中心则在私人（孔、墨、孟、荀皆当时教育的中心人物）和私人团体。

三、养士教育之兴起　秦汉而后，公私教育迭有盛衰[1]，行

---

[1] 依陈青之："教育最早有信史的，应始于西汉武帝元朔年间，距今不过二〇五〇年，是学校的启发时期，只且雏形尚无制度。到平帝元始三年〔公元3〕始有学校制度。"（见所著《中国教育史》）

政制度亦时有变更。汉初吏治腐败,学风不振,贾山上书文帝,请"定明堂造太学('太学'二字见于政文,实始于此),修先王之道。"武帝时,董仲舒对策,更明言:"养士之大者,莫大乎太学,太学者,贤士之所关也,教化之本原也……臣愿陛下兴太学,置明师,以养天下之士。数考问以尽其材,则英俊宜可得矣。"后来更因公孙弘的建议,乃正式制定博士弟子员制(时武帝元朔五年,公元前124年)。以后做官的,一定要懂得文学,礼义;教授传经的,可以有政府的保障;博士弟子有被国家选任的资格,一年毕业后就可直接补官;弟子之从博士受学的,更不必自备束修。中国教育之由私家的而为政府的,由自动的而为被动的,这是一个大关键。①

武帝时博士弟子只置五十人,昭帝举贤良文学,增博士弟子满百人。宣帝又增弟子员至二百人。元帝好儒,弟子增至千人;亦有称京师太学生达数千人者。②

迨成帝即位,王莽专政,对于教育制度,颇思有所改革。元始三年(公元3年),令天下立学官,郡国曰学,县道邑侯国曰校,校学置经师一人。县曰庠,聚曰序,序庠置孝经师一人。——郡国之有学官或已甚早,但令天下遍设学官实自此始。③ 四年,又奏起明堂,辟雍,灵台,为学者筑舍万区,作市常满仓,制度甚盛。汉代至此才有正式教育学生的太学。(武帝置博士弟子,百余年来,"并无专门养士教育之所,当时所谓太学,便以武帝时建立之明堂为代表,……弟子员之受业,仍各从

---

① 大致依陈东原氏的意思。(见所著《中国教育史》,商务)
② 见瞿宣颖:《中国社会史料丛钞》,甲集,上册,第198页。
③ 依瞿宣颖,汉之学校谓之学官,即学宫之意,非教育长官。(同上)

其师之博士，不过岁时应试而已。")

光武中兴，祠孔子，起太学，立五经博士，各以家法教授，凡十四博士，学风于以丕振。明帝、顺帝皆注重教育，学生多至三万余人。东汉郡国设学，较前尤为普遍。偏徼之区如不能早设学校，则有官吏随时为之兴立。（附录一）且郡国学官每有自动设学，负教化民众之责者，比前进步多了。

四、过渡时代——魏晋南北朝的教育　魏晋时代，干戈扰攘，各种学校，无论在京师的，或在州郡的，均属有名乏实。当时教育之腐败情形，由《魏志·王肃传》知其一斑。其中说道："太学青龙中，中外多事，人怀避就，虽性非解学，多求诣太学。太学诸生有千数，而诸博士率皆粗疏，无以教弟子，弟子本亦避役，竟无能学习，冬来春去，岁岁如是。……又是时朝堂公卿以下，四百余人，其能操笔者，未有十人，多皆相从，饱食而退。"这种情形，何独魏代有之？晋代南北朝，除少数例外，大都如此。"学校时兴时废，博士遴选不严，士子沉迷声色，每日惟知饮酒赋诗，屡屡游山，对坐清谈，消磨岁月而已。"至于一般人民，日日流离转徙，救死之不暇，哪来功夫读书呢？当时北朝较升平，一辈异族君主（例如孝文帝）又多羡慕中国文化，兴才育学，时或有之，惟其影响只限于局部，未能遍及全国。

第二节　科举时代的教育行政

科举之制，肇端于隋，唐乃大备；后历宋、元、明乃至清末，其影响于国民心理和我国教育文化发展，至巨且深。兹略述本期教育制度如下：

隋文帝削平大难，统一寰宇，其于教育颇多建树。如其初年，提倡学校，定制国子寺不隶太常，设祭酒以统辖之，于是教育有了专官。国子寺下有国子、太学、四门、书和算五学,各置博士、助教、学生若干人。此外对于郡县也令兴学,故自京邑达于四方,皆起黉舍,教育颇有振兴之象。可惜文帝晚年,专好刑名;又以当时学校生徒,多而不精,乃于仁寿元年(公元601),诏发四门及州县学、国子学裁留七十人。寻复改国子为太学,置博士五人。

炀帝鉴于前此乡举制度之流弊及学校教育之难造就真材,乃于大业二年(公元606)置"进士科",遂开后世科举之渐。① 按进士科制度与南北朝孝秀之制很相仿,所不同的,只"孝秀之选,德望为上,才学次之,州郡守举其所知,表荐于朝,由朝廷策试;进士则州郡策试于前,朝廷策试于后",所选全以试策之良否为前提,而不采及德望。因了这么一点小差别,便铸成后来科举只重考试,不重学业,更不重德行的大错。"于是后生之徒,复相仿效,因陋就寡,速赴邀时,缉辍小文,名之曰策学"(薛登疏语)。后来所谓"举业"便与此同出一辙。

自隋开其端,唐循其制,更补正之。其时学校与考试制度同时并行,选士之法共有三种:(一)生徒法,由京师之六学(国子学、太学、四门学、律学、书学、算学,均隶于国子监,设国子祭酒总管学政),二馆(弘文馆、崇文馆),以及州县诸学校,选其成绩优良者,送京师尚书省试验。(二)贡举法,为一般士子谋出路而设;投考生可不必入学,先试于州县,及第则送入京

---

① 汉立大学,原在养士求材,以为朝廷用。故"一岁皆辄试,能通一艺以上者,补文学掌故,其高第可为郎史者太常籍奏。即其秀才异等,辄以名闻"。将至东汉,岁课有甲乙丙三科:甲科为郎中,乙科为太子舍人,丙科补文掌故,则是学成即可授官,不复另有考试。三国以后,皆袭此制,惟至隋文帝以学校不能得材,始诏废之,仅留太学生七十人。后五年乃有进士科之设,而科举制度便成立了。

师复试。学馆生徒与州县乡贡同有应试礼部的资格，及第后并同有做官的希望。（三）制举法，为非常人才而设，考试无定期，由天子亲自试验，及第者可得美官。

以上三者，除制举外，表面上学馆生徒与州县乡贡虽有同等的出路，实际则前者远不如后者的重要。《选举志》说："举人首重两监（即弘文、崇文二馆馆监），后世禄者以京兆同华为荣，而不入学。"可见一般士子的倾向。天宝以后，科举考试，日益发达，学校教育渐渐成为赘疣。于是士子皆殚精耗神于科举考试的准备，侥幸于一日之得失，而不趋向实学：此科举时代学校教育衰落的一大原因。

自宋元迄于明清，科举制度日盛一日，姑无论历代考试的科目（宋为进士、九经、五经、开元礼、三史、三传、学究、明经、明法等科；金有词赋、经义、策论、律科、经童之别；元有经疑、经义、古赋、诏诰、章表及策之判；明有四书义、经义、论义、论判、诏诰表内科及经史时务策等科；清有四书、经解、经文、八韵诗、策问及对策等科），所经过的阶段（元制：初乡试、继会试、后殿试；明制：初郡试、继乡试、继会试、最后殿试；清制：初童试、继乡试、继会试、最后殿试），录取的名额（历代不同，同代又常先后不同）以及考试的种类（文试、武试及特科）等各不相同，可是推行科举的根本用意是一致的。其根本用意何在？即在积极方面，藉以选拔贤材，俾为"致用之具"；而消极方面又无形消弭了杰出人物的反动思想和行为。宋太宗曾与宰相薛居正谈长治久安之术。太宗曰"莫若参用文武之士"。嗣行御试，即以"训练将"为赋，"主圣臣贤"为诗，示文武参用之意。（《通考》卷三〇，页一八）又太宗尝谓侍臣曰"朕欲博求俊彦于科场中，非敢望拔十得五，止得一二，亦可为致治之具矣。"（同上）科举于是做了几百年擢选御用人才的唯一工具了。

至在消极方面，其用意亦颇显然，宋王栐说的好："唐末进士不第，如王仙芝辈唱乱，而敬翔李振之徒，皆进士之不得志者也。盖四海九州之广，而岁上第者仅一二十人，苟非才学超出伦辈，必自绝意于功名之途，无复顾藉。故圣朝广开科举之门，俾人人皆有觊觎之心，不忍自弃于贼盗奸凶。开宝二年〔969〕，诏礼部阅贡士十五举以上曾经终场者，具名以闻。庚戌诏曰：'贡士司马浦等一百六人，困顿风尘，潦倒场屋，学固不讲，业难以专。非有特恩，终成遐弃。宜各赐本科出身。'此特奏所由始也。自是士之潦倒不第者，皆觊觎一官，老死不止。……况进士入官十倍旧数，多至二十倍。而特奏之多自是亦如之。英雄豪杰，皆汩没消磨于其中而不自觉。故乱不起于中国而起于夷狄，岂非得御天下之要术欤？"（《燕翼诒谋录》卷一，商务，《说郛》本卷九六）这话很不错。

所以到后来，弊端百出；唐时赵匡已称其"所习非所用，所用非所习。"（赵匡：《举选录》，见《通考》）杨绾谓举人幼而就学，只诵当代之诗；长而博文，不过诸家之集，六经二史皆同挂壁；投刺干谒，驰骛要津。（《旧唐书·杨绾传》一一九）唐已如此。宋初加以提倡，流弊更大。真宗景德二年（公元1005），有诏说道："贡举之门，因循为弊，躁竞斯甚，缪滥益彰……仍委礼部贡院，自今科场，务精考试，毋容滥进，用革浇风（《通考》卷三○）。至明确定八股格式以后，其弊滋甚。顾炎武说："文章无定格，立一格而后为文，其文不足言矣。唐之取士以赋，而赋之末流，最为冗滥。宋之取士以论策，而论策之弊亦复如之。明之取士以经义，而经义之不成文，又有甚于前代者。皆以程文格式为之，故日趋而下。"（《日知录》卷一六，《程文》条）又说："昔人所须十年而成者以一年毕之，昔人所须一年而习者，以一月毕之。成于剿袭，得于借倩。卒而问其所未读之经，有茫然不知为何书者。故愚以为八股之害,等于焚书。"(《日知录》卷一六,《拟题》条)这话该何等的沉痛!有人或以八股文章可以训练人的心思,亦自有相当价值。庶不知此种理论在近代科学心理学上已失了根据;即曰偶有微效,但所费的代价已几何?八股文做得再好,所得可偿所失吗?况一般举子之猎取功名,尚非由于八股文之真工,其从"拟题"、"开节"、"怀挟"、"传题"、"割卷"、"换卷"等取巧作弊而来者,大有人在,"文章"之谓何!"道德"之谓何!世人刻刻所梦想的:"久旱逢甘雨,他乡遇故知,洞房花烛夜,金榜题名时。"(《四喜诗》)也不知误了多少有为青年!到头来,还是:"江篱伴我泣,海月投人惊。"(《下第东南行》)"弃置后弃置,情如刀刃伤。"(《落第》)自叹:"题诗怨还怨,问易蒙复蒙。本望文字达,今因文字穷"(唐·孟郊《叹命》)了。

大致说来,科举时代的学校教育,原不过一种形式,谈不到什么组织和行政的话。其中可也还有几个特例,不可不知:第一是宋王安石的提倡学校教育。他在神宗熙宁二年〔1069〕,上了一个《乞改科条制劄子》,主张改革科举,兴建学校。神宗信了他的话,当下诏说:"化民成俗,必自庠序;进贤与能,抑繇贡举。而四方执经义者专于诵数;趋乡举者,狃于文辞。与古所传三物宾兴,九年大成亦已戾矣。今下郡县,招来隽贤,其教育之方,课试之格,令两制两省待制以上,御史三司三馆,杂议以闻。"(《宋史·选举志一》)可惜后来因士人意气之争,互相倾陷,致安石政策未及一一实现,即被免以去。第二是元代的设地方教育专官。原来元代的郡县学校,很是发达,中统二年(公元1261)国学尚未设立时,即诏诸路提举学校官,以王万庆、敬铉等三十人充之。后于至元十年（公元1274）[①] 授提举学校官六品印，遂改大都路学署为提举学校所。至元二十四年（公元1288）[②]，又设江南各路儒学提举司，地方教育之遍设专官，当以元代为始，不但如此，"当至元二十三年〔1286〕时，江南行省理财方急，卖所在学田以价输官。利用监彻尔奉使江南，见之，谓曰：'学有田，所以供祭祀，育人才也。安可鬻'，遂止之。还朝以闻。世祖颇为嘉纳。诏江南旧有学田，复给之以养士。后于至元二十九年（公元1292）诏江南州县学田，其岁入听其自掌；春秋释奠外，以廪给师生及士之无告者。贡士庄田则令核数入官。"[③] 这可说是已保障教育经费的独立了。又依黄炎培氏考证：我国之有全国性的教育统计实自元始。[④] 第三是清初中央及地方教育行政机关的粗具规模。顺治元年〔1644〕，清兵入关，即规复国子监，详立规制；设祭酒、司业，皆汉、满各一员，职在总理监务。祭酒等于正校长，司业等于副校长。监丞满、汉各一员，职在绳愆。凡教官怠于师训，监生有犯规则或课业不精，悉从纠举惩治，等于训育主任。博士，满、汉各一人，助教满十六人，蒙八人，汉六人。学正，汉四人。学录，汉二人，职在教诲：一如今日各大学之教授、讲师、教员、助教然。典籍书，汉一人，典图书；典薄，汉、满各一人，掌文牍事务；这是国子监的教职员。（《清通考》卷六五，《学校考三》）那时名义上中央教育行政机关是礼部，其职权在"掌吉凶嘉军宾会之秩

---

① 〔特编注〕误。应为公元1273年。
② 〔特编注〕误。应为公元1287年。
③ 陈东原：《中国教育史》，第305页。
④ 黄炎培氏在所著《中国二十五年间全国教育统计的总检查》（《人文月刊》第4卷第5期）说道：中国全国教育统计公布最早的要算元史（《世祖本纪》第14、15、16卷），详见该文。

序，学校贡举之法以赞邦礼，"（依乾隆甲申年〔1764〕所刊《大清会典》）实际只限于稽核和考试的工作；行使教育行政大权的，却是国子监。以上是就中央方面说如此。至于地方学官，亦逐次设立。顺治初令各省设提学道，直隶、江南设提学御使。雍正间，俱改为提督学政。计直隶、江苏、安徽、浙江、江西、福建、河南、山东、山西、湖北、湖南、四川、广东、广西、云南、贵州，各一员，管理本省学政事务。（《大清会典》事例二九四）类于今日的教育厅长。奉天府丞一员，管理奉天、吉林等处的学政事务。皆三年更任。至各府、州、县，则府设教授训导，州设学政训导，县设教谕，是谓教官。（《大清会典》卷六说："学则学政督之，分府厅州县学以教之。"又卷三一说："凡学皆设学官以课士，府曰教授，州曰学正，县曰学谕，皆以训导副之。"）第四是明清地方教育经费的粲然大备。陈友松氏曾在美国国会图书馆细细考察清代全国 1300 余县的学田资料，深觉有清一代各县学田的发达，殊属难能可贵。维时每县有学田数百乃至数千亩。又据张孝敏氏研究，明崇祯十七年（西元 1644）全国有学田 10,581 亩；雍正二年（西元 1724）全国有学田 388,678 亩；乾隆二十四年（西元 1753）全国学田增至 1,158,265 亩。[①] 至于学田的来源，多由县令捐廪及地方氏族和绅董之自由捐输；大部分为书院膏火及宾兴之用。政府经费之用于学校及其他教育事业者却甚微，仅少量供祀孔的用途而已。我国地方担负教育经费，在明、清两代（清尤甚）可谓粲然大备矣。以上为清末新教育未实施前的大概情形。（附录二）

---

① 见张孝敏：《历代中国农田问题》，新生活书店，第 303、304 页，又参考萧一山：《清代通史》（下册），第 440、441 页及贾士毅：《民国财政史》（下册），第 226 页。

第三节　新教育之发端与科举制之停止

清末因内政外交发生剧变，促成了新教育运动的进展，同时使沿用千余年的科举制度宣告寿终正寝。在未述近代中国教育行政制度成立以前，且先一考察本时期的几件大事及其影响于新教育制度的产生者为何。

（一）《江宁条约》　以一向闭关自守的中国，傲视一切，认天下之大，惟我独尊。不料鸦片战争一役，大败于英。道光二十二年（公元 1842），订立《江宁条约》，割让香港，开放广州、厦门、福州、宁波、上海五市，准英国领事居住，并准英商及其家属自由来往。明年九月，更于虎门订补遗条约，规定关税细目十七条。从此以后，中国门户大大开放，迥非昔比了。约成未久，西教士即大批东渡，以设学为传教手段。西方学术和教育制度于以东渐，而国人之仰慕西化亦自此始。

（二）《天津条约》　咸丰八年（公元 1858），因英法联军进迫大沽，结果订立了《天津条约》，准英法两国人民之自由传教及游历内地；并开放牛庄、登州、台湾、潮州、琼州五港及镇江、九江、汉口为商埠。十年〔1860〕，因清廷欲否认条约，引起英法联军二次进攻，陷大沽，据天津，进迫北京，清帝出奔，并遣使议和，产生了《北京条约》。除更正《天津条约》外，并加开天津为商埠，割九龙与英国。在《天津条约》中载明交涉公文，必以西文为主。政府顿觉翻译人才的需要。至同治元年（公元 1862），遂准"总理衙门"奏，在京师设立了同文馆。不久附属于上海江南制造局的机器学堂，福州海军学堂，天津电报学堂，南京水师学堂，湖北矿业工程学堂，天津军医学堂，都先后成立起来。同治十一年（公元 1872）起并分期派遣聪颖少年，赴美国留学（第一次为梁敦彦、蔡绍基、黄开甲、詹天佑、钟文耀等三十人于同治十一年七月放洋），中国教育制度之受欧美影响更深了。

（三）中日战争　中日战争的结局，缔结了《马关条约》，承认朝鲜独立，割让台湾，开放苏州、杭州、重庆、沙市为商埠，并还赔款二万万两。（时光绪二十一年，公元1895）国人经过了这么大的创痛，才觉得非变法维新，不足以救亡图存。故兴学救国之议风起云涌。北洋大学、南洋公学、江南陆军学堂、江西蚕桑学堂等，于此12年内先后完成。大臣如李端棻（参考原料三），言官如陈其璋等咸请广设学堂以图救国。时会所趋，旧有之教育制度，自非改革不可。

（四）戊戌政变　德宗亲政以后，励精国治，变法自强，重用康有为、梁启超等维新人物。曾于二十四年（公元1898）戊戌下维新之诏（参考原料四）认救国要图，端在教育。旋兴学校，废八股，加派留学生，翻译外国书籍；风会所趋，举国翕然。虽不幸后来被守旧派所摧残，然教育革新种子，早已播入人心；未来之萌芽滋长，乃意中事。

（五）庚子变乱　旧党既推翻新政，益逆世界潮流而趋于反动，卒致庚子（公元1900）拳匪之乱，未及数月，北京为联军所陷，皇室仓猝西奔，结果仍被迫订城下之盟。经此大变，始知非变法决不足以固存，遑云御侮？乃复下兴学之诏。教育制度的改善，于是乎有长足的进展。

（六）日俄之战　甲辰（公元1904）日俄战争，日既胜俄，归功学校。我国亦震于日本的成功，以兴学为富强之本。一时国内学校，大大扩充；留学岛国学生，多至一万五千人。其卒业返国者，遍布国内。这时日本教育所予中国影响之大，迥非寻常所可比拟。

（七）辛亥革命　本年〔1911〕武昌起义，举国响应，不数月而清帝逊位，满室推翻，政治由专制而进于共和。一切制度皆有所更张。教育行政亦非有彻底的改革不可。

上为我国新教育的动机以及促成的动力。变法以后，情形丕变。光绪二十七年（公元1901）八月二日，下谕各省督抚学政切实多设学堂，以宏造就，从此揭开了我国新教育史的第一页。其谕旨云：

"上谕：人才为庶政之本，作育人才，端在修明学术。三代以来，学校之隆，皆以德行道义为重，故其时体用兼备，贤才众多。近日士子或空疏无用，或浮薄寡实。今欲痛除此弊，自非敬教劝学，无由感发兴起。除京师已设大学堂，应行切实整顿外，着将各省所有书院，于省城均改设大学堂；各府厅直隶州，均改设中学堂；各州县，均改设小学堂。并多设蒙养学堂。其教法当以四书五经，纲常大义为主；历代史鉴及中外政治艺学为辅。务使心术端正，文行交修，博通时务，讲求实用；庶几植基立本，成德达材，方副朕图治作人之至意。着各该督抚学政，切实通筹，认真举办。所有慎延师长，妥定教规，及学生卒业，应如何选举鼓励。一切详细章程，着政务处咨行各省，悉心酌议，会同礼部覆核，具奏。将此通谕知之，钦此。"

这是满清政府采用新教育第一次的宣言。越二年（光绪三十一年〔1905〕），德宗因袁世凯等屡次奏请停止科举以广学校，至是遂毅然下诏"停止科举"（参考原料五）。于是沿用千余年根深蒂固的科举制度，才被推翻。

在学校方面，光绪二十七年〔1901〕十二月，派张百熙为管学大臣，综理学校事务。当时上谕里曾这么说：

"兴学育才，实为当务之急。京师首善之区，尤宜加意作养，以树风声。从前所建大学堂，应即切实举办，着派张百熙为管学大臣，将学堂一切事宜，责成经理。"

张百熙本是京师大学堂（成立于光绪二十四年〔1898〕五月，为全国第一个国立大学）的主管人，此刻兼任了管学大臣，他很觉得各省的学堂，如无划一的制度，不独全国学制纷乱无系统，便连京师大学堂也不好办。于是奏请订定各省学堂章程。当由清帝派张之洞会同张百熙、荣庆修改京师大学堂条规，并厘订各省学堂章程。他们费了好些工夫，才把各级学堂章程定好，于光绪二十九年十一月①连同《学务纲要》一份，奏请核定。奏末，并云"应由管学大臣，通行各省，一律遵照开办"。本月《奏定学堂章程》即颁布。到了这时候，各级学校才算有点简略的法规了。那时管学大臣是否有权考核全国学务，尚无明文规定。迨管学大臣改为"学务大臣"，才确定全国学务都归他管辖。孙家鼐是第一任的学务大臣。光绪三十一年（公元1905），山西学政宝熙奏请设立"学部"；顺天学政陆宝忠奏请设立"文部"；翰林院编修尹铭授等复请改设学部，并将翰林院衙门并入。宝熙的奏折里说："学制变更伊始，必须有总汇之区，请速设学部。"各折经学务大臣合并奏请，当下谕核准设"学部"，并调荣庆为尚书，熙瑛为左侍郎，严修为右侍郎。原谕云：

> "上谕：本日政务处学务大臣会奏，议覆宝庆等条陈一折。前经降旨，停止科举，亟应振兴学务，广育人才。现在各省学堂已次第兴办，必须有总汇之区，以资董率，而专责成，即设立学部。荣庆着调补学部尚书。学部左侍郎着熙瑛补授。翰林院编修严修着以三品京堂

---

① 〔特编注〕光绪二十九年十一月，时为公历1904年1月。下同。

候补署理学部右侍郎。国子监即古之成均，本系大学，所有该监事务，着即归并学部。其余未尽事宜，着该尚书等即行妥议具奏。该部创设伊始，兴学育才，责任綦重，务当悉心考核，加意培养。期于敦崇正学，造就通才，用副朝廷建学明伦，化民成俗之至意。余着照所议办理。钦此。"

自此我国始有正式之中央教育行政机关，并有负责之教育行政领袖（尚书等于今日的教育部长，左右侍郎等于教育次长）。至次年〔1906〕闰二月，学部奏拟本部官制职守并归并国子监事宜。四月即颁发学部官制职守清单（参考原料六），未几，学、礼二部会奏"划定两部办事界限"：中央教育行政机关之组织以及事权的分配，于以大定。

关于省及地方教育行政方面，清初各省原设有提学道（直隶、江南则设提学御史），办理全省科举及官学事务。雍正间，俱改为提督学政，位分甚高，可与督抚分庭抗礼。迨科举既废，专办学校，先前的学政，似不能适应时势的需要。因之各省纷纷请求改制：有主张恢复提学道的，也有主张裁撤学政责成督抚兼办学务的。光绪三十二年（公元1906）四月政务处及学部会奏，请裁撤学政，设立省"提学使司"。奉旨："着照所请各省改设提学使司，提学使一员，统辖全省学务，归督抚节制。……所有各省学政一律裁撤。"当时提学使地位在藩臬之间，于省城设"学务公所"，分科办事。并设学务议绅四人，议长一人，使本省人士有参议教育行政的机会。同时学部并奏定各省学务详细官制（参考原料七）。而省教育行政制度大体确定。在地方，依光绪三十二年〔1906〕四月学部奏定的《劝学所章程》，规定各厅、州、县特设劝学所一处，为全境学务之总汇。以本地官为监督，设总董一人，综理各区学务。每区设劝学员一人，任本区内调查，筹

48

款兴学等事项。劝学所本为掌管地方教育的机关；惟至宣统二年（公元1910），《地方自治章程》颁布，劝学所与地方自治事务所职权上发生冲突，结果而有《劝学所章程》的修订，劝学所于是降为教育行政的辅助机关了。这是清季省及地方教育行政组织的大概情形。总之我国教育行政制度，至本期始具规模，改良整理，尚待未来。

附录

（一）偏远郡邑倘不能早设学校，则有官吏随时为之兴立，如《后汉书·李忠传》云：建武六年（公元29）忠"为丹阳太守，以丹阳越俗不好学，嫁娶礼义衰于中国，乃为起学校，习礼容，春秋乡饮，选用明经"。又《栾巴传》云：顺帝时，巴"以宦者给事掖庭，补黄门令，后擢拜郎中，四迁桂阳太守。以郡处南陲，不娴典训，为吏人定婚姻丧祀之礼，兴立学校，以奖进之。虽干吏卑末，皆课令习读程式殿最，随能升授"。可见其一斑。

（二）有一事与教育行政至有关系，不可不知者，即历代学校课程的变迁是周以前我国教育本与生活密切关系，学者所学，或为耕稼，或为礼乐射御书数，或为洒扫应对进退之礼。即在春秋时代，子产之办理乡校，亦以农业为中心；勾践之计划生聚教训，也倡导所谓建教合一，文武合一的。墨子教人劳作，许行教人自力耕种，更是生产教育的力行者。自孔孟轻视农圃，强分劳心、劳力的界限以后，读书人渐成为一特殊阶级。益以西汉君主之表章六经，罢黜百家，儒者的地位提高，士日与农工商界分离，而他们所学的东西就更不切实际了。据《汉书·艺文志》说：

"汉兴间里书师（村夫子）合《仓颉》、《爰历》、《博学》三篇，断六十字以为章，凡五十五章，并为《仓颉篇》。武帝时，司马相如作《凡将篇》无复字。"元帝时黄门令史游作《急就篇》，三仓即《仓颉》、《凡将》、《急就》，即汉时之村塾课本。太史试学童能讽书九千字以上者乃得为吏。"

顾亭林亦云：

"《急就》仍为民间沿用，七言成句，北魏通用。南北朝初学童子，无不习之。《急就》废，《千字文》兴，起于齐梁之世；今传'天地元黄'乃梁武帝命臣周兴嗣取王羲之遗字次韵而成。"唐时穷乡僻壤皆以《论语》或《千字文》教小儿。杜诗云："小儿学问止《论语》"可窥见一斑。《千字文》废，《百家姓》出，陆放翁谓农家所读《百家姓》《杂字》之类，谓之村书，为两浙钱氏有国时小民所著，宋人通习之。至《三字经》则在元时已很通行。一般人民学习的东西既如此简陋，尚何教学法之可言，从这一段纪录，可见历代学校课程变迁的大概，而知其影响于教育行政的所在了。

研究问题

(1) 试述周代教育制度与学校系统。
(2) 述秦汉以后我国公私教育的消长情形。
(3) 科举制之兴废及其弊端。
(4) 我国教育统计始于何时，试详言之。
(5) 清代地方教育经费变迁考。
(6) 述新教育发轫的时代背景。
(7) 新教育建设后，初期教育行政概况。
(8) 我国教育行政制度演变的总印象。
(9) 中国教育行政大事年表。

第四章

教育宗旨与教育政策

第一节 教育宗旨

教育是"时间空间与环境的功能"[①],故其进行必有特定的趋向;此趋向所指之终极的鹄的,是一种最高的理想——或曰"至善",或曰其他,——用概括的名词来述说,便是"宗旨"。教育宗旨为一切教育实施的准则,所谓"方针"亦从此产生。宗旨再加以分析而详举出来,便成为若干具体"目标"。目标又有远近大小之别;小而近的目标,为达到远而大的目标的阶梯。而一切目标、方针等,皆朝宗于宗旨,如"众星之拱北辰"。故宗旨不正,一切教育实施将归于失败。蒋中正先生曾说:"此种无目标无计划之教育,实在是一种亡国的教育",可谓概乎言之矣!

宗旨何从而产生?产生于民族的哲学,而民族的哲学,复发源于民族的历史和地理环境。一国有一国的历史和地理环境,一国便有一国的民族哲学;因而一国便有一国的教育宗旨。现时苏

---

① Counts, G.S., *The Social Foundations of Education*, p.1.

联的教育宗旨,是产生于共产主义;意大利的教育宗旨,是产生于法西斯主义;德国的教育宗旨,是产生于国社主义;各有各的立场,不容彼此抄袭。我国呢?孙中山先生曾说,我们的唯一出路,是实现三民主义;三民主义是全民共信的主义,中华民国的教育宗旨,必从三民主义中产生出来,那是毫无疑义的。

在没有谈到我国现行教育宗旨以前,不妨略一考察其已往经过的情形怎样。

一、我国教育宗旨的沿革

兴学以前,我国历代从无法定的教育宗旨,实际只以养士抡①才为施教的着眼点,期藉此维持君权的永久不坠。逊清虽有之,但仍笼统含糊,不切实际。光绪二十九年(西元1903年)张之洞等重订学堂章程,冠以《学务纲要》一份,略述教育设施的要点,却不能看做一种教育宗旨。三十一年(西元1905年)学部成立,明年〔1906〕二月,该部奏请宣布"忠君、尊孔、尚公、尚武、尚实"为教育宗旨;谓"……考之东西各国之学制,……其国中无论富贵贫贱,男女老幼,皆能知书,通大义,究其所以,亦曰明定宗旨,推广而已。……"(见原奏)这是说教育宗旨的必要。至于原宗旨的解释,则以前二者乃"中国所固有,而亟宜发明以拒异说者";后三者,乃"中国民质之所最缺,而亟宜箴砭以图拔起者"。(苟能切实做到,深信今日国民所犯之"私"、"弱"、"贫"三病,或不如此其甚!)本宗旨于本年四月奉谕公布;这是我国有法定教育宗旨的第一次。

民国肇兴,国体改变,教育部鉴于前清宗旨之不适用,乃重行厘订,于元年〔1912〕九月四日,公布教育宗旨为:"注重道

---

① 〔特编注〕抡:选择。《国语·晋语》"君抡贤人之后",其注:抡,"择也。"

德教育，以实利教育，军国民教育辅之，更以美感教育完成其道德。"这个教育宗旨，仍本前"尚公、尚武、尚实"的精神而来，不过把"忠君、尊孔"取消而代以"美感教育"而已。

四年〔1915〕一月，袁世凯以大总统名义颁布《教育纲要》，对民元的教育宗旨加以修订，拟"以道德教育为经，以实利教育，尚武教育为纬；以道德尚武教育为体，以实用教育为用"。二月正式公布："爱国，尚武，崇实，法孔孟，重自治，戒贪争，戒躁进"七项为教育宗旨。其中自然隐藏着袁氏个人政治的野心不小。五年〔1916〕七月《教育纲要》废止，袁氏的教育宗旨便同归于尽。七年〔1918〕十二月，教育部公布《教育调查会规程》，延聘国内名流组织教育行政谘询委员会。明年〔1919〕四月，教育调查会开第一次会议于北京，成立《教育宗旨研究案》。此时欧战[①]告终，德国之军国民教育大为国人所诟病。故调查会拟废除军国民教育，而以"养成健全人格，发展共和精神"为宗旨。更说明：所谓健全人格者：（1）私德为立身之本，公德为服务社会国家之本；（2）人生所必需之知识技能；（3）强健活泼之体格；（4）优美和乐之感情。所谓共和精神者：（1）发挥平民主义，俾人人知民治为立国根本；（2）养成公民自治习惯，俾人人能负国家社会之责任。这个议案虽然通过了，可是政府还未曾正式公布。

八年〔1919〕，全国教育会联合会举行第五次年会于济南成立"废止教育宗旨，宣布教育本义"案，并建议教育部实行废止教育宗旨，而以"养成健全人格，发展共和精神"为教育本义。这显然受那时所谓"德谟克拉西"潮流的影响及相信杜威"教育本身无目的"之说所致。这个建议，教育部并未采纳，从此以

---

① 〔特编注〕即第一次世界大战。

后，教育宗旨不废自废了。

十一年〔1922〕十一月一日，《新学制系统改革令》公布，内有教育标准七项，略似教育宗旨：（1）适应社会进化之需要，（2）发挥平民教育精神，（3）谋个性之发展，（4）注意国民经济力，（5）注意生活教育，（6）使教育易于普及，（7）多留地方伸缩余地。一至五项，近似宗旨，然不着边际，摸不着核心。六七两项实是原则，并非宗旨。足见当时教育家对于宗旨还未曾有透彻的认识。

到了民国十五年〔1926〕，中华教育改进社年会才决议："中国现时教育以养成爱国民为宗旨。其要点如下：（1）注意本国文化，以发挥民族精神；（2）实施军事教育，以养成强健体格；（3）酌施国耻教育，以培养爱国志操；（4）促进科学教育，以增益基本知能。"但因北伐时期，军务倥偬，致此宗旨未经政府公布。

十七年〔1928〕五月，大学院召集第一次全国教育会议于南京，通过"三民主义的教育"为中华民国之教育宗旨，并拟定实施原则十五项：（1）发挥民族精神；（2）提高国民道德；（3）注重国民体力的锻炼；（4）提倡科学的教育，推广科学的应用；（5）励行普及教育；（6）男女教育机会均等；（7）注重满、蒙、回、藏、苗、瑶等教育的发展；（8）注重华侨教育的发展；（9）推广职业教育；（10）注重农业教育；（11）阐明自由界限，养成服务纪律的习惯；（12）灌输政治知识，养成使用政权的能力；（13）培养组织能力，养成团体协作的精神；（14）注重生产消费及其他合作的训练；（15）提倡合于人生正轨的生活（卫生的、经济的、秩序的、优美的），培植努力公共生产的精神。

十八年〔1929〕三月，中国国民党第三次全国代表大会在南京开会，通过《确定教育宗旨及其实施方针案》；国民政府于本年四月二十六日明令公布《中华民国教育宗旨及其实施方针》，即为现行之教育宗旨。

二、现行教育宗旨及其实施方针

依国民政府十八年〔1929〕四月公布的《中华民国教育宗旨及其实施方针》，原文如下：

"中华民国之教育，根本三民主义，以充实人民生活，扶植社会生存，发展国民生计，延续民族生命为目的；务期民族独立，民权普遍，民生发展，以促进世界大同。"

实施方针是：

"一、各级学校三民主义之教学，应与全体课程及课外作业相连贯；以史地教科阐明民族真谛；以集团生活训练民权主义之应用；以各种之生产劳动的实习，培植实行民生主义之基础。务使知识道德融会贯通于三民主义之下，以收笃信力行之效。

"二、普通教育须根据总理遗教，陶融儿童及青年'忠、孝、仁、爱、信义和平'之国民道德，并养成国民之生活技能，增进国民生产之能力为主要目的。

"三、社会教育必须使人民具备近代都市及农村生活之常识，家庭经济改善之技能，公民自治必备之资格，保护公共事业及森林园地之习惯，养老恤贫，防灾互助之美德。

"四、大学及专门教育，必须注重实用科学，充实学科内容，养成专门知识技能，并切实陶融为国家社会服务之健全品格。

"五、师范教育为实现三民主义的国民教育之本源，必须以最适宜之科学教育及最严格之身心训练，养成一般国民道德上学术上最健全之师资，为主要之任务。于可能范围内，使其独立设置，并尽量发展乡村师范教育。

"六、男女教育机会平等；女子教育并须注重陶冶健全之德性，保持母性之特质,并建设良好之家庭生活及社会生活。

"七、各级学校及社会教育应一律注重发展国民之体育;中等学校及大学专门,须受相当之军事训练。发展体育之目的,固在增进民族之体力,尤须以锻炼强健之精神,养良规律之习惯为主要任务。

"八、农业推广,须由农业教育机关积极设施。凡农业生产方法之改进,农民技能之增高,农村组织与农民生活之改善,农业科学知识之普及,以及农民生产消费合作之促进,须以全力推行;并应与产业界取得切实联络,俾有实用"(此款系经后来补充者)。

这个教育宗旨较之以往,自然合理得多:第一,它是从现时民族哲学——三民主义中产生出来的;有了立场,便不至于落空(这和上述德、意、俄各党治国的情形一样)。第二,这个宗旨包含了全民的教育,所谓"人民生活,社会生存,国民生计,民族生命"的便是,不似以往教育宗旨之只注意于学校教育,或以狭义的教育为限。第三,这个宗旨不像以往之只囿于现实,而有远大的理想,它要藉教育的力量来"促进世界大同"的。第四,它一方免去了以往含混笼统的弊端(如第一次全教会议,只决议以"三民主义的教育"为教育宗旨),他方却又不陷于零碎割裂,比较是整个的,涵义确定的,很像个样子。第五,以往教育宗旨,多只就教育本身立论,忽略了政治、经济、社会的背景,而现行教育宗旨反是。

三、过去教育宗旨难收实效之故

一般说来,教育必须先有宗旨,然后一切实施才有所本,所有章则计划,才有所据;但若有了教育宗旨而不能收到实效,亦是等于具文。如上所述,我国历届教育宗旨并不少,但其所予之实际影响如何?不独"尚公"、"尚武"、"尚实"的结果,不足以救国人"私"、"弱"、"贫"的大病,即所谓"注重道德教育……实利教育……军国民教育……"云云,也不免纸上空谈,无济于事。有人说我国三十年来教育无宗旨,其实并不是无宗旨,是有而束之高阁,无人理会。若问从前教育宗旨何以难生实效?大约有下面几个回答:

(一)变更过骤　过去数十年来,我国各种改制,大抵受外力干涉的影响居多,自己处在被动的地位。当局为了应付急剧的变化,便把教育宗旨,时时更换,"朝三暮四","暮四朝三",结果凌乱无章,难造成一致的信仰,有等于无。教育事业,到底和营商性质不同,不能清晨开张,晚间即可销货赚钱。古语:"百年树人",一个教育宗旨,岂是短期内所能生效?朝令夕更的结果,徒然忙了执掌公文的吏役,于实际无补。

(二)涵义太混　教育宗旨代表国家对于教育所趋赴的鹄的,有相当程度的庄严,拟时稍费推敲那是对的,但因此而大做其文章,如往昔学者之一味烹词炼句,求于寥寥数语中赅含教育全部的意义,则不免令人难于理解,理解尚不易,何从而生实效乎?至所谓"养成健全人格,发展共和精神"直是一副天然对联,可当游戏品看待。又宗旨本为一远大理想,欲求其实现,非有明确具体的目标和各级教育实施的方针不可。倘只有宗旨而无目标与方针,则如人仅有首脑而无躯干和四肢,试问还能动弹不能?

(三)缺乏教育政策　这点更关重要。徒然高悬着一个教育宗旨,而无实行的政策(政策与目标,方针亦不同;前者是方策,是手段,后者是趋向,是鹄的),结果自非落空不可。杜威一派所以不赞成定下一个终极的教育目的(宗旨),其理由就在:1. 教育的过程,时时在改造中,不应有最终停止的所在;2. 教育宗旨,倘令其高悬在上,而无实行的方法,则不免多此一举,毫无是处。教育宗旨所以重要,以其能为一切教育设施的准则,能示吾人以应走的路向,若只觉其高高在上,可望而不可及,便失去教育宗旨的本义了。如何可使教育宗旨(和目标方针)与实

———— 57

际发生关系？则舍教育政策莫由。藉了教育政策，以确定重要教育实施的准则和制度，并与现实状况衔接，因而达到教育的最高理想。我国三十年来教育宗旨却不少，所缺乏的，是适当的教育政策。下面我们接着再讨论教育政策的问题。

第二节 教育政策

政策，通常释为行政的方策或计划；那么教育政策，便是国家对于教育行政的方策或计划；由此可显出国家在某阶段对于教育的整个主张。教育政策是实现教育宗旨的一种最有效的方策。一国有一国的教育宗旨，一国便有一国的教育政策——甚至一党也有一党的教育政策。教育政策往往载在政党的党纲内；但教育政策的构成，并不限于政党。

国民政府早曾公布《中华民族教育宗旨及其实施方针》（见前），却未明白宣布几种教育上的重大政策，我们用比较法研究，发现各国对于教育政策集中在下面几个大问题上：

一、中央集权与地方分权。

二、教育官办与教育民办。

三、干涉与放任。

四、整齐划一与参差多变化。

五、教育与宗教的关系。

六、中等教育之普及与选择问题。

七、男女同校分校问题。

分述之如下：

一、中央集权与地方分权 现代各国教育行政，为求促进教育之效率起见，多方采用集权政策。德、法、意、日素为中央集权的国家且不必说，即向主地方分权的美国，亦有改地方自主而为国有的倾向（现已做到以州为行政单位的一步）。我国初行新教育，适为君权时代，故教育行政亦偏向于中央集权。国民政府成立后，更标明以党治国，为贯彻三民主义的教育宗旨起见，尤有采用集权的趋势。兹将中央集权与地方分权的利益，分别举在下面，以为决择时的参考。

甲、集权之利

（一）有精密的标准——教育贵有标准，有标准而后有比较，有比较而后教育效果可以鉴别，而后促进改良，才有着手处。故欲厘定精密的标准以为设施的准则，大有集中教育行政权的必要。

（二）有整个的计划——一国教育的进行在统筹全局，确定计划俾有进行的途径。此种钜任藉非有最高之行政中枢，不克担负。设任地方各自为政，必多遍枯：富庶之区，固多进步，贫瘠之乡，不免落后。惟中央集权可统筹全局，按照全国需要，建设教育计划；更可利用国家权力，取有余以补不足，使全国教育得到平均的发展。

（三）可免地方事业畸轻畸重之弊——地方事业，每有畸轻畸重之处。趋重路政者，不惜以地方全力修路；重视教育者，又多以全力兴学。惟行中央集权政策，对于地方预算的编制，有权干涉，而教育事业畸轻畸重之弊亦可因而免去。

（四）可整齐教育事业——教育事业之需整齐者，则整齐之。如课程标准，教师资格，经费限度，校舍建筑，卫生设备及校历编定等，在在有整齐的必要。然此则非集权不为功。

（五）便于非常时期之运用——各国有所谓"危机政府"（Crisis Government），其教育上所负的使命异常重大。我国近亦颁行了国民精神总动员，推行管教卫合一的教育；采用中央集权政策当便于运用。

此外如教育理想（例如某某主义的教育）的易于灌注；教育法令的易于厉行；教育成绩的易于考察；以及优良教育人员的易于任用；都是中央集权的优点。

乙、分权之利　再就分权之利言之：

（一）有竞争以助长教育的进步——地方教育惟地方人士较为熟习，且较为关心；地方分权，各地对于教育，均认为自己的责任，彼此互相竞争，以求进步。

（二）易适应地方的需要——教育之设施，应顾及地方的需要；而中央集权对于这点每多忽略。尤其地域辽阔，各地情形不同，需要互异。故为使教育易于适应地方需要，似以采用地方分权的政策为最佳。

（三）不因中央而牵动全国——教育集权中央，则地方官厅皆为被动，万一中枢主持不得其人，则当局措施不善，则全国悉被其害。地方分权，教育由地方负责，自动办理，纵有一地设施不良，影响仅限于一地方，于全局无大妨害。

（四）指挥监督便利——幅员辽广，交通不便的国家，若采中央集权制，每以鞭长莫及，发生扞格，非特计划难期周到，即指挥监督亦甚感困难。反之，若易行地方分权，则可因地制宜，因时制变，指挥监督可不成问题了。

（五）易于促进教育学术的发展——盖集权则法规易成硬性，结果，一切教育设施不免流为机械化；反之，地方分权，各地得自由研究试验，不强纳于一轨，教育学术自可日进不已，此在美国最可显见。美人自炫其教育学术之进步超于世界各国，未始非地方分权政策有以促成之也。

此外如地方人士对于教育改进乐于参加，对于教育赋税乐于捐输等；也都是地方分权的长处。

上为中央集权与地方分权的利益，其反面，即各为其弊端。

天下本无万全的制度，倘能各取其利而去其弊，是为上乘。我国如采用中央集权政策或较利多而弊微，其理已如上述；但若即用严格的方法，毫无伸缩的余地，亦非所宜。一方中央事权集中统筹全局，厘定各项施行标准，以整饬全国教育行政；他方欲仍须顾及地方的需要，奖励自由的试验，培植地方对于教育的责任心和竞争心，—以不妨全国教育的统一为旨归。

二、教育官办与教育民办　这两种政策亦互有利弊。行官办政策的国家，往往全国教育为政府所垄断，不让私人或团体过问；德国战前所采用的政策便是这样。反之，在那行民办政策的国度（如英国）里，教育事业却非全由政府主办，私人或团体亦得自由经营，国家并不干涉。这不过两个极端的例。

实则现代的国家，很少采用单纯的政策的；因为教育既为国家事业，政府自不便弃而不问，不便以教育完全委托私人办理；而其事业之庞大，又非私人财力所能胜任，必须藉国家权力始能设施而无阻。但若国家藉口这个而去垄断一切，不许私人染指，则不惟无此必要，且亦有碍于教育文化的发展。盖国家事业，多拘牵于形式，又因缺乏比较竞争之故，往往流为机械化，弊端确是很大的。因此，最好采用折衷政策，既非全属官办，亦非全由民办；教育虽为国家之任务，而私人或团体法律许可范围内，亦得设施。英国固是一向采用民办政策的，然近年来，关于教育之设施，国家屡有干涉的计划（并藉奖学金之控制以增高其权力）；德国固是一向采用官办政策的，大战以后，亦渐有放松的倾向，私人办理教育事业者日益众多。其他国家，更无采取极端之官办或民办政策者。

三、干涉与放任　干涉与放任，乃行政上所采用的方式问题。采取干涉政策的国家，政府遇事过问，不独颁布命令，厘订规程，检定教育，编制课程及核准教育税则等，为中央所有事，即关于学校内部行政,如教师的聘任,校舍的建筑,以及教科书的使用等,国家亦多方干涉之。其所及的范围,曾不以普通教育为限,即高等教育亦在被干涉之列。近来几个厉行党义教育的国家,如德、如意、如俄采用了这个政策;不过干涉的程度各有不同罢了。在对方,采用放任政策的国家,如英、如美,不独对高等教育极端放任,即于中小学教育亦干涉甚微。美国教育实权全在各州,中央仅为调查参考材料的供应。尤以印第安那(Indiana)及马萨诸塞(Massachusetts)二州为甚。举凡教师的检定,课程的编制,校历的规定,教科书的选择乃至教育特税的核定等,全属州行政范围,中央不得过问。英国放任尤甚。教育部除批准或否认地方行政计划书及派员视察官立学校,藉为增减政府津贴张本外,别无他项权力。英国小学校长有处理学校内部问题的全权。至高等教育机关更纯为自治体,径由国会发给津贴,不受教育部的管辖。直至今日,英国教育行政犹保持"中央干涉愈少愈妙"的态度,盖期其能充分发展也。

自学理言之,一般教育行政专家,赞成把教育事权分为外部的管理(External Control)同内部的管理(Internal Control)二项,如校地的分配,校舍的建筑,卫生的设备,疾病的检查和诊视,课程的编制,师资的检定,以及儿童入学之强迫等,皆属于前者,应由国家管理以收统一连贯之效;至如班级的组织,教材的分配,教科书的选择,教法的使用及成绩的考查等全属学校内部问题,可听学校自由处理,中央不必干预。这是学理上大家有这么的主张,实际各国也隐隐有这种的趋势。

四、整齐划一与参差多变化　整齐划一与参差多变化之间究应何所选择呢?法国教育最是整齐划一的。其精神可由当日拿破仑一世的话里看出,"彼曾注视一时计而言曰:'此时我知全法兰西帝国,凡习修辞学学生,皆能写成拉丁文矣。'"百余年前法国的制度已如此,现时更不必说了。现时法国教育行政,采了极度整齐划一的政策。"为确实保障一切学生学业起见,无论国立及私立学校,皆处于同等的地位;国家责令一切学校采用教育当局所审定之教本,遵守卫生上同样的条例;并准备学生受同样的考试。国家之所以制定此种规程,系为确实保持国家教育青年的一切责任。此种管理,是绝对民主化的。"[①] 今日几个党治国家,如德国和意大利,纵也有意求教育上的整齐划一,但所达到的程度,尚不如法,此可断言。英美教育代表另一派。英国向重地方自由发展,他们以为国家理想,非可由外铄而得,乃由生活中涵养而成。因之,英国教育不重整齐划一,如他国之将一切教育事项一一纳之轨范之中,而主活动变化,由地方酌量办理,养成其对于教育的信心和责任心。美国教育行政,较英稍异,虽也采取参差多变化的政策,但于参差变化中仍保持全国教育的统一性。该国教育家苏扎洛(Suzzalo)氏称之为"统一而多变化"(the unification of variety)。美国现时除一州行政系统已完成随时可谋联络外,并有各种教育团体,如全美教育协会(The National Education Association,简名 N. E. A.)、全国教育研究社(The National Society for the Study of Education,简称 N. S. S. E.)及各阶段教育协会等,皆于促进全国教育的统一,极有功效。然较之法、德、意等国,则仍不逮远甚。

那么,在行政理论上讲,又应该如何?克伯莱(E. P. Cubberley)氏不主张绝对的整齐划一,以及无限制的参差多变化,而赞成在一定范围内求全国教育的统一:第一,"至少精粹"(Minimum Essential)是应该一律的,——除此以外,不妨稍有活动;第二,最高的标准,是要规定的,并鼓励各地努力达到,

---

[①] 罗廷光:《最近欧美教育概况》,载教育部《第一次教育年鉴》。

能愈近愈佳；第三，还有"至低限度"各地应及早设法超过，不可达到即引为满足，至所用的方法，听各地自择，可不规定；第四，任何私人或团体设学，必须遵照国家所定标准办理，不能自由降低；第五，在特别进步或特别落后的区域，得以例外看待。以上数点克氏认为是较善政策中的要素。①

五、教育与宗教的关系　也是现代教育政策中的一个重要问题。宗教在西洋文化上有了千余年的历史，因之，在学校也就有牢不可破的势力。现时各国公共教育完全和宗教分离的，只有美、法、俄数国；余如英、德、意，或因人民对于宗教的信心尚未失去，不欲将宗教教育排除掉；或因传统势力太大，一时无法摆脱；或因有政治理想在先，欲把宗教纳之于政府统治之下，即想利用宗教以达成政治的理想。它们的教育与宗教，都发生了极密切的关系。美国在教育实施的原则上，标明教育与宗教分离；非特公立学校不详设宗教科，即任何教会学校亦不得受公家经费的辅助。法国的小学课程中无宗教科，而有"道德与公民"一学程。俄罗斯更是反宗教最力的国家，其排除宗教势力，不使稍留在学校教育上，更无待言。反之，英、德和意等国，其小学课程皆列宗教为必修科。英国的重要学校（"公学""Public School"及著名大学）多设有礼拜堂，供师生礼拜祈祷之用。德国学校虽列宗教为必修科，但最近规定家长如不愿子弟受宗教教育者，得酌量免受。意相墨索里尼屡存消灭宗教的企图，终以遭遇剧烈的反抗而中止。那法西斯主义的教育家秦梯利（Gentile）在他的改革教育计划中，业已设法使宗教俗化，利用了宗教来教育儿童，以宗教教学作为比教条更为广大、更为综括的哲学的入门。

---

① Cubberley, E. P., *State School Administration*, Houghton Mifflin Co., Boston, 1929, pp. 300-301.

他们以为"教堂必托庇于国家之下；宗教一科必在学校由非教徒讲授；小学宗教教育，应使儿童多了解并多参加人民固有的宗教生活。"①

六、中等教育之普及与选择问题　此为欧美教育政策上的一大分界。美国人笃信民主主义，教育上素重数量的增加和机会的均等，益以近年来国富增加极速，于是大唱其"门户开放"的口号，许男女学生于小学毕业后无条件的升入中等学校，无须经过任何考试。中学生数因而增加迅速；计自 1890 年至于今，其中学生增加速率，超于户口增加速率的 20 倍。全国现有中学生五百万以上，冠于世界任何国家。而在欧洲，如英、如法、如德、如意等，则皆重质的选择，不徒为量的增加。中小学教育原各成一系，除德意外，小学生欲升中学，学制上已先加以限制，再益以经济（中学皆收费）和考试的关系，其能实受中等教育的，遂寥寥可数了。总之，关于本问题，美国的政策是"中等教育之门为人人而设"（"Secondary edaucational door for All"），欧洲则谓"该门系为贤者而开"（"Secondary educational door for the Able"）也。

七、男女同校分校问题　考之欧美各国，彻底实行男女同校制的，原只美国，近则苏俄亦然。美国从小学以至大学，皆男女同校，多年来成功习惯，毫无足异。苏俄革命成功以后，一反前此所为，废除旧社会的约束，打破往昔男女不平等的恶习，而实行一切学校男女同校，毫无轩轾于其间。男女不独在学校享受同样的待遇，即出而服务社会，亦处处立在同等的地位（依笔者所见，别的国家，能做到这层的，还很少很少）。英、法、德、意诸国的情形，就大不相同了。它们除去高等教育一段以外，概主

---

① 罗廷光：《什么是泛系主义的教育》，载《时代公论》第 12 号。

男女分校,不独中学,即小学亦以分设(至少分班)为原则。说起来,大家言之有故,持之成理,孰是孰非,无从判断。平情而论,此问题所牵涉于学理之处,远不如其牵涉于本国的成训、习俗及社会情境者之多。我国原仿美制,大唱男女同校,最近在中等教育一段,已加有相当限制(见部颁法规),便不像美俄之彻底的实行了。

第三节 抗建期中我国教育方针与政策

自全面抗战展开以来,我国教育的宗旨和政策,自随环境的转变而有所改换(一部分已在前教育行政的背景章中述过)。蒋中正先生曾说:"我们现在所有一切的努力,都要归到一个共同的最后总目标,就是推动政治,建设国防,培养充实国家的生命力,以完成全国总动员的准备。"

在二十八年〔1929〕三月第三次全国教育会议举行时,蒋中正先生曾说,"现代国家的生命力,系由教育、经济、武力三个要素所构成;教育是一切事业的基本,亦可以说教育是经济、武力相联系的总枢纽,所以必须以发达经济,增强武力,为我们的教育方针。"又说:教育应不分战时平时,"平时要当战时看,战时要当平时看。""我们为适应抗战需要,符合抗战环境,我们应该以非常时期的方法,来达成教育本来的目的;运用非常的精神,来扩大教育的效果。""我们要认定教育一定的目标,要以革命救国的三民主义为我们教育的最高基准,实施纲领,创造现代国家的新生命。"

二十七年〔1928〕四月临时全国代表大会通过的《战时各级教育实施方案纲要》,是抗战建国教育最正确的解释,可为今后教育实施的准绳。依其所规定,今后教育方针,有如下九项:

一、"三育并进。

二、"文武合一。

三、"农村需要与工业需要并重。

四、"教育目的与政治目的一贯。

五、"家庭教育与学校教育密切联系。

六、"对于吾国固有文化精粹所寄之文史哲艺,以科学方法加以整理发扬,以立民族之自信。

七、"对于自然科学,依据需要迎头赶上,以应国防与生产之急需。

八、"对于社会科学,取人之长,补己之短,对其原则整理,对于制度应谋改造,以求一切适合于国情。

九、"对于各级学校教育,力求目标之明确,并谋各地平均之发展;对于义务教育,依照原定期限,以达普及;对于社会教育与家庭教育,力求有计划之实施。"(参考原料二)

根据上述之方针,拟具整理及改善教育之方案,其要点:

(1)"对现行学制,大体应维持现状;惟遇拘泥模袭他国制度,过于划一而不易施行者,应酌量变通,或与以弹性之规定,务使因事制宜,因材施教,而收得实际效果。

(2)"对于全国各地各级学校之迁移与设置,应有通盘计划,务与政治经济实施方针相呼应。

(3)"对于师资之训练应特别重视,而亟谋实施,各级学校教师之资格审查,与学术进修之办法,应从速规定,以养成中等学校德智体三育所需之师资,并应参酌从前高等师范之旧制而急谋设置。

(4)"对于各级学校各科教材,应彻底加以整理,使之成为一贯之体系而应抗战与建国之需要。尤宜尽先编辑中小学公民、国文、史地等教科书及各地乡土教材,以坚定爱国爱乡之观念。

(5)"对于中小学教学科目,应加以整理,毋使过于繁重,致损及学生身心之健康;对于大学各院科系,应从经济及需要之观点,设法调整,使学校教学力求切实,不事铺张。

(6)"订定各级学校训育标准,并切实施行导师制;使各个学生在品格修养及生活指导与公民道德之训练上,均有导师为之负责,同时可重立师道之尊严。

(7)"对于学校及社会体育应普遍设施,整理体育教材,使与军训童训取得联系,以矫正过去之缺点。强迫课外活动,以锻炼在学青年之体魄,并注重学生卫生方法之指导及食物营养之充足。

(8)"对于管理应采严格主义;尤注重于中学阶段之严格管理。中等以上学校一律采军事管理方法,养成清洁整齐,确实敏捷之美德,劳动服务之习惯,与负责任守纪律之团体生活。

(9)"对于中央及地方之教育经费,一方面应有整个之筹集与整理方法,并设法逐年增加;一方面务使用得其当,毋使虚糜。

(10)"对于各级学校之建筑,应只求朴实合用,不宜求其华美;但仪器与实习用具之设备,应尽量充实,期达到规定之标准。

(11)"各级教育行政机构,应设法使其完密;尤应重视各级督学工作之联系与效能。对各级教育行政人员之人选,应以德行与学识并重,特别慎重铨衡。

(12)"全国最高学术审议机关应即设立,以提高学术标准。

(13)"改订留学制度,务使今后留学生之派遣,成为国家整个教育计划之一部分。对于私费留学,亦应加以相当之统制,革除过去分歧放任之积弊。

(14)"中小学中之女生,应使之注重女子家事教育,并设法使学校教育与家庭教育相辅而行。

(15)"督促改进边疆教育与华侨教育,并分别编订教材,养成其师资,从实际需要入手。

(16)"确定社会教育制定,并迅速完成其机构,充分利用一切现有之组织与工具,务期于五年内普及识字教育,肃清文盲,并普及适应建国需要之基础训练。

(17)"为谋教育行政与国防及生产建设事业之沟通与合作,应实施建教合作办法,并尽量推行职业补习教育,使各种职业之各级干部人员均有充分之供给,俾生产机构早日完成。"

三十年〔1941〕四月国民党第五届中央执行委员会第八次全体会议通过《战时三年建设计划大纲》,关于国防教育文化建设,有下面的规定:

"今后三年教育事业,更应依照本党第五次全国代表大会及临时全国代表大会所定方针,求与军事、政治、经济及社会建设工作密切配合,使事业发展与人才培养并头迈进,以完成抗战建国大业之使命,其各级教育之设施,应依下列之原则:

(一)国民教育之推行,应与新县制相配合,在四川、西康、贵州、云南、陕西、甘肃、宁夏、青海、新疆、广东、广西、福建、江西、湖南、湖北、河南、浙江、安徽等省,三年内应完成每一乡镇设置中心学校一所,至少每二保有国民学校一所。其他各省市,亦应于可能范围内推行国民教育。

(二)中等教育之设施,一方应求量的发展,同时应求质的改进,以期能与国民教育、高等教育,以及国防生产事业各方面之需要相衔接;尤应注重师范教育,与女子教育之扩充与改进。

(三)高等教育应视人力财力所许可及各种事业发达之需要,由中央统筹酌量扩充;尤宜奖励各省设置专科学校;但增院校时,应注重各科之均衡发展。研究院所应予增设。至现有之院校,应力求设备之充实。

(四)社会教育应特别注重人民生活之改进,民智民德之培养,抗战意识之增强;故除将原有事业继续办理外,并应注重教材之编订,师资之培养,施教范围之扩大,以收普及教育之功。

(五)边疆教育应宽筹经费,使之尽量扩展,并应注重地方环境之适应，以奠定国族团结之基础。

（六）游击区教育应与军事党务密切联系，继续加紧推行。

（七）侨民教育应用种种适应环境之方法，求其扩展；首先注重师资之培养与教材之编订；并推行视导制度，以加强国内外之联系。"

我们根据这些，当易了解我国现阶段教育应取的方针与政策了。

研究问题

(1) 什么是宗旨？什么是教育宗旨？教育宗旨缘何而产生？其与"方针"、"目标"的关系如何？试详论之。

(2) 述我国教育宗旨演变的概况。

(3) 述我国现行教育宗旨的重要涵义。

(4) 我国教育界曾一度主张废除教育宗旨，理由安在？

(5) 历届教育宗旨何以实际上未曾发生效果？今后须如何可不使现行教育宗旨成为具文？

(6) 各国教育宗旨之比较的研究。

(7) 述教育政策的重要及其与教育宗旨的关系。

(8) 论中央集权与地方分权的利弊。

(9) 独裁国家（如德、意、苏）与民主国家（如英、法、美）在教育政策上有何大小相同之处？试胪举之。

(10) 就我国今日情形举教育政策的要项数端。

第二篇　学制系统与各级教育制度

第五章

学制系统

第一节 学制的本质及其发展

【学制是什么】 "学制"便是学校制度（school system）。其中包含了两个要素：一是学校，二是制度。制度的种类不一，倘不是学校的制度，决不足以当学制之称；又若只有学校而无上下相承，左右连贯的制度，也还不能够称为学制。大凡真当得起学制的称号的，定然是各级学校的段落分明，衔接灵便，有条理，有系统，且由国家用法律规定政府明令公布出来的；否则不能称为学制，更无所谓学制系统。[1] 中国古时的书院和近世的私塾，虽也以教育儿童青年为任务，但都不能组成学制，是大家所

---

[1] 近来人主张不用学制（school system）而拿"国家教育制度"（national educational system）来替代（见 Kandel, L., *Comparative Education*, Chap. IV, pp. 83-206）；意思不外两点：一教育制度包括较广，不独是学校，即社会教育机关亦在内；二由国家统筹计划，并由政府明白公布出来的。这不过表示人们对于学制的看法已有扩大的趋向；其实学制和教育制度是不一样的。

73

知道的。

学制系统中各个学校虽有其独立存在的功用，但仍就其本质与地位，以求达到国家教育的宗旨。这样，学制既为各个学校的总体，其组织又依了各段教育本身的功用和国家需要的情况，以及国民经济的力量；同时且又折衷于学者心身发展的程序，以及教育上最经济、最有效的原则；故学制所要达到的教育宗旨，即是各学校所欲实现之教育目的的总和。从这，可见学制及各级教育制度与前章所述教育宗旨关系的密切了。

【学制的发展】 学制不是现成的东西，或由某一个人事先计划好拿来应用的；它是因应着社会的需要逐渐演变成功的。初民时代生活简单，无正式的教育，自无所谓学制。后来社会组织日益复杂，分工日益精细，专施教育的机关，逐次成立；一班专负教育责任的人，于是把这些机关加以调整，使彼此有相当的衔接，便学者循序渐进。但这时因为受教育的人还少，学科仍很简单，制度仍未完备。中国古代和西洋古希腊罗马时代的学校，便是如此。再后，社会组织更复杂，教育的需要更迫切，受教育的人更加多，学科和教材等更加丰富、充实。不过学校还谈不上平民化。（按："学校"一名，拉丁文原为 Schola，意指消闲的场所。古代只有贵族人家子弟有闲暇享受教育，所以学校成为贵族独占的场所）中国自唐宋以后，西洋在中世纪，学子皆在文字的表面上做工夫，太空疏无用了；且仅是想做官吏、教士和社会上出人头地的人，才能享受这种教育。所以那时只有高级教育和预备教育，离开平民主义的精神很远。直到近世，各国因社会进步，文化昌盛，民族主义勃兴，才感觉到国民教育的重要，才有初级教育机关的产生。但初时它和高等及预备教育机关，仍不发生关系。最近，社会更复杂，文化更进步，科学更发达，一方面因为文字教育不足以培养社会领袖的人才，另一方面因为职业界需要有技术的工人和店员，于是介于高初级之间的中等教育和职业教育机关成立，而学校系统益臻完备。至今文明家国家大抵皆已有完整而成系统的学制了。总之各国学制的发展，大约具有下面几个共同的特征：

（1）皆因社会实际的需要而产生。

（2）皆以社会阶段为背景；其演进由贵族的而至平民的，由少数的而至多数的。

（3）皆先有上层教育机关〔大学及阿克得美（Academy）之类〕，后有低层、中层教育机关（所谓"全民的中等教育"乃最近倡出的口号）。

（4）最近学前教育（pre-school education）机关及社会教育机关亦被列入，算是学制系统的大扩张。

第二节 我国学制之沿革

从清末到现在，我国学校系统的沿革，粗可分为三个时期：第一，光绪二十八年（公元1902）以前为草创时期；从光绪二十八年至民国十一年〔1922〕新学制的公布为过渡时期；从新学制公布到现在，为确立时期。兹分述之如下：

第一期 清末废科举，兴学校，原由于外交失败，国势不振，不得不急行变法，以图挽救。当时设立学校，并无若何远大的目光，只为造就目前需要之人才而已。国家需要翻译条约、办理洋务的人才，便设了同文馆；需要制造机器、建筑船只的人才，便设了机器及船政学堂；需要创办海军和训练陆军的人才，便设了水师和陆军学堂。总之，需要什么人才，就办了什么学校；而各项学校之入学程度、修业年限以及课程标准等，概以各项人才需要的资格为准则。因而制度各别，不相连贯，"在底下没有基础，在顶上没有研究。"至所谓平民教育和男女教育机会均等的问题，更未曾梦想到。这是甲午（公元1894）以前的情形。

甲午以后，学校渐由"一段制"而入于"多端制"，学校系统渐具规模，举其重要事实如下：

光绪二十一年（公元1895）津海道盛宣怀奏设中西学堂于天津，分头等学堂、二等学堂各一所，二等学堂相当小学，头等学堂相当大学。此为中国实施新式普通教育之始。

次年（公元1896），孙家鼐于议覆开办京师大学堂办法（六项）中，主张分小学与大学两段，小学堂学生肄业数年后，中西各学俱通，则升入大学堂。同时李端棻奏请推广学堂，主张：（一）设府州县学，选民间后秀子弟年十二至二十者入之；（二）设省学，选诸生年二十五以下者入之；（三）设京师大学，选举贡生、监生，年三十以下者入之，各以三年为期。

光绪二十三年（公元1897）二月，盛宣怀奏设南洋公学于上海，内分师范院、上院、中院、外院四部。外院即小学，三年毕业后升入中院；中院即中学，毕业后升入上院；上院即专门学堂。三院教师，均以师范院学生充任。师范院为中国师范学校之嚆矢。

从此学校制度渐趋于系统化；不过所注重的，只头尾两端——大学与小学，中等教育尚在忽略之中。且大学以下的学校，仍只为升入大学的准备，其本身并无独特的目的。又所选拔的学生，多民间俊秀子弟，而非一般平民，这和科举时代人才教育的性质无大区别。后来经过一度的试行，知培养人才非短时间所能奏效，必先有相当的准备方可；同时外国学制给了我们极大的影响；再加上别的原因，于是有壬寅（光绪二十八年〔1902〕）《奏定学堂章程》（即所谓《钦定学堂章程》）的公布，各级学校上下衔接，人才教育与平民教育并重；此为我国有学校系统（学制）之始。

第二期　按壬寅学制为我国初次的学制，其产生受西洋和日本的影响极大（尤其日本）。依本年〔1902〕张百熙《奏定学堂章程》，本学制的要点如下：

(1) 系统全部共分初等、中等及高等3段，计7个阶级，共20学年。

(2) 初等一段，分蒙学堂、寻常小学堂及高等小学堂3级，合共10年；与高等小学堂并行者，有简易实业学堂。

(3) 中等一段，共4年，计有中学堂、师范学堂及中等实业学堂。中学内得附设实业科。

(4) 高等一段，分高等学堂及大学预科（各省单独设立的为高等学堂；设于大学之内的，为大学预科）、大学堂及大学院3级。预科3年，大学堂亦3年。与大学预科并行者，有高等实业学堂及超过1年的师范馆。

(5) 入学年龄为5岁，至大学毕业约为24岁。

(6) 此时女子教育无位置。因一般社会对于"男女至辨甚严；少年女子断不宜令其结队入学，游行市上。且不宜多读西书，误学外国习俗，致开自行择配及渐长蔑视父母之风。"

(7) 补习教育，亦未列入。

(8) 教学机关兼掌行政之权，乃是一个极大的特点。当时京师大学堂，有权统辖全国教育，其余学堂各以等级负教育行政之责任。上级学堂对于下级学堂有复试学生，给予奖励及监督指挥之权；下级学堂对于上级学堂有报告及受监督指挥之责。官立学堂对于蒙学堂亦有规定课程、稽核成绩之权。

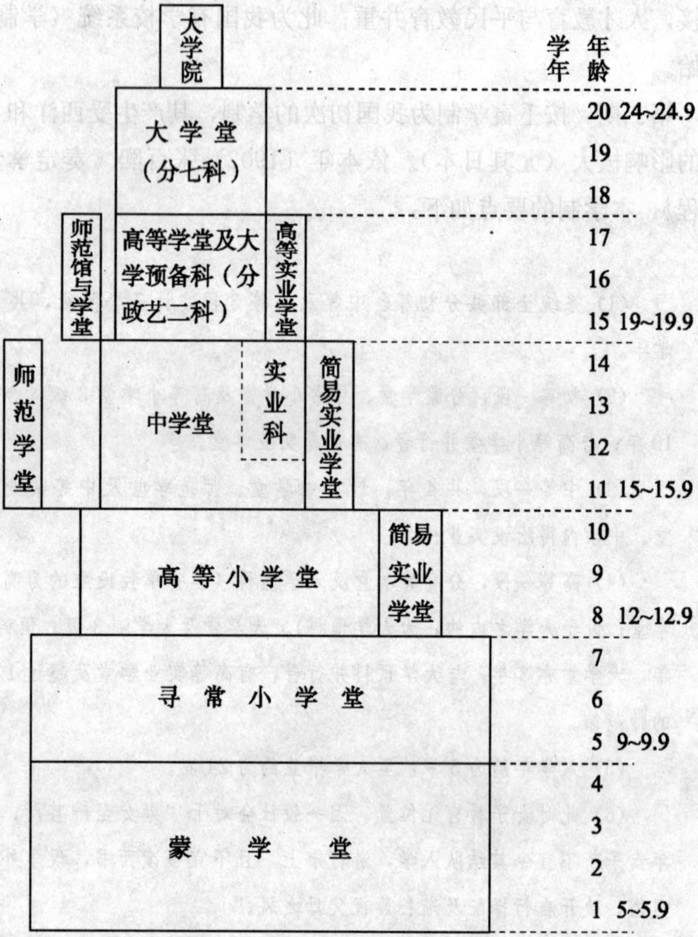

图 1　壬寅学制系统图（光绪二十八年〔1902〕）

光绪二十八年〔1902〕张百熙《奏定学堂章程》未及实行，次年〔1903〕闰五月，因张之请，乃命张之洞、荣庆会同张百熙重订学堂章程，修正前制而成为癸卯学制。本制要点如下：

(1) 学制全部共 21 学年。

（2）初等段分初等与高等小学堂两级，共 9 年，较壬寅学制少 1 年。入学年龄为 6 岁。

（3）与初等小学并行者，有艺徒学堂；与高等小学并行者，有实业补习及初等实业学堂。

（4）中等段较壬寅多 1 年，共为 5 年。

（5）初级师范学堂及中等实业学堂程度，亦较前提高，并兼设预科。

（6）大学预科仍为 3 年（高等学堂同程度），本科则为 3 年以至 4 年。通儒院无定期。

（7）高等实业学堂及优级师范学堂年限超过大学预科。各高等教育机关，多有预科制度。

（8）各段教育比前较多参差机会。

光绪三十一年〔1905〕学部成立，明年〔1906〕，各省提学使司，各县劝学所，亦先后成立。自此以后，对于壬寅学制，有如下之修订：

（一）三十一年〔1905〕十二月学部通行设立半日学堂，专收贫寒子弟，不收学费，不拘年岁。是为平民补习教育之始。

（二）三十三年〔1907〕一月，颁布《女子小学章程》，分初高两级，修业期限各 4 年。但不得与男子小学同校。是为女子国民教育之始。

（三）宣统元年〔1909〕三月，变通初小章程，分初小为 3 种：(1) 为 5 年完全科，(2) 为 4 年小学，(3) 为 3 年简易科。

（四）十一月，颁布《简易识字学塾章程》，专为年长失学及贫寒子弟而设。三年章程修改，偏重于年长失学者的教育。

（五）三年〔1914〕，规定义务教育为 4 年，并拟定施行办法，是为义务教育之始。

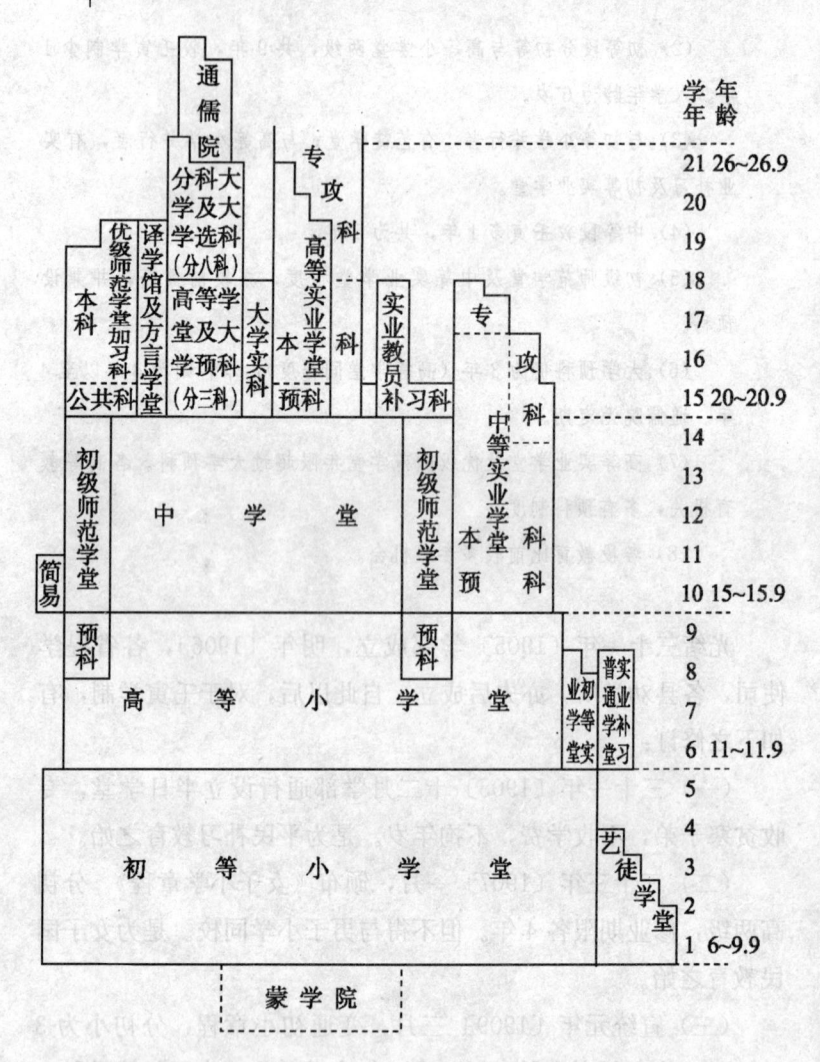

图 2 癸卯学制系统图〔光绪二十九年（1903）〕

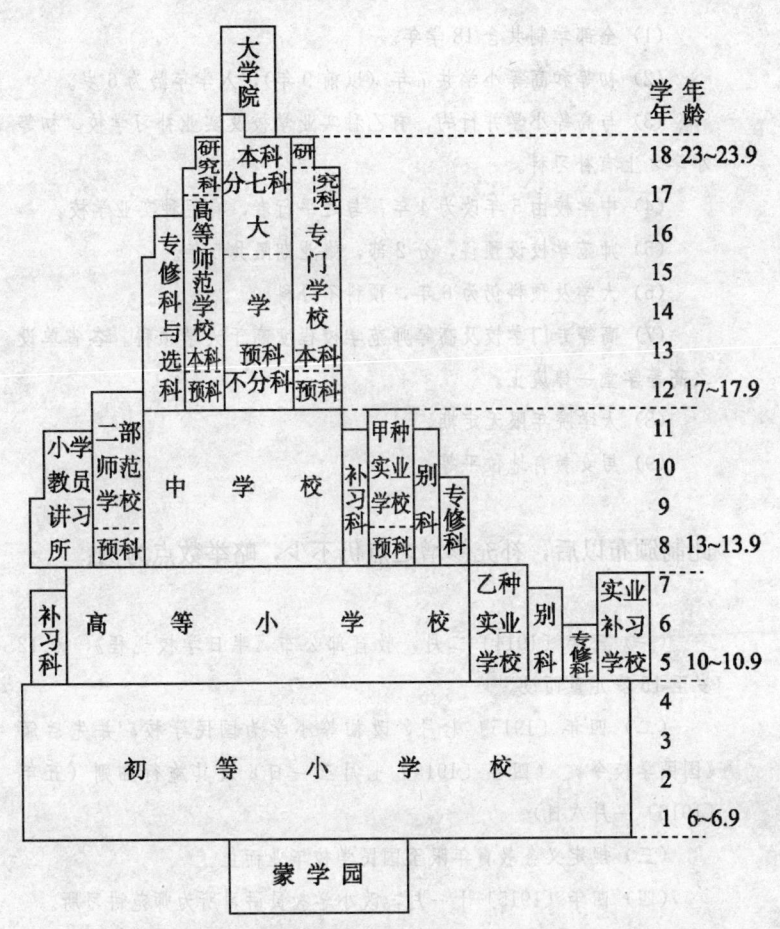

图 3　壬子癸丑学制系统图〔民国元年、二年（1912—1913）〕

民国肇兴，百废待举，教育部因以前学制不适用，于是着手改革。元年〔1912〕，由临时教育会议拟定一草案，经修正后由教育部公布。二年〔1913〕，详为修订而成壬子癸丑的学制。其要点：

(1) 全部学制共含 18 学年。

(2) 初等和高等小学共 7 年（以前 9 年），入学年龄为 6 岁。

(3) 与高等小学并行的，有乙种实业学校及实业补习学校。初等小学之上有补习科。

(4) 中学校由 5 年改为 4 年；与之平行者，有甲种实业学校。

(5) 师范学校设预科，分 2 部，修业期限共 5 年。

(6) 大学及预科仍为 6 年，预科不分科。

(7) 高等专门学校及高等师范学校程度高于大学预科。各省单设之高等学堂一律废止。

(8) 大学院年限无定期。

(9) 男女教育地位平等。

此制颁布以后，补充修增之点仍不少，略举数点为例：

（一）三年〔1914〕二月，教育部公布《半日学校规程》，为 12 岁至 15 岁儿童而设。

（二）四年〔1915〕七月，改初等小学为国民学校，并先后颁《国民学校令》（四年〔1915〕七月三一日）及其施行细则（五年〔1916〕一月八日）。

（三）规定义务教育年限至国民学校毕业而止。

（四）四年〔1915〕十一月，改小学教员讲习所为师范讲习所。

（五）同月仿欧洲双轨制，颁布《预备学校令》，专为升入中学之儿童而设。

（六）五年〔1916〕十月，袁氏帝制失败，《预备学校令》随之取消。

壬子癸丑学制试行以后，发现缺点很多；益以当时平民主义潮流勃兴，欧美教育影响，随风鼓荡而来。民国八年〔1919〕，全国省教育会联合会年会讨论修改学制，历三届研究。至十年

〔1921〕，第七届全国省教育会联合会开于广东，始议决新学制系统草案。十一年〔1922〕，在济南第八届会议再行决议。其时教育部也曾召集学制会议，出席者为国立大学、国立专门学校，各省区教育会、教育厅所派代表及部聘部派人员。对教育会联合会之议案稍有修改，并派员送交济南，征求同意。结果乃有十一年〔1922〕十一月一日《新学校系统改革令》的公布。其改革标准，据说是"根据教育原理，参酌世界趋势，并顾及本国国情，以图教育之进化"的。此次学校系统之标准有七：

(1) 适应社会进化之需要；
(2) 发挥平民教育精神；
(3) 谋个性之发展；
(4) 注意国民经济力；
(5) 注意生活教育；
(6) 使教育易于普及；
(7) 留各地方伸缩余地。

这次学制自然好处很多，分别说来：

一、初等教育方面：(1) 小学修业期限改7年为6年，课程改组，程度并未降低；(2) 小学高年级得斟酌地方情形增设职业课程，为前此所无。

二、中等教育方面：(1) 本段包含的学校，粗可分为两期：前期3年（或4年），后期3年（或2年），纵横活动是其特点；(2) 高初中可合设，亦可分设，各按地方需要而定；(3) 初中施行普通教育（但得酌量地方情形兼设职业科），高中分科训练，适应各个学生的需要；(4) 中等学校得采用学分制和选科制；(5) 设相当年期的师范学校，师范讲习所，以及各种职业教育机关。

三、高等教育方面：(1)大学废除预科制，修业期限4年至6年；(2)新设师范大学为训练中等师资研究教育学术的最高机关（与大学教育学院地位相等）；(3)大学设数科或一科均可，其单设某科者称某科大学（现改称某独立学院）；(4)大学亦采选科制。

以上可说都是新学制的优点，不过缺点也还是有的，举其显著者言之：(1)因活动过分，便不免发生种种重复和冲突现象；例如高中得设农、工、商、师范、家事等科，同时又许职业学校和师范学校独立设置，非驴非马，弊害丛生；(2)因高中得设师范科之故，遂酿成后来师中合并的恶结果，影响于师范独立者甚大（现始加以改正）；高等师范已取消，而师范大学和大学教育学院设立者甚少，中学师资不免日趋劣下；(4)大学分系过多，叠床架屋，殊不经济；(5)无限制的选科流弊亦大。

第三期　民国十七年〔1928〕五月，前大学院曾召集第一次全国教育会议于首都南京，对于十一年〔1922〕颁布的新学制，经大会修正通过，但未经政府公布。这次学校系统所根据的原则：(1)根据本国实情，(2)适应民生需要，(3)增高教育效率，(4)谋个性之发展，(5)使教育易于普及，(6)留地方伸缩可能。

其要点：

一、初等教育：

(1)小学分初高两级，前4年为初级，得单设之。

(2)小学高年级得增设职业准备学科。

(3)初小完毕，得施相当年期之补习教育。

二、中等教育：

(4) 高初中仍各为3年；但依设科性质，得定为初级4年，高级2年。

(5) 初级中学仍得单设。

(6) 高级中学以集中设立为原则；应与初级中学并设，但有特别情形时亦得单设之。

(7) 初中得兼设各种职业科。

(8) 高中得分普通科及农、工、商、家事、师范等职业科；但酌量地方情形，得单设普通科。农、工、商、师范等科，得单独设立为高级职业中学校，修业年限以3年为原则。

(9) 中学3年以上得酌行选科制。

(10) 各地方应设中等程度之补习学校（或称民众学校），其补习之种类及年限，视地方情形酌定之。

(11) 为补充乡村教育之不足，得酌设乡村师范学校，招收初中毕业生或相当程度学校肄业生之有教学经验且对于乡村教育具改革之志愿者，修业年限1年以上。

三、高等教育

(12) 大学修业年限4年至7年，医科及法科修业年限至少5年。

(13) 为补充初级中学教员之不足，得设2年之师范专修科。附设于大学教育学院，收高级中学及师范学校毕业生。

(14) 研究院为大学毕业生而设，年限不定。

为研究方便起见，爰将我国施行新教育后历届学制变迁表列如下：

我国学制系统沿革表（1902—1928）

中历	公历	小学	中学	大学	全部学年
光绪二十八年（壬寅）	1902	10 年	4 年	预科 3 年 本科 3 年	约 20 年
光绪二十九年（癸卯）	1903	9 年	5 年	预科 3 年 本科 3 至 4 年	约 21 年
民国二年（壬子 癸丑）	1912—1913	7 年	4 年	同上	约 18 年
民国十一年（壬戌）	1922	6 年	6 年	4 年至 6 年 无预科	16 至 18 年
民国十七年（戊辰）	1928	6 年	6 年	4 年至 7 年 无预科	16 至 19 年

注：（1）本表只及中小学及大学年限，至于其平行之补习科或补习学校，职业科或职业学校，师范科或师范学校及各种高等专门学校因参差过甚未列入，学者可另列表比较之。

（2）研究院一段（或称通儒院，或称大学院）因年限无定，姑从略。

（3）全部学年一栏只计其大概，不必拘泥。

第三节　我国现行学制系统

自大学院制取消改设教育部以后，即次第着手修订各级学校组织法。民国十八年〔1929〕七月，经国民政府公布者，计有《大学组织法》及《专科学校组织法》两种。同年八月，教育部制定《大学规程》及《专科学校规程》，以部令公布施行。二十年〔1931〕三月，复将《专科学校规程》修正公布。二十一年〔1932〕十二月，国民政府公布《小学法》、《中学法》、《师范学校法》及《职业学校法》四种。教育部旋分别制定《小学规程》、《中学规程》、《师范学校规程》、《职业学校规程》，于二十二年〔1933〕三月公布施行。二十三年〔1934〕，公布《大学研究院暂行组织规程》；二十四年〔1935〕，将中学、师范、职业三种规程修正；二十五年〔1936〕将《小学规程》修正。二十七年〔1938〕七月公布《师范学校规程》。直至现在，整个学制系统虽未经政府正式公布，但据已颁行之各种法规并按现在研究院及补习学校一般情形，可得现行学校系统如下图（图5）：

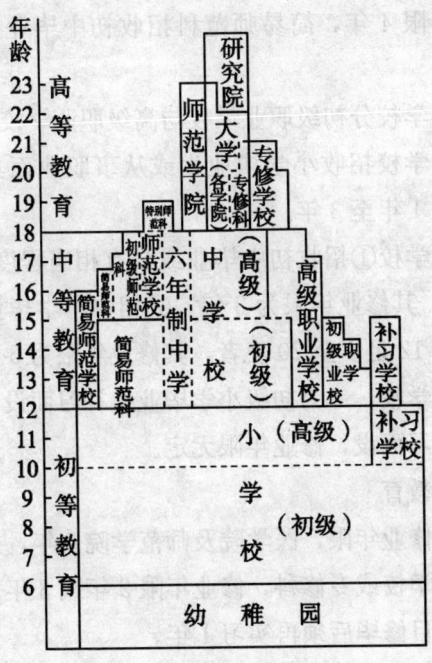

图4 我国现行学制系统图

现行学校系统说明：

一、初等教育

（1）幼稚园收受未满学龄之儿童。

（2）小学修业年限6年，前4年为初级小学，后2年为高级小学；初级小学得视地方情形单独设立。

二、中等教育

87

（1）中学分初级中学、高级中学，修业年限各3年；初级中学、高级中学得合设，称六年一贯制中学。

（2）师范学校招收初中毕业生，修业年限3年；特别师范科招收高中或高级职业学校毕业生，修业年限1年；幼稚师范科招收初中毕业生，修业年限2年或3年；简易师范学校招收小学毕业生，修业年限4年，简易师范科招收初中毕业生，修业年限1年。

（3）职业学校分初级职业学校与高级职业学校：

初级职业学校招收小学毕业生或从事职业而具有相当程度者，修业年限1年至3年。

高级职业学校①招收初中毕业或具有相当程度而年在15足岁至22岁者，其修业年限为3年。②招收小学毕业生或具有相当程度而年在12足岁至20岁者，其修业年限为5年或6年。

（4）补习学校，一为初级小学毕业生补习而设，另一为高级小学毕业生补习而设，修业年限无定。

三、高等教育

（1）大学修业年限，医学院及师范学院5年，余均4年。

（2）专科学校或专修科，修业年限2年或3年；但医学专科学校于3年课目修毕后须再实习1年。

（3）研究院为大学毕业生而设，修业年限暂定2年。①

近人对于现行学制颇有不尽满意，时倡改造修正之议者；②

---

① 据教育部：《十年来之教育概述》，第3、4页。
② 例如国防设计委员会蒋梦麟先生等《建议修正学制》，汪懋祖先生的《修正中学制度刍议》，庄泽宣先生的《移迟入学年龄、民众教育归入正式系统意见》。（三文皆转载倪文宙、陈子明：《教育概论》，中华书局，第六章（上）学制"备览"栏内）又最近《教育通讯周刊》中时有此类文字发表。

但一国学制变迁，攸关教育全部，不可率尔从事。与其贸然更张，或盲目的改制，不如依据国家某阶段所采的教育方针和政策，设法增加现行学制之弹性，俾充分适应各种不同需要而收实际成效（小学之分短期小学及普通小学便是一例）。关于此点容后详论。

研究问题

(1) 什么是学制？它和教育制度有什么区别？
(2) 一国的学制是怎样产生起来的？它的发展情形如何？
(3) 中国学制变迁考。
(4) 你对于现行学制的看法如何？说出应或不应改制的理由来。
(5) 读几篇近人对于修改学制的文字以后，加以批评。
(6) 任就现行学制的一段加以研究，说出其利弊得失。
(7) 有人说社会教育未列入现行学制系统是唯一的缺憾，你以为这话如何？

第六章

现行各级教育制度

第一节 国民教育

一、目标

依《国民教育实施纲领》（参考原料八），国民学校之实施，应遵照《中华民国教育宗旨及其实施方针》，注重民族意识、国家观念、国民道德之培养及身心健康之训练，并应切合实际需要，养成自卫自治之能力，授以生活必需之知识技能。

二、制度

国民教育分义务教育及失学民众补习教育两部分，应在保国民学校及乡（镇）中心学校内同时设施，并应尽先充实义务教育部分（《纲领》，第二条）。

保国民学校及乡（镇）中心学校均应设置小学部及民教部（《纲领》，第十一条），以施行上述二种教育。国民学校之小学部以完成四年制小学为原则，但为迅速普及义教起见，得办理一年或两年结束之班级；民教部以办理初级成人班及初级妇女班为原则。乡（镇）中心学校之小学部，以办理六年制之小学为原则，民教部以办理高级成人班及高级妇女班为原则（同上）。

保国民学校及乡（镇）中心学校小学部应遵照《修正小学规程》（参考原料九）及有关之教育法令办理。民教部应遵照《修正民众学校规程》（参考原料十）及有关之民众教育法令办理。

三、设立

国民学校以每保立一所为原则，称某保国民学校；保之人口稠密面积不及四方里者或一村或一街之自然单位不可分离者，得就二保或三保联合设立一所，称某某保联立国民学校。保之面积过于辽阔而村落疏散者，其国民学校分设班级于各村落，或设置巡回教学班（《纲领》，第九条）。

每一乡（镇）应设中心学校一所，称某乡（镇）中心学校，兼负辅导本乡（镇）各保学校之责。乡（镇）内已设中心学校之保或各保距离中心学校不足三里者，不另设国民学校；其应就学之儿童及失学民众，即入中心学校肄业（《纲领》，第十条）。

依《战时三年建设计划大纲》所规定，在四川等省，"三年内应完成每一乡（镇）设置有中心学校一所，至少每二保有国民学校一所。"其他省市亦应于可能范围内推行国民教育。

四、入学及编制

保国民学校小学部，依照初级小学的编制，自一年级起至四年级止，设置4个以上的学级，收受保内6足岁至12足岁之学龄儿童，分别施以4年或2年或1年的小学教育，并得附设幼稚园或幼稚班。民教部依照《修正民众学校规程》之规定，应设置初级成人班及初级妇女班至少各1班，尽先收受自15足岁至35足岁之失学民众，施以初级补习教育；并得酌设高级成人班及妇女班，收受初级成人班或妇女班毕业学生，施以高级补习教育。小学部及民教部，均得视当地实际情形分别酌收超过12足岁至未满15足岁之失学儿童，施以教育（《保国民学校设施要则》，

第五条，参考原料十一）。

乡（镇）中心学校小学部，依照小学的编制，自一年级起至六年级止，设置4个以上的学校，收受乡（镇）内6足岁至12足岁之学龄儿童，分别施以6年、4年、2年或1年的小学教育，并得附设幼稚园或幼稚班。民教部依照《修正民众学校规程》之规定，设高级成人班或高级妇女班，收受乡（镇）内已受初级补习教育之民众，施以高级补习教育；并应设置初级成人班及初级妇女班，收受学校所在地之失学民众，施以初级补习教育。上项高初级成人班及妇女班，应尽先收受自15足岁至35足岁之男女，分别施教（《乡（镇）中心学校设施要则》，第四条，参考原料十二）。

国民学校及中心学校，均应于儿童入学时，依其年龄、智力等，分别编制学级，每级学额以50人为度，在国民学校得视地方情形采用二部编制，或复式单级等编制；民教部得依其职业、性别，分班教学，每班学额亦以50名为度（《设施要则》）。

五、课程

保国民学校及乡（镇）中心学校小学部，均应于日间上课，其课程及教学时数，应依照《小学课程标准》及《短期小学课程标准》办理。民教部视季节选择适当时间上课，其课程及教学时数，应依照《修正民众学校规程》办理。（按《修正民众学校规程》之规定：初级班，国语包括公民及常识等，共66时，算术18时，音乐8时，体育8时；高级班，国语包括公民及常识等共50时，算术12时，音乐8时，体育8时；高级班，国语包括公民及常识等共50时，算术12时，音乐8时，体育8时，职业科目22时。

六、校舍设备

乡（镇）中心学校及保国民学校之校舍，除改组者仍用原校舍外，新设者应充分利用当地公所、祠庙及其他公共房屋，并得借用民房。其未有适当校舍者，应在四年内择定相当地址，规划建筑正式校舍。经费，应以乡（镇）、保自筹为原则，其不能自筹者，由县市政府统筹之。地点，则中心学校应在乡（镇）公所邻近，国民学校应在保办公处邻近；其校舍建筑标准另订之（《纲领》，第二十八、二十九、三十各条）。

中心学校及国民学校之教室及课桌椅，以小学部与民教部合用为原则；至其应备之图书、仪器、标本和模型及各项教学用具，各须分别设置完全。国民学校得较中心学校酌量减少，其标准另订之。又中心学校应设备简单之诊疗室，国民学校应设备简单之药箱，以便应急治疗之用（《纲领》，第三十、三十一、三十二和三十三各条）。

七、教职员

乡（镇）中心学校及保国民学校各设校长一人主持全校校务，在教育经济较为发达之区，应由县政府遴选具有《修正小学规程》第六十四条规定资格之人员专任之（按最近教育部召集之第二次国民教育会议，已议决校长以专任为原则）。经济人才困难地方，中心学校校长得暂兼乡（镇）长或副乡（镇）长，乡（镇）长或副乡（镇）长之具有小学校长资格者，亦得暂兼校长；同样国民学校校长亦得兼保长或副保长，保长或副保长之具有小学校长资格者亦得暂兼校长。中心学校校长，应负辅导改进本乡（镇）内各保国民学校之责（均见《设施要则》）。

中心学校应专设教导主任一人，除主管本校教导事宜外，并应协助校长辅导各保国民学校关于教导之一切改进事项。国民学校校长暂兼保长者，应增设专任教员兼教导主任一人，襄助校长处理校务（同上）。

中心学校及国民学校教员，皆由校长遴选具有《修正小学规

——— 93

程》第六十二条规定之资格及检定合格者聘任之。人才经济困难之地方，得依照《修正小学规程》第六十六条之规定聘任代用教员。教员得于教学工作时间外，兼办理办公处事务（同上）。

八、经费

保国民学校之经费，应以由保自行筹集为原则，不足时应由县市经费项下支给之。各保应在一定期限内筹集相当之基金为扩充学校设备之用（《纲领》，第十五、十六条）。

中心学校之经费，其校长教员之薪给，由县市经费项下开支，办公费及设备扩充等费应由所在地自筹之；并应参照保筹集基金办法筹足基金（同上，第十七条）。

各县市筹设国民学校及中心学校经费不足时，应由省在省经费及中央拨助之经费下酌予补助之。训练师资之经费，应由省市在省市经费及中央拨助经费项下动支（同上，第十九、二十两条）。

初等教育简要统计：

据教育部二十三年度〔1934〕统计，全国小学、幼稚园，总数为260,665校；其中公立学校214,017校，私立学校46,648校。以学校种类分，则幼稚园1,124校，初级小学227,707校，完全小学22,726校，简易小学5,754校，短期小学2,640校，其他小学714校。最近因中央加紧实施义教的结果，数量自更增加。

至于在学儿童，民国十八年〔1929〕至二十三年〔1934〕之统计如下：

年度	在学儿童数	占学龄儿童百分比	逐年增加度
一八年〔1929〕	8,882,077	17.10	
一九年〔1930〕	10,948,979	22.07	4.97

二〇年〔1931〕	2,720,596	22.16	0.09
二一年〔1932〕	12,223,066	24.79	2.61
二二年〔1933〕	12,383,479	24.79	0.18
二三年〔1934〕	13,188,133	26.27	1.30

准上表，知最近数年内每年入学儿童平均增加 1.97% 弱，可推想二十四〔1935〕与二十五年〔1936〕两年度之在学儿童数应为：

年度	在学儿童数	占学龄儿童百分比
二四年〔1935〕	14,281,957	28.91
二五年〔1936〕	15,255,165	30.88

惟按诸实际，近年因中央积极推行义教，增设大批短期小学，据统计所得，二十四年度〔1935〕增收学童 3,460,930 名，二十五年度〔1936〕增收学童 6,199,000 名。是最近在学儿童数当比上数为多。

师资方面，据二十三年〔1934〕统计，全国小学、幼稚园教职员总数为 570,434 人，其中公立学校有 449,904 人，私立学校有 120,530 人。以学校种类分，则幼稚园教员 2,472 人，初小教员 410,066 人，完全小学 146,486 人，简易小学 6,478 人，短期小学 3,169 人，其他小学 1,754 人。最近当不止此数。

战区中小学教师服务团共 8 所，被救济之中小学教员，数在 14,300 人以上，小学教员约两倍于中学教员。

第二节 中等教育

一、中学校
（一）目标

中学应遵照《中华民国教育宗旨及其实施方针》，继续小学之基础训练，以发展青年身心，培养健全国民并为研究高深学术及从事各种职业之预备（《中学法》，第一条，参考原料十三）。实施下列各项之训练：(1) 锻炼强健体格；(2) 陶融公民道德；(3) 培育民族文化；(4) 充实生活知能；(5) 培植科学基础；(6) 养成劳动习惯；(7) 启发艺术兴趣（《修正中学规程》，第二条，参考原料十四）。

（二）制度

中学分初级中学及高级中学，修业年限各3年（《中学法》，第二条）。学生在学年龄，前者为12至15足岁，后者为15至18足岁。初高中合设者称中学，单设者称初级中学或高级中学。公立初中或高中，得分别附设简易师范科及特别师范科（《修正中学规程》，第三十四、三十五各条）。

二十六年〔1937〕，教育部为施行实验教育，择全国优良中学9校（内公立5校，私立4校），令试行高初中课程连续教学，不分二重圆周制，不增加学生负担，不降低程度，期于5年内，修毕高初中6年课程（详部颁《中学施行实验教育暂行办法大纲》）。抗战发生，战区中学多遭破坏，员生奔走流离，失业失学，为实施救济并发挥战时教育，增加抗战力量起见，教部先后于豫、川、黔、陕、鄂、甘、湘、皖、晋、赣诸省设立国立中学，以收容之。并颁布《国立中学暂行规程及课程纲要》以为实施准则。二十七年〔1938〕，该部复制定划分中学区办法，令各省酌量省内各地交通、人口、经济、文化及现有学校情形,划全省为若干中学区。区内以由省设一完全中学（高初中俱全）为原则；而配合区内各县单设或联合设立之初级中学,庶小学及初中毕业生均得就近升学。如地方尚未发达,经费又特别困难,则由省于区内适当地点先设初级中学一二所,缓设高级中学。其私立中学亦应于统筹区内校数时,并计在内。

二十八年〔1939〕四月,第三次全国教育会议,有"中等教育阶段内除原有三三制中学外,另设六年制中学,不分高初中,并为奖励清寒优秀子弟获得人才教育起见,六年制中应多设奖学金额"之决议。教育部旋即分别函令各专家、各省市教育厅局、各师范学院、各国立中学及少数成绩优良之公私立中学,征询对于六年制中学教学科目及各科课程标准之意见,经再三研讨,最后决定一课程总表（详后）于本年〔1939〕十月公布,指定若干中学开始试行。教部并于训令中说明六年制中学设立之要旨如次：

"（一）六年制中学目标单纯,单为升学准备；选择学生宜从严格。为使清寒优秀子弟,得有入学机会,应多设奖学金或公费学额。

"（二）六年制中学各种学科平均发展,始终不予分组,预使学生于人文教育平衡之发展,于生产劳作亦有相当之素养,为进行高等教育培植一良好之基础。

"（三）六年制中学各科全部课程,均采直接一贯之编配,不必为二重圆周,以期增加教学效能。

"（四）六年制中学对于基础本学科（国文、算学、外国语）之程度,应予提高,并求熟练；其余各科,虽较初高中并合总时数减少,但因免去重复,应以切实达到高中课程标准规定之程度为准。"

这么一来,我国中学校约有两种：一种是三三制中学,现在一般中学都是的。初中趋向培养地方自治人才，各县逐渐普遍设立；一种是六年制中学，专为准备升学者而设。后者尚在试验时期，课程等等诸待修订。

依《中学法》规定，中学校以省或直辖市设立为原则，县市亦得设立，惟以按照地方情形有设立中学之需要，而无妨碍小学教育之设施者为限。据三十一年〔1942〕二月教育部召集之中等教育工作检讨会，金以今后初级中学应由县设立，高级中学则由省或国家设立。又私人或私人团体亦得设立中学。

（三）入学及编制

高级中学入学资格须曾在公立或已立案之私立初级中学毕业；其在初中毕业生人数过少之地方，得招收具有同等学力者，但不得超过录取总额1/5。初级中学入学资格，须曾在公立或已立案之私立小学毕业或具有同等学力者。均应经入学试验及格（《中学法》，第十一条）。

高初中依课程进度各分为一年级、二年级及三年级。每级学生以50人为度，但至少须有25人。中学学生以男女分校或分班为原则（皆据《修正中学规程》）。近因部令各校施行导师制，规定各级学生约以10人至15人为一组，分成若干组，每组设导师一人，由校内教职员分别担任指导学生之思想、学业、行动等（《国立中学课程纲要》，第七条，参考原料十五）。

（四）课程

依教育部二十九年〔1940〕二月颁发之初高中教学科目及各学期每周各科教学时数表，初级中学之教学科目为公民、体育、童子军、国文、算学、自然科学（包括博物、生理、卫生、化学、物理）、历史、地理、劳作、图画、音乐。外选科，各学年分甲乙二组，甲组为国文、历史、公民、职业；乙组为英语。高级中学教学科目为公民、体育、军事训练或家事看护、外国语、算学、生物、矿物、化学、物理、历史、地理、劳作、图画、音乐。二十九〔1940〕十月教育部公布之"六年制中学教学科目及各学期每周各科教学时数表",教学科目为公民、体育、童子军、军事训练或家事看护、国文、外国语、数学、历史、地理、生理卫生、博物、化学、物理、劳作、图画、音乐。初高中课程标准皆已先后公布。

先是,教育部曾颁行《国立中学课程纲要》,其中包括精神训练,学科训练,体格训练,生产劳动训练及特殊教学与战时后方服务训练五项。学科训练集中于每日上午;生产劳动训练及特殊教学与战时后方服务训练排列于下午;精神及体格训练均分别于晨间及下午举行之。初中上午之教学科目为公民、国文、算学、历史、地理、自然、英文;下午之教学科目为体育及童子军劳作与生产、劳动、音乐、图画。高中上午之教学科目,为公民、国文、算学、英文、历史、地理及地质、物理、化学、生物;下午之教学科目,为体育与军事训练,工艺与农艺、音乐、图画及测绘。各科主要之教学时间(上午教学者)每周不得超过24小时。后复令各中学于高初中音乐、图画二科,增加教学时数(初中每周各为2小时,高中每周各为1小时),以激发抗战精神,唤起民族意识。

(五)训育

中学训育应遵照《中华民国教育宗旨及其实施方针》所规定,陶融青年"忠孝仁爱,信义和平"之国民道德,并养成勇毅之精神与规律之习惯。中学校长及全体教职员均负训育责任,以身作则,采用团体训练及个别训练,指导学生一切课内外之活动(均据《修正中学规程》)。各中学设置训育主任(或教导主任),级任及训育委员会,分别主持训育事宜。惟是训育问题之要点,不外方法与人员二者:前者欲其臻于完密之系统,后者冀其切实负责。教育部爰于二十七年〔1938〕三月，颁行《青年训练大纲》，对于基本观念分为人生观、民族观、国家观、世界观四种；复于每一观念确立目标与实施要点。训练项则分信仰、德行、体格、生活、服务五类，每类之训练，亦分目标与实施要点。至训练方式，计分日常生活与教学课程，除后者属于课程范围外，前者包括小组集会、野外远足、农村服务、救济服务、露营训练及外省旅行六项（参看《国立中学课程纲要》）。复于同年〔1938〕颁发《中等以上学校导师制纲要》；其后（二十七年〔1938〕三月）再训示实施导师制度注意之各点。意在鉴于以往师生关系之疏远而渐趋于商业化的弊病，导师对学生之思想、行为、学业及身心摄卫，均应体察个性施以严密之训导，使得正常之发展，以养成健全之人格。

（六）设备

中学除依规定：校址须有相当之面积，环境须适合道德及卫生条件；校舍之建筑，须坚固、朴实、适用，并应采用本国材料外，应具备各种重要场所，如教室、工场、运动场、图书馆等，各项教学用品，如图书仪器、药品、标本、图表、机械器件等，及各类表簿统计（详《修正中学规程》，第七章）。年来教育部对于中学设备标准颇为注意。自高初中正式课程标准颁布后，即曾延聘专家编订中学理科设备标准。二十三年〔1934〕四月，公布初、高级中学物理及化学设备标准。七月公布植物、动物、高中生物学设备标准，通令各中学施行。二十五年〔1936〕，复公布初中劳作科工艺部分设备标准，将金工、木工、竹工、藤工、土工等项需要之工具及材料，详加订定。

二十四年〔1935〕该部与中英庚款董事会及中华教育文化基金委员会合拨款项，委托中央研究院物理研究所制造国产高中物理仪器 100 套；以 300 元一套之半价分发各地高中应用。二十五年〔1936〕，复委托该研究所继续制造高中物理仪器80套，初中物理仪器2000套，高中化学仪器180套，初中化学仪器660套，共价值20万元，于二十七年〔1938〕底完成。教部并拟另筹经费，在西南适当地点，设厂自行制造国产仪器，充实全国中学理科设备，增进科学教育的效率。[1]

（七）经费

国立中学经费，由国库支给；省市立中学经费，由省市款支给，县立或县立中学得受省款补助。私立中学如属成绩优良，亦得受公款补助（《修正中学规程》，第十四、十五两条）。中学经常费之支配，俸给至多不得超过70%，设备费至少应占20%，办公费至多不得超过10%（同上，十七条）。中学经费之开支，应力求撙节核实，并须将全部收支情形，由经费稽核委员会，为公开缜密之审核（同上，第十八条）。

过去因中学之为畸形的发展，而使师范及职业教育陷于萎缩，教育部曾于二十年〔1931〕通令限制普通中学之设立，各县立中学应逐渐改为职业学校或乡村师范学校，以为调整的张本。二十二年〔1933〕九月，再颁布《各省市中等学校设置及经费支配标准办法》，限至二十六年度〔1937〕，中学教育经费以达到中等教育经费总数40%为度；各省市对于新增加者，应就原有经费逐年缩减中学经费之相当额数，以供扩充职业师范教育之用。

关于私立中学经费亦有所规定，计高级中学开办费须为5万元（内建筑费占3万元，设备费占2万元），经常费须为3万元；初级中学开办费须为3.5万元（内建筑费占2万元，设备费占1.5万元），经常费须为2万元（《修正私立学校规程》，第三十二条）。

---

[1] 据教育部：《十年来之教育概述》，第13页。

公私立中学除照规定征费（详《修正中学规程》，第十一章）外，不得征收任何费用。又各该校均应设置奖学金额，其办法，公立中学由省、市、县教育行政机关规定办法，私立中学由各校自行规定，分别迳呈或转呈教育部备案（《修正中学规程》，第九十二条）。

（八）教职员

校长——中学设校长一人综理校务。省立中学由教育厅提出合格人员，经省政府委员会议通过后任用之；行政院直辖市市立中学由市教育行政机关选荐合格人员，呈请市政府核准任用。除应担任本校教课外，不得兼任他职。私立中学校长由校董事会遴选合格人员聘任之，并应呈请主管教育行政机关备案（《中学法》，第八条）。

教职员——中学教员由校长聘任之。应为专任，但有特别情形者，得聘兼任教员；其人数不得超过教员总数1/4。中学职员亦由校长聘任之（同上，第九条）。

（九）全国中学教育简要统计[①]：

五年中全国中学数量概览

年　　度	校数	学生数	经费数
二一年度〔1932〕	1,914	409,586	39,656,544 元
二二年度〔1933〕	1,910	415,948	39,575,546 元
二三年度〔1934〕	1,912	401,449	38,488,340 元
二四年度〔1935〕	1,984	438,113	40,588,601 元
二五年度〔1936〕	1,956	471,833	40,955,795 元

[①] 据教育部：《十年来之教育概述》，第26页。

二、师范学校

（一）目标

依《三民主义教育实施原则》，师范教育目标有三：1. 应根据三民主义的精神，并参照社会生活之需要，施以最新式的科学教育，以及健全的身心训练，以培养实施三民主义教育的师资。2. 学校应与社会沟通，并造成"教"、"学"、"做"三者合一的环境，使学生对于教育事业有改进能力与终身服务的精神。3. 乡村师范教育应注重改善农村生活并适应其需要，以养成切实从事乡村教育或社会教育人才。

而在《师范学校法》（参考原料十六）及《修正师范学校规程》（参考原料十七）中，更规定师范学校为严格训练青年身心，养成小学健全师资之场所，实施下面各项之训练：1. 锻炼强健身体；2. 陶融道德品格；3. 培育民族文化；4. 充实科学知能；5. 养成勤劳习惯；6. 启发研究儿童教育之兴趣；7. 培养终身服务教育之精神。

（二）制度

现制师范学校招收公立或已立案之私立初级中学毕业生，修业期限三年。师范学校得附设特别师范科及幼稚师范科，特别师范科之入学资格须曾在公立或已立案之私立高级中学或高级职业学校毕业（《师范学校法》，第十三条），其修业年限一年（同上，第三条）。幼稚师范科之入学资格，与师范学校同，其修业年限二年或三年（同上）。此外尚订有简易师范学校及简易师范科的办法（《修正师范学校规程》，第十五章）。简易师范入学资格为小学毕业，修业年限四年；简易师范科入学资格为初级中学毕业，修业年限一年。师范学校特别师范科及幼稚师范科，为养成小学校教员，专科教员及幼稚教员之正则；简易师范及简易师范科则为养成简易小学、短期小学及初级小学教员之变则，将来地方小学师资足敷分配，当即停止办理（概据《修正师范学校规程》）。

在另一方面看，师范学校既以养成小学师资为目标，而小学大部分设在乡村，是乡村小学师资应有特殊之训练，方克尽其职责。故师范学校之别一形态，为乡村师范学校；简易师范学校之别一形态，为简易乡村师范学校，皆以造就乡村小学师资为主旨。不惟乡师及简乡师之应设在乡村，即师范学校，亦应于可能范围内多设在乡村地方（《修正师范学校规程》，第九条），前此师范与乡师的壁垒至是可逐渐泯除。又为养成小学女教师，有专收女生之师范学校，称女子师范学校，其地位与师范学校完全相同。为培养特科（如音乐、美术、体育、劳作等）教师除设特别师范科以外，在师范学校内亦有分组修习专科科目的办法（《修正师范学校规程》，第三十一条）。扩充此项办法的精神，虽单设师范亦无不可；而体育师范科之成立，乃大有可能。这等说来，小学师资训练机关，似很繁多，然其体系却仍觉单纯：即以师范与简易师范二者为骨干，女师、乡师，为师范之别型，二年制、三年制幼稚师范科，体育师范科，为师范之支派，特别师范科为师范之变则；而简易乡师亦为简师之别型，简易师范科为简师之变则，如是而已。

（三）设置

师范学校由省或行政院直辖市设立之（教育部最近曾设国立师范学校若干所）。但依地方需要，亦得由县市设立或两县以上联合设立之（《师范学校法》，第四条）。盖师范学校为小学师资之源泉，而小学为国民基础教育，国家所要求于小学师资教育者，应由各级行政机关设校培养，而不授其权于任何私人。但为兼顾事实起见，各地已有之私立师范学校，或以历史久长，成绩优异，或专为养成小学专科教员，且均经完成立案手续者，得许其继续办理；余则概在取缔之列。

　　为充分发挥师范教育之效能及便于统筹发展起见，《修正师范学校规程》（第十条），规定各省应视情形将全省划为若干师范教育区，惟各省尚鲜有切实遵行者。二十七年〔1938〕五月，教育部通令各省，师范教育应统筹设施，并确定师范教育区办法；其要点：为各省应依省内交通、人口、经济、文化及现有学校情形，酌量划分为若干师范教育区，区内以设置一省立师范学校或乡村师范学校为原则，而配合以各县或二县以上联合设立之简易师范或简易乡村师范若干校，使其校数足应区内各地所需之小学师资，而无过与不及之弊。区内教育，倘尚未发达，得暂由省设立简易师范或简易乡村师范；而县之教育未发达者；不得设立简师或乡师。其已有而不合规制之简师及各项短期师资训练班，应限期分别予以调整，或令结束，或令并合，或令充实改办，一视需要经费及其他有关条件决定之。各区应有女子师范学校，或于师范学校内附设女子部。区内各校应设学级数及每年招收新生额数，均应详密计算，经省厅核定后办理。依此规定，师范学校之制度与设置，应相配合；其设施为有体系的，有计划，较前进步多了。

　　（四）课程

　　依据教育部三十年〔1941〕七月修正公布的《师范学校教学科目及各学期每周各科教学时数表》（女子师范、乡村师范均适用），以及《简易师范学校教学科目及各学期每周各科教学时数表》（简易乡村师范亦适用），师范学校科目为国文、数学、地理、历史、博物、化学、物理、体育、卫生、军事训练（女子为军事救护）、童子军教育、公民、美术、音乐、教育通论、教育行政、教材及教学法、教育心理、测验及统计、地方自治、农村经济及合作、农工艺及实习（女子为家事及实习）、实习、外选修学科。简易师范教学科目,为国文、数学、地理、历史、博物、化学、物理、生理卫生、体育、童子军、军事训练(女生为军事救护)、公民、美术、音乐、教育通论、教育行政、教材及教学法、教育心理、测验及统计、地方自治、农村经济及合作、农工艺及实习(女生为家事及实习)、实习(与《修正师范学校规程》所列者不同)。

再查《修正师范学校规程》幼稚师范科教学科目,为公民、体育及游戏、卫生、军事看护、国文、算学、历史、地理、生物、化学、物理、劳作、美术、音乐、理论学、教育概论、儿童心理、幼稚园教材及教学法、保育法、幼稚园行政、教育测验及统计、实习。特别师范科教学科目,为国文、体育、图画、音乐、劳作、教育概论、教育心理、小学教材及教学法、小学行政、教育测验及统计、地方教育行政及教学视导、民众教育及乡村教育、实习。简易师范科之教学科目,为体育、国文、算学、地理、历史、自然、劳作(农艺)、图画、音乐、教育概论、教育心理、小学教材及教法、小学行政及实习。

(五)训育

师范学校之训育,大体与上述中学同;惟师范生将来以"立人"为其职务,自应具有学不厌、教不倦的精神,此在师范教育目标上所以有"启发研究儿童教育之兴趣"与"培养终身服务教育之精神"之规定。而《三民主义教育实施原则》师范教育章规定:师范生之训练方式,为"采用党员训练方式,以指导其全部生活"。"由思想之诱导,及各种纪念集会之剀切指示,以养成其对于三民主义之明确的认识和坚定的信抑。"指示教育救国之真义,以及中外大教育家献身教育事业的精神,以坚定其毕生尽瘁教育的志向。"凡此皆为师范生所应特有之训练。至师范学校学生除劳作科作业外,凡校内整理、清洁、消防及学校附近之修路、造林、水利、卫生、识字运动等项,皆须分配担任,学校工人须减至最低限度(《修正师范学校规程》,第四十条),尤为当然。二十七年〔1938〕教部颁行导师制,此在师范学校,当有更大意义。①

(六)设备及经费

师范学校一如中学,关于校址、校舍之建筑及种类,各科教学之用具,图书、仪器、标本机械,以及各项应用表簿等皆有所规定(《修正师范学校规程》,第七章)。惟迄今尚未特别订定师范学校设备标准,可将中学理科设备标准酌量应用之。

国立师范学校经费由国库供给;省市立师范学校经费则由省市供给,照二十二年〔1933〕部颁《各省市中等学校设置及经费支配标准办法》之规定,以占25%为度,并限自二十三年度〔1934〕起,逐步改正,至达到标准为止。

至师范学校内部经费之分配,照《修正师范学校规程》第二条之规定:除学生膳食各地情形不一,免膳费办法及其额数表未便计入外,俸给至多不得超过70%,设备费至少应占20%,办公费至多不得超过10%。至经费稽核办法,与中学同。

(七)教职员

校长——师范学校设校长一人,综理校务。省立师范学校由教育厅提出合格人员,经省政府委员会议通过后任用之;行政院直辖市市立师范学校,由市教育行政机关选荐合格人员,呈请市政府核准任用之;县市立师范学校,由县市政府选荐合格人员,呈请教育厅核准任用。除担任本校教课外,不得兼任他职(《师范学校法》,第十条)。

教职员——由校长聘任。应为专任;但有特殊情形者,得聘

---

① 详罗廷光:《师范教育》,中正。

请兼任教员，其人数不得超过教员总数 1/4。职员亦由校长任用之（同上，十一条）。

（八）师范教育简要统计

全国师范教育五个年度之简要统计①

年度	校数	学生数	经费数
二一年度〔1932〕	864	99,606	10,059,089 元
二二年度〔1933〕	893	100,840	10,526,324 元
二三年度〔1934〕	876	93,675	10,001,123 元
二四年度〔1935〕	862	84,512	10,092,906 元
二五年度〔1936〕	814	86,779	10,699,605 元

三、职业学校

（一）目标

职业学校为实施生产教育的场所，依照《职业学校法》（参考原料十八）第一条之规定，实施下列各项训练：1. 锻炼强健体格；2. 陶融公民道德；3. 养成劳动习惯；4. 充实职业知能；5. 增进职业道德；6. 启发创业精神（《修正职业学校规程》，第二条，参考原料十九）。

（二）制度及设置

现制职业学校分初高两级：初级招收小学毕业生或从事职业具有相当程度者，年限 1 年至 3 年；高级招收初中毕业生或具有相当程度者，年限 3 年，招收小学毕业生或具有相当程度者，年限 5 年或 6 年（《职业学校法》，第四条）。职业学校得酌设各种

---

① 据教育部：《十年来之教育概述》，第 20 页。

补习班（同上，第五条）。

职业学校按所设科别，称高级或初级某科职业学校，其兼设二科以上者，称高级或初级职业学校，合设两级者，称职业学校（同上，第六条）。

职业学校由省或直隶于行政院之市设立之；但依地方需要，得由县市设立，或两县以上联合设立之。私立或团体，亦得设立职业学校（同上，第七条）。

二十年〔1931〕教育部曾通令各省限制设立普通中学，扩充职业学校，规定自二十年〔1931〕起应添办高初级农工职业学校，县立中学逐渐改办职业学校；私人呈请设立中学者，劝令改办职业学校。二十一年〔1932〕，政府公布《职业学校法》；明年〔1933〕教部颁行《职业学校规程》，以及《职业补习学校规程》。二十四年〔1935〕六月，《修正职业学校规程》。二十七年〔1938〕，教部复订定《各县市创设初级实用职业学校办法》；先就桂、黔、甘三省由部拨款各筹设一校，一切开支及第一年经常费，均归部担任，第二年即交省府办理。其他省区当陆续筹设，并期地方努力推行。

除各省市所设之职业学校以外，中央并于二十五年〔1936〕筹设中央工业职业学校于南京，以资模楷。二十六年〔1937〕抗战军兴，该校即由南京迁至四川万县。二十七年〔1938〕又由万县迁至重庆。现有本科八级，训练班两级，学生共四百余人。外有中央助产学校现已迁至重庆；中央护士学校，现已迁在贵阳，皆属国立职业学校。

（三）课程与设备

据《修正职业学校规程》，初级职业学校所设科别，关于农业者有六，关于工业者有十八，关于商业者有六，关于家事者有八；高级职业学校，关于农业者有六，关于工业者有十，关于商业者有八，关于家事者有四；其他可视地方情形酌量设立（第三十四、三十五两条）。

教部自公布《职业学校各科教学科目及时数概要》后，复委托各业专家及著有成绩之职业学校，根据所定原则，编订各科教材大纲及设备概要。惟以确定各科课程标准之不易，而设备上又因有新工具及新器械之赓续发明，难以呆板规定，遂于二十三年〔1934〕、二十四年〔1935〕先后颁行职业学校各科课程表，教材大纲，设备概要，汇编四册，供给省市实施之参考。二十五年〔1936〕该部复指定办有成绩之职业学校从事课程之研究，先就土木、机械、电机、电讯四科，订定课程及设备标准，于二十七年〔1938〕公布施行；并修正初、高级农业学校教学科目及上课时间表同时公布。

（四）经费

依照二十一年度〔1932〕统计，全国职业学校，共只262所，占中等学校总数1/10，中央于是订定各省市中等学校设置及经费支配标准办法，计中学占中等教育经费40％，师范占25％，职业学校不得低于35％，限于四年内（至二十六年度〔1937〕为止）渐次达到。凡各省市二十三年度〔1934〕对于中等教育之新增经费，应尽先充作职业学校经费，其未能增加者，应就原有经费逐年缩减中学经费而为扩充职业教育之用。

各地初级及高级职业学校单科一学级之每年经常费，应参照当地省立初中及高中各以增加50％为原则（《修正职业学校规程》，第二十条）。又各校每年扩充设备费，至少须占经常费20％（同上，第二十一条）。凡此皆为政府提倡职业教育的表现。

（五）教职员

职业学校设校长一人，综理校务。其产生方法，大致与中学师范学校校长同（详《职业学校法》，第十一条）。

职业教员由校长聘任,应为专任;但有特别情形者,得聘请兼任教员。职员亦由校长任用(同上,第十二条)。

(六)职业教育之简短统计

吾国职业教育,自政府努力推行以来,颇有进展,截至抗战前一年,可得如下之统计(尚有若干护士助产学校不在内):

学校数	408
学级数	1,736
学生数	50,205
教职员数	7,881
经费数	8,828,176

较之二十三年〔1934〕之校数 312 约增加 1/4,其他如学生、经费等项,亦各增 1/4。此外学校之设备,教学及学生出路等,虽不能为数量的比较,但就观察所得,似皆有相当之进步。

抗战以来后方各省中等教育概况(三十年〔1941〕二月底止)

省别	学校数 二十八年度〔1939〕	学校数 二十七年度〔1938〕	学校数 二十六年度〔1937〕	学生数 二十八年度〔1939〕	学生数 二十七年度〔1938〕	学生数 二十六年度〔1937〕
国立	54	43	……	27,693	19,300	……
江苏	152	113	……	28,970	22,676	……
浙江	85	85	74	29,446	29,443	17,087
安徽	44	44	……	12,632	12,632	……
江西	117	99	72	33,571	26,903	13,231
湖北	7	7	128	13,955	13,915	24,603
湖南	180	175	173	51,617	37,955	40,941

四川	277	303	205	78,244	86,402	73,527
西康	16	13	2	2,997	2,745	199
河北	5	……	……	1,011	……	……
山西	4	……	71	834	……	13,488
河南	161	161	274	43,163	43,163	43,576
陕西	75	59	46	20,328	12,934	11,623
甘肃	45	36	32	8,516	6,382	5,026
青海	8	7	10	1,657	1,631	1,606
福建	119	110	113	27,667	27,667	21,945
广东	259	247	306	63,413	66,158	67,515
广西	170	109	90	31,118	26,691	20,103
云南	149	143	144	29,101	25,184	21,833
贵州	54	46	50	16,964	12,984	12,122
宁夏	3	1	4	222	286	230
新疆	13	13	12	2,878	2,878	1,773
重庆市	26	……	……	2,458	……	……
总计	1,973	1,814	1,686	531,429	477,585	389,948

附注：（1）二十八年度〔1939〕浙江、安徽、四川、河南、福建和新疆等六省材料未据呈报，校数及学生数照上年数字估计列入。

（2）二十六年度〔1937〕国立中等学校校数及学生数依所在地分别计于各省内（教育部统计室制）。

第三节 高等教育

一、主旨

大学应遵照《中华民国教育宗旨及其实施方针》以研究高深学术，养成专门人才为主旨（《大学组织法》，第一条，参考原料二十），专科学校则依《专科学校组织法》（参考原料二十一）之规定，教授实用科学，养成技术人才。

二、制度

曩者大学院试行大学区制，在江、浙及北平设三大学区，除大学本身外，兼管各该区之教育行政。十八年〔1929〕大学区制停止试行。国府公布大学及专科学校两组织法，教育部嗣又颁行《大学及专科学校规程》，其改革要点：（1）大学分文、法、商、教育、理、农、工、医各学院；（2）具备三学院以上者，始得称为大学，不合此条件者，为独立学院，得分两科；（3）大学必须包含理学院或农、工、医各学院之一；（4）专科学校分甲、乙、丙、丁四类：甲关于工业者，乙关于农业者，丙关于商业者，丁则为医药、艺术、音乐、体育等；（5）农工医等类所包各部门，得适应地方需要分别成为独立专科学校。文法学科限制设立，注重实习学科。

最近学制上之重要改革为：（1）师范学院的建立；（2）同等学力得投考大学；（3）推行借读制度；（4）增设专修科、先修班及普修班等。凡此均为适应抗战建国的需要。

三、经费及设备

全国专科以上学校经费之总额，十七年度〔1928〕为一千七百余万元；十八年度〔1929〕即增加半倍，达两千五百余万元；厥后递年增加，至二十五年度〔1936〕，已增至一倍以上，达三千九百余万元。二十六年度〔1937〕，因战事关系，减少几达一千万元。兹将各年度支出经费数表列如下[①]：

---

① 据教育部：《十年来之教育概述》，第7页。

年度	支出经费数
十七年度〔1928〕	17,909,810元
十八年度〔1929〕	25,533,343元
十九年度〔1930〕	29,867,474元
二十年度〔1931〕	33,619,237元
二十一年度〔1932〕	33,203,821元
二十二年度〔1933〕	33,564,921元
二十三年度〔1934〕	35,196,506元
二十四年度〔1935〕	37,126,870元
二十五年度〔1936〕	39,275,386元
二十六年度〔1937〕	29,809,291元

历年各校图书、仪器等设备，颇有增加。教育部曾规定行政费不得超过全经费10%，设备费不得少于全经费15%。至各年度全国各专科以上学校新添之仪器等项设备价值，除二十六年度〔1937〕因战事关系仅增加九十余万外，其余各年均在五百万元以上，图书均在二万册以上，而尤以二十九年度〔1940〕增加为最多。抗战时期，经费虽甚支绌，政府对于各大学经临各费仍增加甚多。教育部并于三十一年〔1942〕一月令各大学对于购置设备及学术研究费用应酌增加，规定该项经费至少占全部经费20%。以期增强教学效率，提高学术水准。

四、课程及训育

大学课程之整理，进行业已数年，因时局关系旋告中止。除医学院课程已于二十五年〔1936〕公布施行外，其余各学院自二十七年度〔1928〕起始积极进行。文、理、法三学院课程之整理，以（一）规定共同标准，（二）注重基本训练，（三）注重精要科目为原则。经过相当时期之讨论,得于二十七年〔1938〕九月、十一月及二十八年〔1939〕八月,先后将文、理、法及农工商师范各学院课程订定颁发,并令自本年度起开始实行(现已颁行一书,名《大学科目》)。

教育部鉴于过去高等教育机关训育组织缺乏共同之规定,训育方式亦无一致的标准,特参酌我国师儒古制,兼采英国牛津、剑桥等大学办法,规定导师制纲要,通饬施行。最近并设置训导长,主持大学训导事宜。又专科以上学校,拟分设青年团直属区团部,先由教职员参加组织,再推及于学生,俾青年训练与学校训育相辅而行。

五、教职员

校长——大学设校长一人,综理校务。国立、省立、市立大学校长简任;除担任本校教课外,不得兼任他职(《大学法》,第九条)。国立专科学校校长由教育部聘任之;省立或市立专科学校校长由省市政府请教育部聘任之(《专科学校组织法》,第十四条)。

院长——独立学院设院长一人,综理院务。国立者由教育部聘任之;省立、市立者由省、市政府请教育部聘任之,不得兼职(第十条)。

大学各学院设院长一人,综理院务,由校长聘任之。独立学院各科各设科长、主任一人,综理各科教务,由院长聘任之(第十一条)。

系主任——大学各学系主任办理各该系教务,由院长商请校长聘任之;独立学院各系主任,由院长聘任之(第十二条)。

教授及其他。大学各学院教员分教授、副教授、讲师、助教四种,由院长商请校长聘任之(第十三条)。大学得聘兼任教员,但其总数不得超过全体教员 1/3(第十四条)。

专科学校教员分专任、兼任两种，皆由校长聘任之；但兼任教员总数，不得逾全体 1/3（《专科学校组织法》，第六条），其他职员或事务员均由校长任用之（同上，第七条）。

六、高等教育简短统计

抗战以前全国专科以上学校，凡 108 所。自学校之性质言，可分为大学、独立学院及专科学校三种；自设立之性质言，又可分为国立、公立（各部所设者）、省市立及私立四种。兹就历年学校数列表如下[①]：

年度	大学及独立学院			专科学校			总计
	公立	私立	合计	公立	私立	合计	
十六年度〔1927〕	23	21	44	…	…	…	44
十七年度〔1928〕	28	21	49	20	5	25	74
十八年度〔1929〕	29	21	50	21	5	26	76
十九年度〔1930〕	32	27	59	21	6	27	86
二十年度〔1931〕	36	37	73	20	10	30	103
二十一年度〔1932〕	38	38	76	20	8	28	104
二十二年度〔1933〕	37	42	79	20	9	29	108
二十三年度〔1934〕	37	42	79	22	9	31	110
二十四年度〔1935〕	36	44	80	22	9	31	111
二十五年度〔1936〕	35	43	78	20	11	31	109
二十六年度〔1937〕	36	40	76	22	10	32	108
二十七年度〔1938〕	32	37	69	17	9	26	95

---

① 据教育部：《十年来之教育概述》，第 5 页。

研究问题

(1) 试就现制论国民教育的特点。

(2) 述国民教育推行的困难问题及其解决方法。

(3) 述三三制中学及六年制中学的特殊职能。

(4) 初级中学将来应该怎么样?

(5) 评现行师范学制。

(6) 今后职业教育的革新途径。

(7) 试就一省市教育之实施（例如广西的国民中学），述其改变现制之处，并略加评论。

(8) 试就最近可靠数字列表显示一省市中等教育的概况。

(9) 比较一地方（省、市、县）五年来各级教育进步（或退步）的概况（尽量用数字代表）。

(10) 对我国现时各级教育制度的总印象。

第七章

我国今后之学制问题

第一节 各国学制之比较观

我国学制及各级教育制度既如上所述,兹先比较欧、美、日本等国的现行学制,以助吾人对于本国学制问题的了解。[①]

一、初等教育

英国——5岁以下的儿童入婴儿学校(nursery school),不受强迫。5岁至14岁为小学教育时期,通常分为三段落:第一,幼儿学校(infant school),约自5岁至8岁,3年;第二,小学低级部(junior stage),8岁至11岁,亦3年;第三,小学高级部(senior stage),11岁至14岁,亦3年。完全小学三部俱全,惟以只设低、高二部者为最多。与公立小学并行的,有私立小学和预备学校,其入学皆自5岁起,专为升入中学校的准备,与公立小学性质不同。公立小学生年满11岁,如经奖学金考试及格,得以公费转入中学校;其余学生或转入中央学校(central

---

① 详罗廷光:《最近欧美教育综览》,商务,第二章。

school)（亦须经过考试），或继续小学高级部或高级小学修习至14岁离校，均可。英国义务教育从5岁至14岁（最近拟延至15岁），共有9年，为世界各国年限之最长者。

美国——6岁以下的儿童入幼稚园（kindergarten）或受家庭教育。年满6岁即入公立小学（public elementary school）。旧制小学8年，中学4年，称"八四制"；新制小学6年，初中、高中各3年，称"六三三制"。全国今日仍以旧制较通行。小学修业期限，各州稍有出入：马萨诸塞州兹收年满5岁的儿童，其小学教育共有9年；反之，南方数州，则每有缩至7年者。美国义务教育，各州亦自4年至9年不等，惟通常定强迫教育至14岁止。

法国——6岁以下儿童入独立保姆学校（Ecole Maternelles）或中小学附设幼儿班（Classes Enfantines）均不受强迫。小学教育为国民义务教育，从6岁至13岁，共7年。连预科通常分为四段落：（1）预科（Cours Préparatoire），6岁到7岁，1年；（2）初级（Cours élémentaire），7岁到9岁，2年；（3）中级（Cours moyen），9岁到11岁，2年；（4）高级（Cours supérieur），11岁到13岁，亦2年。

此外高等小学（Écoles Primaries supérieures）及小学补充班（Cours Complémentaires）亦属初等教育范围内。前者为半职业半普通性质，收年满13岁的学生，修业期3年或4年；后者施补充教育，多附设于小学内，1年至2年不等。至中学预科（Classes preparatoires），入学者亦年满6岁的儿童，修业至11岁左右，纯为升入中学的准备，其与公立小学两两平行，即所谓双轨制也。

德国——6岁以下儿童在幼稚园（Kindergarten）或在家庭不定。6岁起一律受强迫入4年基本学校（Grundschule）。至10

岁则或继续国民学校高级部（Oberstufe），完毕八年国民义务教育；或入中间学校（Mitterschule），或入一种中学校，悉听其便。

意大利——保姆学校（La scuola materna）收 3 岁至 6 岁的儿童。小学连预备班共含三段：第一，预备班（Grado preparatorio），3 岁至 6 岁，3 年（属学前教育段）；第二，低级班（Corso inferiore），6 岁至 9 岁，3 年；第三，高级班（Corso Superiore），9 岁至 11 岁，2 年。再上则为补充学校（Scuala Complementare）及职业训练班（Corsi integratvi di avviamento professionale）；前 3 年，后 1 年至 3 年不等。大都会小学三段俱全，余则设二段，甚或只设低级班者。该国义务教育，法律规定 6 岁至 14 岁，实际至 11 岁即可离校。

俄国——3 岁以下儿童在托儿所（Créches）或其他类似机关（如孤儿院之类）。3 岁至 8 岁，入幼稚园，为普通教育最初一级。8 岁起，一律入 10 年（亦有 9 年者）苏维埃多艺学校（the Soviet polytechnical school），这是中小学教育的正宗机关。现制约分三段：（1）初级小学段，8 岁至 12 岁，4 年；（2）中间教育段（即中学第一级），12 岁至 15 岁，3 年；（3）中学教育段（中学第二级及其他同等学校），15 岁至 18 岁，亦 3 年。初级小学属初等教育段。俄国义务教育希望能达到 18 岁；惟现在只到 15 岁，较之从前算进步多了。

日本——幼稚园收 3 至 6 岁的儿童，寻常小学校修业期 6 年（6 岁至 12 岁）；高等小学校，3 年（12 至 15 岁）。二者可分设亦可合办。寻常小学校与中学校紧相衔接。这 6 年的寻常小学教育乃是强迫的。

二、中等教育

英国——英国中等学校因历史上关系类别很多，大约言之，共有 4 种：

1. "公学"（"public schools"）——名为公学，实则私立学校，收费极昂，学生多寄宿校内。其成立最古，代表典型的贵族学校。附设预备学校（preparatory schools），招收年满 9 岁左右的学生，期满直升中学，至 18 岁经中学第二次考试及格离校。以后可直接升入大学。

2. 文典中学（grammar schools）——成立亦早，学生多不寄宿。教育性质类于"公学"，饶有古风；但地方性较重，并更近代化。学生从 12 岁入学，少数至 18 岁参加中学第二次考试；多数则于通过第一次考试后即离校（可算中学毕业，但不能升入大学）。

3. 郡立中学（county schools）——依 1902 年的教育条例而设，较为新式，得男女同校；其收费亦较廉。课程偏于科学和史地方面，古典文不占重要，修业年限同上。

4. 私立中学（private schools）——完全私立，不受政府资助。政府亦少干涉它们。

投入各中学的学生，不外：(1) 年满 11 岁小学生经奖学金考试及格者；(2) 毕业私立小学曾经入学考试及格者；(3) 由预备学校升入者。通常至 16 岁参加中学第一次考试，18 岁参加第二次考试，及格后或升入大学及其他高等教育机关或否。

美国——美国中学制度与欧洲不同。它是采取普及的原则，许男女学生于小学毕业后不经考试而升入中学，亦不收学费。前面已经说过。旧制中学（high school）修业期 4 年（从 14 岁至 18 岁），新制分初中（junior high school）、高中（senior high school），各 3 年（前者从 12 岁至 15 岁，后者从 15 岁至 18 岁）。中学设科甚多；包罗万象。——这是和欧洲中学不同的。中学毕业后可入新设初级大学（junior college），也可入大学及其他高等专门学校。

法国——中学分 Lyeée 和 Collége 两种：前者为国立中学，由国款设立，地位较高，教师资格亦较严；后者为市立或区立中学，由地方办理，多受国库津贴，其地位较差，教师资格亦较低下。二者修业期限皆 7 年。学生修毕第六级课程，得参加学士考试（Baccalauréat）第一部；再继续 1 年，即可参加第二部考试。假定儿童入中学预科，拾级而上，至 18 岁可以毕业了。法国中学通常男女分校。其功课的认真，训练的严格，都是特点。

德国——德国的中学种类最多；粗分九年制和六年制两类：

甲、九年制中学，有（1）文科中学（Gymnasium）——两种古典文（希腊与拉丁），一种近世语；（2）文实中学（Realgymnasium）——有拉丁和近世语而无希腊文；（3）实科中学（Oberrealschule）——两种近世语及数学科学；（4）德意志中学（Deutsche Oberschule）——重德国文化，兼习两种语言，拉丁为必修；（5）革新文科中学（Reformgymnasium）及革新文实中学（Reformrealgymnasium）——古典文都从四年级起，与他校不同；（6）新设国立政治中学（National-politische Erziehungsanstalten）——国社党执政后的产物。九年制中学以文科中学数量最多，实科中学次之。

乙、六年制中学，有前期文科中学（Pro-gymnasium），前期文实中学（Realpro-gymnasium），以及前期实科中学（Realschule），各与九年制三种学校相当，惟年限较短。外有建立中学（Aufbauschule），亦 6 年，与国民学校第七年课程相衔接，为小学毕业生年长失学者而设。

以上概指男子中学而言，至女子中学亦分九年制与六年制两种：甲、九年制中学，建立中学与德意志中学同于男子中学外，尚有高级女子中学（Oberlyzeum），注重近世语与科学；女子文科中学（Gymnasiale Studienaustalt）有6年拉丁，4年希腊及9年法文。乙、六年制中学，有前期女子中学（Lyzeum），与男子前期实科中学相当。毕业后可升入妇女学校（Frauenschule），通常3年，注重职业训练。

1937年德国公布中等学校新法令，把中学校年限缩短为8年，男女仍然分校。男校最高级分为两部：一部专习语言，一部专习数学和自然科学。女校则不专习语言而专习家政。另有特殊形态的文典中学，第一年教授拉丁，第三年教授希腊文，第五年教授英文。宗教一科仍可教授，但须避免一切足以危害纳粹的精神的教材。

中间学校，介于中小学之间，收基本校毕业生，修业期6年。

意大利——意大利中等教育机关除去职业班、补充学校及职业预备学校不计外，尚有师范学校、工艺学校和中学校三种，皆招收五年小学毕业生。三种学校互有关联，制度和各国不同。师范学校（Istituto magistrale）分低级、高级两部，前4年，后3年。低级修业期满，经考试及格，可升入高级部；如属女子，便可升入女子中学（Liceo femminile），其修业期亦3年。工艺学校（Istituto technico），亦分低级、高级两段，各4年。低级完毕，可升入高级，也可升入理科中学（Liceo scientifico），由此再入大学；将职业教育与大中学教育沟通是其特点。前期文科中学（Ginnasio）小学毕业生可以投入，修业5年，经考试及格，可直升后期文科中学（Liceo chassico）；3年毕业，再升入大学。这算是正牌的中学教育机关。

1939年2月教育部长曾向最高教育会议提出一种改革教育的宪章，集合以往教育法规的大成，并加以统一调整，同时也不抹煞适度的创造性。宪章内容共分29款，主要在谋各级学校从幼稚园以至大学间的联系（详 Johnstone, M. A., The Italian Charter of Education, in *Journal of Education*, August 1939）。

俄国——前面说过现制"苏维埃多艺学校"包含了中小学两个阶段。儿童毕业初级小学年满 12 岁可升入中学第一级，修业 3 年，再或升中学第二级（3 年），或转入工厂徒弟学校，青年农人学校及各种职工学校均可。

日本——寻常小学毕业后，可升入：（1）五年制的中学，（2）五年制的高等女学，（3）二年或三年制的高等小学，（4）四年制的实科高等女学。实业学校系高小二年升入，修业期 2 至 3 年；乙种实业学校 2 至 5 年。师范学校第一部 5 年，收高小三年生；第二部 2 年，收中学四年或高女毕业生。中学的地位降低，系由于修毕后尚须经 3 年的高等学校乃能投入大学。所以日本中等教育实际为 8 年，前 5 年的中学校为初级，后 3 年的高等学校为高级；其间师范，实业等校不必和普通中学的起讫相同。

三、高等教育

英国——中学毕业后或入工商学院（Technical and Commercial Colleges），或入师范学院（Training Colleges），或入大学（Universities），或其他都可。工商学院造就建筑工程、商业、美术及家政等专门人才，招收 16 至 19 岁的学生，修业期限 1 年或数年。师范学院以训练小学师资为目的，收年满 18 岁的青年，2 年毕业（或留校再读学位亦可）。大学种类不一，分科也不整齐。粗言之有下列数派：旧式大学以牛津、剑桥为代表，行学院（college）制，除研究高深学术外，兼受师长之人格感化；新式大学以曼彻斯特、利物浦等大学为代表，办理较新式，并重实际方面；伦敦大学为一包罗万象的大学，合数十学院和研究机关而成，叠床架屋，随处可见。至苏格兰、爱丁堡大学和爱尔兰邦立大学则另属一派。

美国——美国大学和专门学校，可分为三大类：（1）州立和市立大学，全由州和市款维持；（2）半州立的，由州政府及私人捐款办理，即由彼等共同维持；（3）私立的，全由私人或私法团设立和维持。三者以私立大学闻名者居多。美国大学系合若干学院（Colleges）或科（Departments）而成。中学毕业后修业4年（法、医等科除外），可由大学毕业，得学士学位（B.A.）；再上则为研究院，修业年限不定。大学所设科别，彼此不一，较之欧洲种类最多，并偏于实用方面。初级大学运动近来进展甚速（前已言及），加利福尼亚州最为发达；此种大学招收中学毕业生，修业期2年或3年。

法国——法国行大学区制，分全国17个大学区（Academies），每区设大学（Universite）一所，校长兼本区教育行政领袖（区长）。大学通设文、理、法、医四科，或增一农科；亦有仅设三科者。"肄业年期约三年，可得硕士位；再加二年预备可应国家博士试。"大学以外尚有若干独立学院和高等专门学校，如高等师范学校（Ecoles Normales Supérieurs）、多艺学校（Ecoles polytechniques）及农学院（Institut Agronomique）等。研究所多不隶属大学而成为独立的机关，如法兰西学院和巴斯德学院等。

德国——德国大学邦立的共23所，除新设者外，多设神、法、哲、医四科。法科包含政治、经济、法律；哲学包含文、理两科，理科亦有独立者；医科包含兽医或药学等系。大学招收九年中学毕业生，肄业3年或4年，可应学位考试，及格的称博士。中学毕业生不升大学，可入农、工、商及其他专门学校，修业期3年或4年不等。近因国内博士过剩，国社党当政，遂发布命令，限制大学新生名额，把中学毕业后升入大学的人数大大减少。师资训练机关有2年的，有3年的，有独立成院的，有隶属于大学中的，投入者皆为九年中学毕业生。最近有改设高等师范的倾向（已成立者有十余所）。

意大利——多数大学为国立，私立大学占极少数。1923年9月，政府曾将全国21所大学分为两大类：甲、经费全由国家负担的共10所；乙、受国家或地方辅助的，共11所；此外私立大学占3所。政府对于大学教育限制甚严，一方提高程度，他方更设法避免生产过剩的现象。大学通常分文、哲、法、数理及医学等科，但亦有只设1科或数科者。除医学科6年毕业外，余均为4年。大学以外，尚有高等师范、农业、商业、工程、航海、航空及兽医等专门学校。修业年限不等。高等师范国立的共有3所，分设在罗马佛罗伦萨（Florence）及墨西拿（Messina）等地；外三所曾经教育部认可，设在米兰（Milan）、都灵（Turin）及那不勒斯（Naples）三地。

俄国——革命后俄国大学无论在理论和实际上，均有极大的改变。主旨在养成各种技术人才，特重理工学科；把门户开放，给了农工子弟极大的方便。表面上学生年满18，曾毕业于中学第二级及其他同等机关的，都可升入大学；实则农工子弟多占便宜，资产阶级横被压制。大致说来，俄国大学，分科较细，过重专门化的原则，结果不免陷于支离琐碎的现象。近来已大加改良，其分科情形，与西欧无大差异。例如莫斯科大学现分六科，即物理、化学、机械学、地理和地质学、生物学及历史学；外有研究所若干所。高等教育段中大学外，尚有专科学校（Technicum）若干所，修业期四年，完足七年的中小学教育（等于中学第一级）者可以投入。此种学校，包含农业、工艺、运输及师范等类，以工业专校占大多数。

日本——日本高等教育制度，大学与专门学校并立。依现行《专门学校令》（明治三十六年〔1903〕颁布，昭和三年〔1928〕

修正），招收中学修业满四年，或高等女校毕业，或有同等程度者，修业期三年，学校内分专修科、预科及特别科。"专门学校为教授高等学术技艺的机关"，并注意人格和团体观念的养成。重要科目为农、工、商业、商船业、外国语、牙科、美术、音乐等。

大学校为研究学术最高机关。依《大学校令》："大学以教授国家所需要的学术理论及应用，并及究其蕴奥为目的；更须留意人格的陶冶，以及国家思想的涵养。"大学设法、医、工、文、理、农、经济、商业等科。其下得设预科，以上得设研究院。入学资格：(1) 预科毕业，(2) 高等学校高等科毕业，(3) 有相当程度者。3年修业期满，各科及格，授予学士学位，惟医学修业期4年。大学办理最善者，为帝国大学。帝大共有5所，即东京帝大、东北帝大、京都帝大、九州帝大及北海道帝大，最近更置大阪帝大。又官立的单科大学13所，公立的单科大学3所、私立的4所。

从上比较，我们可得到几个结论：

(1) 绝对的双轨制，各国极少采用；美、德、意、俄、日等国固不必说，即英、法中小学系统亦渐有沟通的趋势。

(2) 大体说来，欧洲（俄国除外）中学教育为优秀子弟而设，故甄别甚严；美国则求普遍的发展，人人可由小学毕业而升入中学。

(3) 欧洲中学种类较多（德国尤甚），美国中学包罗万象，其种类不多，分科却极复杂。

(4) 为无力升学子弟补足其普通教育，同时兼施职业训练起见，各国在中小学之间设有一种特殊机关：在英为中央学校；在德为中间学校；在法为高等小学；在意则为职业准备学校。这些大可作我们讨论学制改组时的参考。

(5) 义务教育年限各国所定不一：英9年，德8年，法7年，日6年，意5年，俄不满7年，美各州情形不一。其中以英最长，意俄等国最短。

(6) 除日本外，各国设大学预科者极少。换言之，预科制不盛行于欧美。

(7) 各国大学教育，英、德、法较重高深学术的研究（more academic），美、俄、日较重实用人才的训练（more practical）。

(8) 各国学位制度各不相侔："同一 Doctor，因取得的国家不同，其难易相差至大，即所代表学术造就程度并非齐一。但在我国笼统的承认为博士，其间侥幸和叫屈的大有人在。"①

(9) 大学教育在英美可绝对自由，法国有时受政府干涉，但不常见；至德、意、俄诸极权国家，则高唱统制教育，大学讲学自由几全被剥夺，其中以德俄最甚，意大利次之。日本大学教授因言论触犯政府当局而被逮捕者，亦时有所闻。这等说来，英美到底不失为"大国风度"。

最近各国学制系统比较简表

国别	规定入学年龄	小学年限 幼稚园在外	中学年限	大学年限 研究院在外	全部年限 约 计	备注
中国	6岁	6	6	4—5	16—17	各地变更者例外
英国	5岁	9	5—7	4	至少17	近于双轨制
美国	6岁	6—8	4—6	4	至少16	单轨制
法国	6岁	7	7—8	3—4	15—16	近于双轨制

---

① 据夏承枫：《现代教育行政》，中华，第387页。

德国	6岁	4—8	6—9	3—4	16—17	近于单轨制
意国	6岁	5	4—8	4—6	17—19	同上
俄国	8岁	9	10	4	14左右	中小学共计
日本	6岁	6	5	3—4	17—18	近于单轨制

第二节 我国学制问题

自民国十一年〔1922〕新学制公布,十七年〔1928〕第一次全国教育会议加以修正以后,我国教育界对于现行学制,时时酝酿着一种改革的运动,最易引起人们注意的,有下面几种主张:

第一,从民众教育的立场,期将社会教育的地位列入学制系统,或于学校教育系统外,另立一个社会教育系统。这以中国社会教育社为代表。该社于第一届年会(1932年),即通过"征集关于学制上社会教育地位之方案,整理研究以备政府采行案"。依议决方案形式约分数种:

"(1)将社会教育加入现行学制系统。

"(2)于学校教育系统外,另订一独立之社会教育系统;(将学校教育系统与社会教育系统并列,参照苏俄现行学制系统。)

"(3)其他。"[①]

苏俄的制度是否可以应用于我国,很值得人们研究。该案虽未为政府所采纳,但该社对于社会教育的努力,影响究属不小。

第二,从国家的需要上观察,想把教育分作几个系统来分别

---

① 详《中国社会教育社第一届年会报告》。

适应。可以程天放氏之《改革中国学校教育刍议》①——及其对囚中三全大会之提案为例。他认识到中国现在所需要的，是养成大多数的健全国民，增进人民的生产能力，造就许多良好的师资，培植若干专门人才及政治领袖；因此确立了四种不同的途径——国民教育、生产教育、师资教育、人才教育——来求适用。（附录一）

这个建议固然有它的独到的地方，不过最困难的，是这种多轨制的学校系统，如何可以行得通？双轨制最糟人批评之处，在把整个社会分为数种阶级，显然施行阶级的教育，不合机会均等的原则，何况多轨制呢？

第三，为了"珍惜韶光，并国家财政国民经济"起见，想把寒暑假废除，缩短修业年限。可以西南教育改革委员会决议的《学制大纲》为代表，该大纲要点如次（附录二）：

（1）小学修业年限定为5年，前2年为初级小学，后3年为高级小学。在无力设5年小学地方，得单设初级小学。义务教育定为3年。

（2）中学定为5年，前3年为初级中学，后2年为高级中学。高中应与初中并设；初中得单独设立，其最后一年课程分普通与职业两组，学生无志于毕业后升学者，可选习职业组。

（3）大学定为3年至5年。

（4）每学年分4学期，每学期含13星期。每学期之末，得休假1星期，办理上学期结束及下学期开课事宜。

据该会负责人邹鲁氏所说，"此革新学制施行，计其利：（一）

---

① 详程天放：《改革中国学校教育刍议》，载《政治评论》第17、18两号。

学校得以多量培养学生，于国家财政有利；（二）学生得以早完学业，于国民经济有利。其所得之结果：（一）教育易于普及，（二）人材易于广造就，（三）刻苦奋发之学风，易于养成。是诚今日穷匮艰虞之中国所急务也。"① 话都不错，不过成为问题的，是学业是否这样可以速成？它的代价是否可全以金钱来衡量？再则学校的寒暑假时间，是否毫无价值，无法可以好好利用吗？这些都值得我们郑重的考虑。

第四，民国二十三年〔1934〕，国防设计委员会蒋梦麟氏等对于现行学制提出修正的建议。他们鉴于事实上升学学生占极少数，单轨的升学制度，必须加以修正，而提出具体的主张（附录三），录其要点如下：

(1) 现行系统以外，对多数不能升学的学生，应有一种制度，在各级中皆成一段落，使个人能就其能力与经济状况，选择其所适宜之学校。

(2) 定四年初等小学为国民之基础教育，其课程自成段落。书本课程必须减少，生活教育必须加多：在城市者教以家庭工艺及小本商业知识；在乡村者教以农村家庭工业及农村常识等。

(3) 初小毕业后，教育即分多轨进行：其一，为由现行制度入高小、中学，以接专科以上之学校；其二，为二年之职业学校（当高小毕业）；其三，为初级职业学校（当初中毕业）；其四，为高级职业学校（当高中毕业）。凡职校概以工作为主，书本为辅。

(4) 对失学儿童施以简单的义务教育，暂定一年至二年。

(5) 推行义教所需之教员，不限于师范生，凡在小学或中学毕业者，施以一年至数年之严格训练，即可充任。

---

① 邹鲁：《改革现行学制之商榷》，载《三民主义月刊》第1卷第1至4期。

(6) 现行学制中预备升学的学校亦应改组；高小至高中八年间的课程，应以求得专门知识与技能之准备为原则，对于国文、外国文、数学三门，尤宜严格训练。

(7) 四年小学及六年中学毕业后，应有一种试验，智力、学力可以深造的，给以相当的奖学金，使其完成学业。十二年义务小学毕业时亦然。

蒋中正先生等复声明以上办法，为慎重起见，不应立即更张，可选择城乡适当地点，先行试验，俟有成效，再设法推行至各地。这种科学的精神是值得我们钦佩的。

自此提案披露，各方对之十分注意，群起讨论。商务印书馆教育杂志社曾征集全国专家对于该案的意见，汇刊于该杂志第25卷第1号。① 各人对此案意见当不一致，有赞同的，有不赞同的。有相当的赞同的。持异议者或谓"双轨制是专制国家或资本主义国家教育之专用品，至于共和国，尤其是民生主义的共和国家，决不容许这种双轨制存在"；或谓职业教育倘欲发达，必须以生产教育方法科学化、生产组织集团化为条件方可，决不是学制变更一下就能成的；更有认为本案无论在精神或实质上已与国民会议所通过之《确定教育设施趋向案》大同小异，不必多此一举的。总之，这个建议从未经政府正式采纳公布，但实际所予教育界的影响是很大的。

二十八年〔1939〕三月教育部召开之第三次全国教育会议，对于学制问题，也曾有些改革的建议，不过多数人的意见，雅不愿贸然更张，故除下列数点外，并无任何改革学制的决议案：

---

① 方东澄氏曾分析各人意见，著为《教育改制析论》一篇，载《教育杂志》第28卷第9号，可参看。

(1)中等教育阶段内除原三三制中学外,另设六年制中学,不分初高中;(2)原有三三制初中,除附设简易师范科外,并得附设简易职业科,招收初中毕业生;(3)初中三年之上得加长一年;(4)高等教育阶段内,除原有二年制及三年制专科学校外,另设五年专科学校,招收初中毕业生及具有初中毕业同等学力之学生。

个人以为现行学制,诚然不无弊端,但在未获确切事实证明以前,不宜妄事更张。学制之为物,决非成之仓猝;更不应"朝三暮四"或"暮四朝三"。旷观古今中外,任何国家都未曾把学制当作儿戏,昧然变更,"欲以一人一派之所信,而强全国以相从者"。学制固非亘古而不变者,其改革必出于事实的要求,除借镜他国以外,尤当审度本国政治、经济、社会等方现况及今后趋向一般,而于学生身心的发展亦不可忽略。综合各方详加考虑,即令发见真有改革的必要,仍当慎重将事,集全国学者共同研讨,依据确切事实求为有效的处置:如此行之,或可有济。否则私人所绘之"学制系统图",无论何等美观,至多只供私人之玩赏而已。

对于我国现行学制,窃以为尚无全部改革的必要,纵局部有不妥当之处,尚可用二法以图改进:第一,依据国家本阶段所采取的教育方针和政策,设法增加现行学制之弹性,使其充分适应各种不同的需要而收实际成效。现制小学之分普通小学、简易小学及短期小学三种,各地可斟酌情形,分别采用,便是一例。第二,选择适当地点或适当学校,先行试验,俟确有成效,然后推行至各地。例如教育部二十六年〔1937〕四月颁行《中学施行实验教育暂行办法大纲》,并指定国内优良中学数所施行实验教育,其要项为:(1)高初中课程连续教学,不分为二重圆周制,以求直接贯通,在不降低程度与不加重学生负担之下,将高初中六年级课程于五年内完毕。(2) 教学方法之实验。(3) 优才生教育之实验。(4) 其他特殊问题之实验。以上各项实验，倘获成功，则修业年限之缩短与高级课程之连贯，当为中学教育革新的要着，而中等教育段的学制问题亦自解决大半了。这样不独可免牵动全局，并能收到实际效果。但彻底言之，则我国今日之学制问题实非教育本身（尤非学制本身）的问题，乃其有关之政治、经济、社会等问题，若不从远大处着想，而惟斤斤于学制本身的争辩，则费力多而成效少。兹举学制所依据之基本原则数条，以为谈改革学制者的参考：

（1）学制须切合国情，不可徒为抄袭。拟定学制或修正学制时，虽应借镜他国，但其确立，必以本国国情为基础。

（2）学制须顾及各期儿童身心的发展，使其便于循序渐进，拾级而上。

（3）整个学制须符合单轨的精神，但不必过分拘泥单轨的形式。

（4）各级学校须上下衔接，左右逢源。升学或不升学者均可循适当途径以求造就。

（5）教育机会须均等。打破阶级思想，或人为的限制而使全体国民皆能依能力和志愿而上进。

（6）学制须顾及社会需要与国民经济力。

（7）学校教育应于正规教育以外，对各种教育组织和活动，保持密切的联络。

（8）学制须富有弹性，使其增加活力，不可陷于僵化。

附录

一、程天放氏提案中的学制系统图：

第七章　我国今后之学制问题

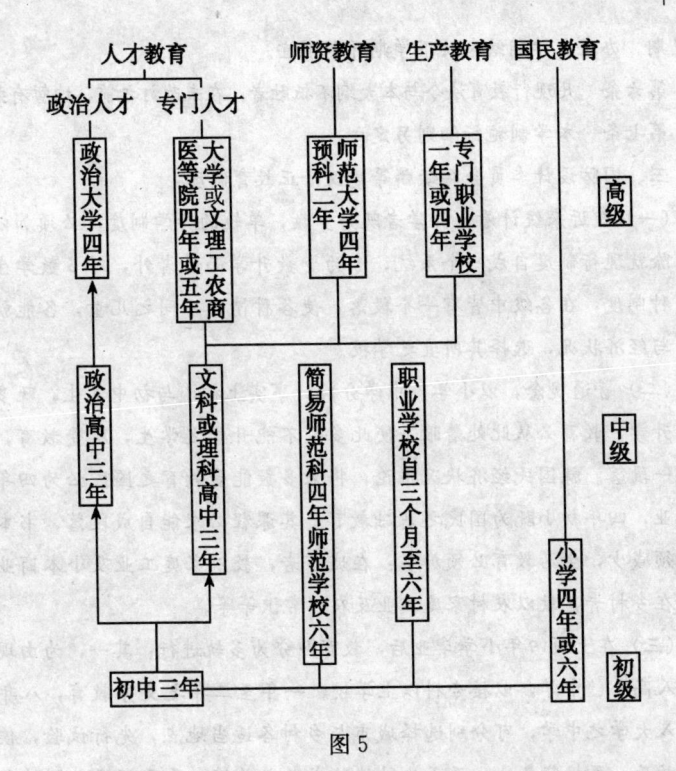

```
            人才教育        师资教育  生产教育  国民教育
       政治人才  专门人才
       政治      大学或    师范      专门
       大学      医等院    大学      职业        高
       四年      文理工    四年      学校        级
                 农商              一年
                 四年或            或四年
                 五年
         ↑        ↑        ↑        ↑
       政治      文科或    简易      职业
       高中      理科      师范科    学校
       三年      高中      四年      自三个
                 三年      师范      月至
                           学校      六年        中
                           六年                  级
                                                小学
                                                四年  初
                                                或六  级
                                                年
         ↑        ↑
              初中三年
```

图 5

(据古楳：《现代中国及其教育》(下册)，中华，第 396、397 页所引)

二、西南教育改革委员会议决之学制大纲全文：

第一条　本大纲根据教育改革委员会第八次会议决议案规定之。

第二条　小学修业年限，定为五年，前三年为初级小学，后二年为高级小学。在不能设立完全五年小学之地方，得单设初级小学。义务教育暂定为三年。

第三条　中学修业年限定为五年，前三年为初级中学，后二年为高级中学。初级中学得单独设立；高级中学应与初级中学，后二年为高级中学。初级中学得单独设立；高级中学应与初级中学并设。初级中学最后一年之课程，分普通组与职业组，学生如无志于毕业后升学者，选习职业组。

第四条　大学修业年限，定为三年至五年。

第五条　每学年分四学期，每学期占十三星期。每学期之末，得休假

135

一星期，办理上学期结束及下学期开课事宜。

第六条　凡现行教育法令与本大纲不抵触者，在未改订之前，均暂有效。

第七条　本学制施行细则另定之。

三、国防设计委员会蒋梦麟等建议修正教育制度：

（一）就近来统计看，升学者既为少数，单轨的升学制度，必须加以修正。除就现行制度自成一个系统，专为少数升学而设者外，对多数学生应有一种制度，在各级中皆有一个段落，使各种情形不同之儿童，各能就其能力与经济状况，选择其所宜之学校。

（二）普通观念，以小学、中学分段，事实上初小与初中学生，既多数不能升学，教育必从此处着眼，使此多数不能升学之学生，所受教育，自能成一段落。就国民经济状况推论，将来多数能受教育之国民必为四年初小毕业，四年初小既为国民之基础教育，其课程必求能自成段落，书本课程必须减少，生活教育必须加多：在城市者，教以家庭工业及小本商业知识；在乡村者，教以农村家庭工业及农村常识等等。

（三）在上项四年小学毕业后，教育即分为多轨进行：其一，为由现行制度入高小、中学，以接专科以上学校，一年至二年之义务教育，八年之预备入大学之中学，可分别选择城市与乡村各适当地点，先行试验，俟确有成效后，再推行各地。至于此种试验成败之关键，系于师资之训练与甄选者甚大。关于师资训练及甄选之办法，须另定计划云。

研究问题

（1）任于本章所述英、美、法、德、意、俄、日各国中举一国学制的特点及其可供吾国借镜之处。

（2）比较各国学制以后，对于本国学制问题有何新的见解或新的意思？

（3）除本章所述数种改革学制建议以外，还有其他重要建议否？试胪举之。

（4）做一个关于本国学制改革的参考书目（详举著者，题名或书名，杂志卷数、号数及出版地）越详尽越好。

（5）学制改革问题之分析的研究。

第三篇 各级教育行政机构

第八章

中央教育行政

第一节 我国中央教育行政机关之沿革

一、清末创始情形

我国中央教育行政机关实发轫于清光绪二十四年（公元

1898）京师大学堂的成立。① 清廷颁布的《京师大学堂章程》第一章第二节中说道："今京师既设大学堂，则各省学堂皆归大学堂管辖，一气呵成，一切章程功课，皆当遵依此次所定，务使脉络贯注，纲举目张。"

京师大学堂实为全国最高教育行政的机关，和近人所说的大学区制很相仿了。二十七年（公元 1901）十二月，派张百熙为"管学大臣"（兼京师大学堂校长），"将学堂一切事宜，责成经理。"在《学务纲要》奏准（时光绪二十九年〔1904〕）以后，管

---

① 先是中央教育行政事务，归礼部掌管。礼部的职权，据规定为掌吉凶嘉军宾会之秩序，学校贡举之法以赞邦礼。（据乾隆甲申《大清会典》卷二十）维时隶属于礼部的，有仪制、祀祭、主客、精膳四司；而学校贡举之事，概归仪制司管理。仪制司乃仪制清吏司的简称；其职权："掌朝廷府署乡国之礼，稽天下之学校；凡科举掌其政令。"（光绪《大清会典》卷二十七）但礼部的职权，实际只及于稽核和考试的工作；至于中央实施教育的机关，却是国子监。"京师立国子监，曰太学。"国子监设祭酒二人，司业三人，"掌成均之法，以教国子及俊选之士"。光绪《大清会典》又说："国子监掌国学之政令，凡贡生、监生、学生及举人之入监者皆教焉。""贡生监生教于堂，学生教于学。"国子监内部分设下列各机关：（1）绳愆厅——掌学规以督教课，纠勤惰，均禀饩。（2）博士厅——掌阐明经说以助启迪，并立肄业生之课程而考其业。（3）典簿厅——掌章奏文移之事，治其吏役。设典籍，掌守书籍碑版之藏。（4）六堂——即率性、修道、诚心、正意、崇志、广业是。每堂酌设助教学正学录，掌分教肄业之事，董以学官，率以齐长，皆月课，以时讲贯其义。（5）八旗官学——分散八旗子弟。（6）算学——掌教算学。（7）档子房——掌清缮奏折文移。（8）钱粮处——掌关领支销之事。（看乾隆《大清会典》、光绪《大清会典》及《清文献通考·职官考》）那时，"总理各国事务衙门"（不啻当时的外交部）为造就翻译人才，开办了同文馆、广方言馆一类的学校，分担去一部分教育行政的职务。光绪二十四年〔1898〕戊戌四月，清廷立意维新，下昭令各省开办高等、中等学堂及小学义学社学。五月，京师大学堂成立，是为我国创设新式国立大学之始，亦为有中央教育行政机关之始。

学大臣的权限似乎较前扩大了,可是他有无考核全国学务之权,尚不见有明文规定。迨管学大臣改为"学务大臣",才明白确定全国学务归他考核(据《光绪中华录》第184卷,第13页)。孙家鼐做了第一任学务大臣。

光绪三十一年(公元1905),山西学政宝熙奏请设立"学部";顺天学政陆宝忠奏请设立"文部";翰林院编修尹铭授等复请设立"学部";并将翰林院衙门并入。清廷于是下诏成立"学部",派荣庆为学部尚书,熙瑛为左侍郎,严修为右侍郎,将国子监所掌事务归并于学部(时光绪三十一年〔1905〕十一月)。自此我国始有正式之中央教育行政机关,并有负责之教育行政领袖。

明年〔1906〕四月,颁发学部官制职守清单(参考原料六),明定学部的组织系统如次:

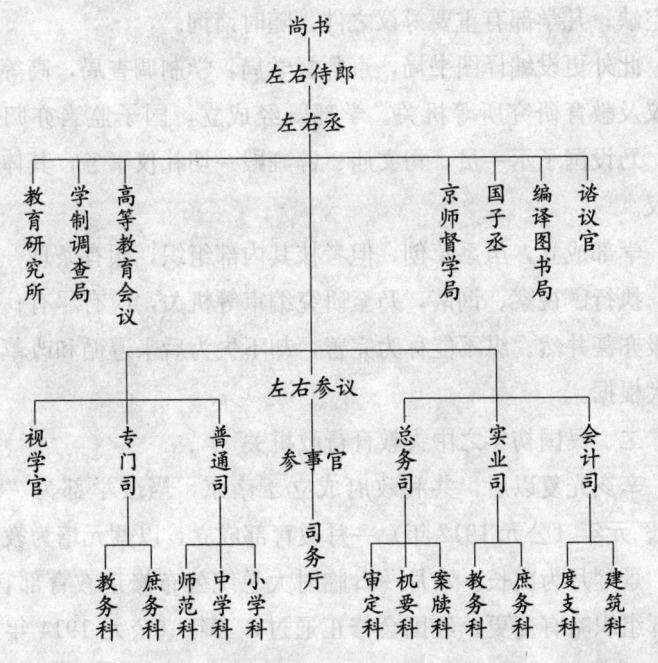

```
                          尚书
                          左右侍郎
                          左右丞
 ┌────┬────┬────┬────┬────┬────┬────┐
 教育  学制  高等               京师  国子  编译  谘议
 研究  调查  教育               督学  丞    图书  官
 所    局    会议               局          局
                          左右参议
 ┌────┬────┬────┬────┬────┬────┬────┐
 视学  专门  普通  参事官  总务  实业  会计
 官    司    司          司    司    司
                    司务厅
 ┌──┬──┐ ┌──┬──┐ ┌──┬──┬──┐ ┌──┬──┐
 教  庶   师  中  小   审  机  案   教  庶   度  建
 务  务   范  学  学   定  要  牍   务  务   支  筑
 科  科   科  科  科   科  科  科   科  科   科  科
```

———— 141

尚书、侍郎均为政务官，左右丞则为管部之事郎官——佐尚书、侍郎"整理全部事宜，并分判各司事务，稽五品以下各职员功过"。左右参议及参事四人，拟订或审核法令章程，并审议各司重要事宜。总务司，分机要、案牍、审定三科，各掌机要、文牍、审计和图书审定事项。专门司分教务、庶务两科，掌大学专门学堂、各种学会、图书馆、天文及留学事项。普通司分师范、中学、小学三科，各掌师范教育、初等教育及地方财政有关事项。实业司分教务、庶务两科，掌全国各级实业学堂事项。会计司分度支、建筑两科，掌岁入、岁出、预算、决算、公款公物及校舍、图书馆建筑事项。各司设"郎中"一员，总理司务，各科设"员外郎"一员，"主事"一员或数员，办理科务。视学官暂无定员（约十二人以内），专任巡视京外学务。司务厅设司务二员，掌管印信，收发缮写及督率夫役等事。谘议官无定员，不作为空缺；凡学部有重要筹议之件，随时谘询。

此外更设编译图书局，京师督学局，学制调查局，高等教育会议及教育研究所等机关。学部既经成立，国子监当亦归并在内，乃设国子丞一员，司文庙、辟雍殿一切礼仪事务，其体制视参议。

学部成立，虽系草创，但考核其内部组织，颇有条理——立法、执行、视察、询谘，乃至研究编审等机关，应有尽有；官制等级亦甚井然。纵不能称为完善，却不失为后来遵循和改革的一极大根据。

二、民国初年之中央教育行政机关

辛亥光复以后，共和政府成立于南京，当改学部为"教育部"。元年（公元1912年）一月教育部成立，以蔡元培为教育总长，景曜月为次长。八月一日临时大总统公布修正教育部官制，内部组织略有变更。经国会修正通过，三年（公元1914年）七月十一日以教令第 77 号公布《教育部官制》。(《教育法规汇编》，第 1 至 5 页）这时教育部的组织系统如下图：

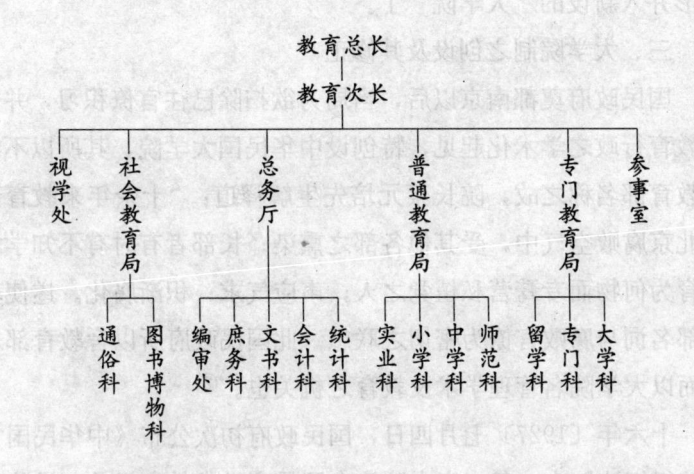

```
                        教育总长
                        教育次长
    ┌────┬────┬────┬────┬────┬────┐
   视   社   总   普   专   参
   学   会   务   通   门   事
   处   教   厅   教   教   室
        育        育   育
        局        局   局
        ├─┐     ├─┬─┐  ├─┐  ├─┐
        通 图    编 庶 文 会 统  实 小 中 师  留 专 大
        俗 书    审 务 书 计 计  业 学 学 范  学 门 学
        科 博    处 科 科 科 科  科 科 科 科  科 科 科
           物
           科
```

此次教育部的组织，较前学部简单；政务官只总长 1 人。次长为管部的事务官。参事共 3 人，职在拟订法令。总务厅掌统计，会计文书，庶务及编审等事务。专门教育司掌大学，专门学校及留学等事务。普通教育司掌小学，中学，师范及实业学校等事务；社会教育司掌图书馆，博物馆，动植物园，美术馆，体育场等事务。各司设司长 1 人，科长若干人。视学处共有视学 16 人。外秘书 4 人，佥事 24 人，主事 42 人，技正 1 人，技士 2 人。①

民国十五年（公元 1926 年）三月，国民政府在广东设立"教育行政委员会"，此即当时我国之中央教育行政机关。以国民政府教育委员会为干部，下设行政事务厅，再分秘书处、参事处

---

① 详教育部 1914 年 7 月 11 日颁布的《教育部官制》及 1918 年 12 月 7 日修正的《教育部分科规程》。

及督学处。对于地方教育行政,则实行指导监督之责。① 十六年〔1927〕国民政府定都南京,教育行政委员会便随而北迁;以后无形并入新设的"大学院"了。

三、大学院制之创设及其修正

国民政府奠都南京以后,当局为欲扫除已往官僚积习,并促成教育行政之学术化起见,特创设中华民国大学院,其所以不沿用教育部名称之故,院长蔡元培先生解释道:"十余年来教育部处北京腐败空气中,受其他各部之熏染;长部者有时有不知学术教育为何物而专骛营私植党之人;声应气求;积渐腐化。遂使教育部名词与腐败官僚为密切之联想。此国民政府所以舍教育部之名而以大学院名管理学术及教育之机关也。"②

十六年〔1927〕七月四日,国民政府初次公布《中华民国大学院组织法》十一条,定本院为全国最高学术教育机关,设院长1人,大学委员会委员5人至7人,秘书处秘书长1人,秘书若干人;教育行政处主任1人,处员若干人。又设中央研究院;并设劳动大学,图书馆,博物院,美术馆,观象台及学术上与教育上各专门委员会。③ 大学院成立未久,因组织欠完善(几以全力从事学术研究,而于掌理全国教育行政事务,只委一组织不健全的教育行政处任之;其下更以小小的学校教育组应付大部分的行政事务,其余社会教育、法令统计、图书馆、国际出版品交换及书报审查五组,事务极简,却与学校组并列,支配甚为不当),遂于十七年〔1928〕六月重加修正,组织系统如下图:

---

① 详1926年2月国民政府颁布的《教育行政委员会组织法》,载教育部:《第一次中国教育年鉴》(甲编),第43页。
② 见《大学院公报·发刊词》第1年第1期。
③ 详《大学院公报·大学院章》第1年第1期。

```
                              大学院院长
                    ┌────────────┴────────────┐
                   副                         大
                   院                         学
                   长                         委
                                              员
                                              会
```

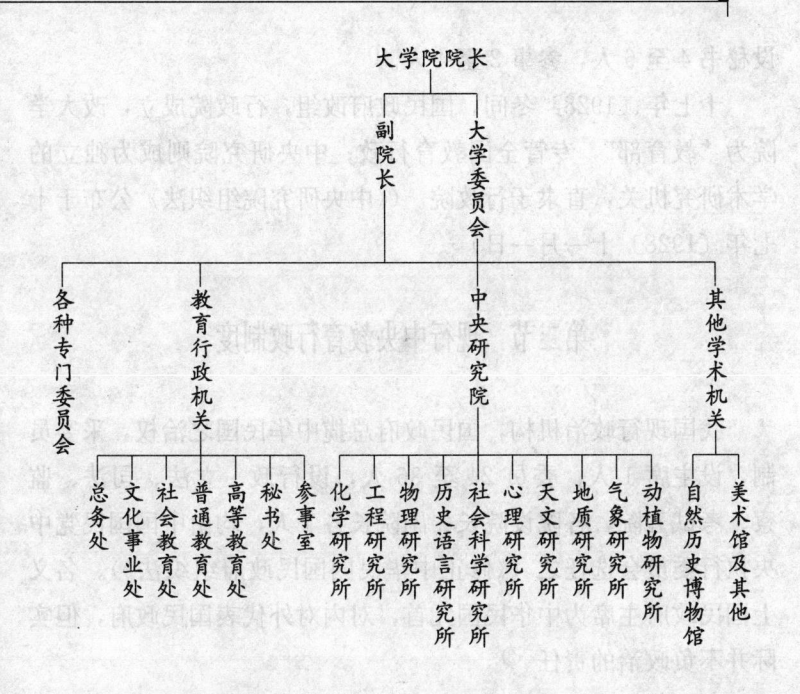

各种专门委员会	教育行政机关	中央研究院	其他学术机关
	总务处 文化事业处 社会教育处 普通教育处 高等教育处 秘书处 参事室	化学研究所 工程研究所 物理研究所 历史语言研究所 社会科学研究所 心理研究所 天文研究所 地质研究所 气象研究所 动植物研究所	自然历史博物馆 美术馆及其他

大学院长为政务官，副院长为事务官。设中央研究院主管学术研究工作；下分气象、地质、天文、心理、动植物、社会科学、历史语言、物理、工程、化学等研究所，为各种学术研究的专门机关。所有教育行政事务，归高等教育、普通教育、社会教育、文化事业、总务、秘书等处掌管。高等教育处掌大学、专门学校、留学、学会及学位考试等事务；普通教育处管初等教育、中等教育、职业教育及师资训练等事务；社会教育处掌图书馆、博物馆、民众剧场、公民教育、平等教育、体育及特殊教育事务；总务处掌文书、会计、庶务、职员进退等事务；秘书处掌管机要及院长委办事项。各处设司长 1 人，科长、科员若干人。外

设秘书4至6人,参事2至4人。①

十七年〔1928〕冬间,国民政府改组,行政院成立,改大学院为"教育部",专管全国教育行政;中央研究院则成为独立的学术研究机关,直隶于行政院。(《中央研究院组织法》公布于十七年〔1928〕十一月一日)

第二节 现行中央教育行政制度

我国现行政治机构,国民政府总揽中华民国之治权,采委员制,设主席1人,委员24至36人,设行政、立法、司法、监察、考试五院,各院设院长、副院长各1人,均由中国国民党中央执行委员会选任之(《修正中华民国国民政府组织法》)。名义上国民政府主席为中华民国元首,对内对外代表国民政府,但实际并不负政治的责任。②

行政院为国民政府最高行政机关,故行政院长为实际的行政元首。行政院分设各部会,分掌行政之职权。各部设部长1人,政务次长、常务次长各1人;各委员会设委员长、副委员长各1人,委员若干人。各部长、委员长之人选,由行政院院长提请国民政府主席依法任免之。行政院院长、副院长、各部长、各委员长组织行政院会议,以院长为主席。行政院会议得向立法院提出法律案,预算案,大赦案及宣战媾和案。(详《行政院组织法》)

教育部隶属于行政院,一如他部,设部长1人,政务次长、

---

① 详《修正中华民国大学院组织法》(1928年9月),载《第一次中国教育年鉴》(甲编),第43~45页。

② 依《国民政府组织法》,"国民政府命令处分以及关于军事动员之命令,由国民政府主席署名行之,但须经关系院院长部长副署,始生效力。"

常务次长各1人，均由行政院院长提请国民政府主席，依法任免之。部长出席（次长列席）行政院会议，必要时得列席立法院会议。（据《修正中华民国国民政府组织法》）凡遇须提出于立法院之法律和预算案，任免荐任以上官吏，本部及各部会间不能解决之事项及其他依法律或行政院院长认为应提行政院会会议讨论者，皆应经行政院会议议决。

甲、教育部之组织及人员

教育部系由前大学院演变而成，其内部组织，曾经若干次的修订。依二十九年〔1940〕一月公布的《修正教育部组织法》（参考原料二十二）及三十年〔1941〕一月公布的《修正教育部各司分科规程》（参考原料二十三），教育部置下列各司：一总务司，二高等教育司，三中等教育司，四国民教育司，五社会教育司，六蒙藏教育司。各司之下再分若干科，分掌所属有关事项。必要时得设置各种委员会，如医学教育委员会，播音教育委员会，电影教育委员会等。抗战以还，增设"战时教育问题研究委员会"，"农业教育委员会"，"工业教育委员会"，"训育研究委员会"，"音乐教育委员会"及其他。教育部为促进教育与建设事业之联络沟通，供求需要，增加教育功能起见，组织"中央建教合作委员会"，其构成人员由本部、内政部、军政部、财政部、经济部、交通部及航空委员会各派主管人员1人至3人充任之。其任务为"（一）各方需要技术人员种类及数量之调查登记；（二）依据上项调查结果，为各大学、专科学校及职业学校设科设系之筹划；（三）训练方法之筹议；（四）国防及生产建设机关之联络；（五）毕业生服务之分配；（六）技术人员之调查与登记。"（详《中央建教合作委员会之组织规程》）

教育部之部长总理本部事务，监督所属职员及各机关。政务次长、常务次长，辅助部长处理部务。部中设秘书6人至8人，分掌部务会议，编制报告及长官交办事项；设参事 3 人至 5 人，撰拟审核关于本部之法律命令；督学 8 人至 16 人，视察员 16 至 24 人，视察及指导全国教育事宜。各司设司长 1 人，共 6 人，科长共 18 人至 24 人，承长官之命分掌各司科事务。外设会计长及统计主任各 1 人，办理岁计、会计、统计事务，受教育部长之指挥监督，并依国民政府《主计处组织法》之规定，直接对主计处负责。会计处及统计室需用佐理人员名额，由教育部及主计处就本法所定荐任委任人员及雇员名额中会同决定之。教育部又设技士 2 人至 4 人，承长官之命，办理技术事务。部长特任、次长、参事、司长、秘书 2 人及督学 4 人简任，其余秘书、科长、督学荐任，科员、视察员、技士委任。

乙、教育部及所属各司之职权

（一）教育部之职权　按《修正教育部组织法》，"教育部管理全国学术及教育行政事务"（第一条），"对于各地方最高级行政长官，执行本部主管事务有指示监督之责"。（第二条）再"就主管事务，对于各地方最高级行政长官之命令或处分，认为有违背法令或逾越权限者，得请由行政院院长提经行政院会议议决后停止或撤销之"（第三条）。

（二）所属各司之职权　总务司设第一、第二、第三、第四四科，掌下列各事项：1. 关于收发、分配、撰拟、缮校、保存文件事项；2. 关于部令之公布事项；3. 关于典守印信事项；4. 关于本部所属机关人员之任免奖惩事项；5. 关于编印公报及发行事项；6. 关于本部官产、官物之保管事项；7. 关于款项之出纳规划事项；8. 关于本部庶务及其他不属各司事项。

高等教育司设第一、第二、第三和第四四科，掌下列各事项：1. 关于大学教育及专门教育事项；2. 关于国外留学及国际文化事项；3. 关于各种学术机关之指导事项；4. 关于学位授予事项；5. 关于其他高等教育事项。

　　中等教育司设第一、第二、第三三科，掌下列各事项：1. 关于中学教育事项；2. 关于师范教育事项；3. 关于职业教育事项；4. 关于地方教育机关之设立及变更事项；5. 关于其他中等教育事项。

　　国民教育司设第一、第二、第三三科，掌下列各事项：1. 关于小学教育事项；2. 关于失学民众教育事项；3. 关于幼稚园教育事项；4. 关于其他国民教育事项。

　　社会教育司设第一、第二、第三三科，掌下列各事项：1. 关于家庭教育及补习教育事项；2. 关于学校办理社会教育事项；3. 关于低能及残废者之教育事项；4. 关于文化团体之指导事项；5. 关于民众教育馆事项；6. 关于图书及保存文献事项；7. 关于公共体育场事项；8. 关于音乐、戏剧、电影、播音及其他美化教育事项；9. 关于其他社会教育事项。

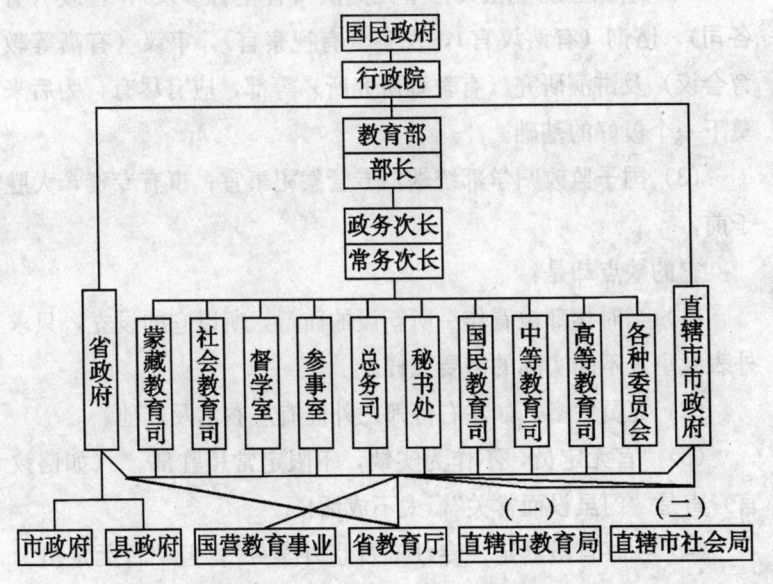

图 6　现时中央教育行政组织系统图

蒙藏教育司设第一、第二两科，掌下列各事项：1. 关于蒙藏地方教育之调查事项；2. 关于蒙藏地方各种教育事业之兴办事项；3. 关于蒙藏教育师资之培养事项；4. 关于蒙藏子弟入学之奖励事项；5. 关于其他蒙藏教育事项；6. 关于其他边疆教育事项。

第三节　对历届中央教育行政组织的检讨

（甲）清末学部　清末学部的成立，本系草创，其组织之欠完善，乃意中事。可是也有它的优点：

（1）从这时起，教育始设专官，全国教育行政负责有人；中央教育行政机关地位忽然提高了，学部居然可与礼部、吏部分庭抗礼，不再为它们的附庸。

（2）组织上规模粗具，举凡立法（有左右参议），行政（有各司），谘询（有谘议官），视察（有视察官），审议（有高等教育会议）及讲演研究（有教育研究所）等部，应有尽有，为后来奠下一个极好的基础。

（3）国子监改归学部统辖，专管祭祀事宜；事有专责，大胜于前。

它的缺点却是：

（1）当时学部被看作一所新设的衙门，所以它的设立，只求外表堂皇，不问实际的需要怎样。

（2）冗员太多，如左右侍郎之外尚有左右丞及其他。

（3）"官无定员，不作为实缺，不限定常川驻部。"（如谘议官）直是"门虽设而常关"，太不成话！

（4）视察官虽规定"专任巡视京外学务"；但"暂无定员"，各人无确定职责，视察且不能，指导当然更谈不上。

(乙)前教育部　前教育部的组织较之学部时代稍胜一等。它的优点：

(1) 组织较简单，较切于实际需要，冗员不多，虚位亦大减。

(2) 教育总长为内阁之一员，可以出席国务会议，对于全国教育之进步有规尽力争之权；地位于是提高了。

(3) 教育部有权监督并指导地方教育行政，不只囿于京门一隅了。

(4) 视学人数已有定额，其职责亦已妥为分配。

它的缺点便是：

(1) 缺乏参议或谘询机关，不独难防总长的独裁，且亦不能为其顾问。

(2) 未设教育研究部门，致难指导和推进全国教育事业。

(3) 未注意边疆及华侨教育，有背教育平均发展的原则。

(4) 未尽履行法律赋予的义务，致教育部成为官僚化的机关。

(丙)大学院　本制主张最力者，认其优点至少有三：

(1) 学术与教育并重——大学院不独是教育行政机关，并是学术指导机关。

(2) 院长制与委员制并重——院长负行政之责，大学委员会负议事和计划之责（不过后来该会变成了有名无实的机关），可收"异曲同工"之效。

(3) 计划与实行并重——设中央研究院从事科学研究；设劳动大学提倡劳动教育；设音乐院、艺术院实现美化教育。

但反对者亦曾指出下面几种弱点：

(1) 学术指导与教育行政原为两事；大学院不能统括全部教育，教育行政机关亦非专管学术之场所。

(2) 此制施行结果,各地中小学教育不免迁就大学,而使中小学教育基础落空。

(3) 设立大学院原求教育行政之学术化;但试行结果适得其反。

(4) 设立大学院原求推行大学区制;但本制自江、浙等省试行以后,流弊丛生,大学院本身自亦不免受其影响。

(丁)现教育部 现教育部成立还不很久,且组织屡经修改(见前),其利弊如何尚难确言。从法律上看,前教育部和大学院所具优点,现教育部似都具有,且可避免已往组织弱点的一部分。该部近更陆续公布各项重要规程,以为教育实施的准则,已能勉尽法律赋予的权责,俾得监导全国教育的进行。不过教育部因种种限制,尚未能尽量施展其权力。

抗战军兴,为适应战时教育需要,教育部不独组织上增设了好些专门委员会,即行政上亦多所改革(如大学之统一招生,大学课程之调查,以及国立中学之扩充等),以求发挥其权力;默察当局之意,似欲统制全国教育,是否有效,姑待未来事实加以证明。

研究问题

(1) 我国学部制度仿自何国?其成立之背景何在?

(2) 比较学部与初期教育部的组织,并各述其利弊。

(3) 我国大学院制试行何以失败?试述其理由。

(4) 评现行之教育部组织法。

(5) 从法律上研究教育部在中央各行政机关所占的地位及其与外界的关系。

(6) 述中央教育行政组织应守的原则。

(7) 对于现阶段中央教育行政机关改进的建议。

第九章

省教育行政

第一节 我国省教育行政机关的沿革

省教育行政，清初各省原设有"提学道"（直隶、江南则设有提学御史），办理全省的科举和官学事宜。雍正间俱改为"提督学政"，位分甚高，可与督抚分庭抗礼。光绪《大清会典》说："学则学政督之"，"分府厅州县学以教士"。"凡学皆设学官以课士，府曰教授，州曰学正，县曰教谕，皆以训导副之。"那时全国"有学正十九人，府厅教授百九十人，厅州学正二百有十人，教谕一千一百五人，府厅州县训导一千五百一十有二人"。

迨科举既废，专办学堂，旧时学政，不能适应时代的需要，各省学务多改由督抚办理。光绪二十九年〔1904〕，张之洞奏定学务纲要，其中说道：

> "各省府厅州县遍设学堂，亦须有一总汇以资管辖。宜于城省各设学务处一所，由督抚选派通晓教育之员总理全省学务，并派讲求教育之正绅，参议学务。"

这是一个拟建新式省教育行政制度的开端。实际各省成立这类机关的很少,且组织亦各异;如湖北学务处设有总办、提调、坐办、委员及参议等官;直隶则不称学务处而称学校司,组织又不相同。三十年〔1904〕八月明令各省学政专司考核学堂事务,直隶学务大臣,不归礼部管辖。至三十二年〔1906〕,直隶总督袁世凯奏请规复提学道,云南学政吴鲁奏请裁撤学政。经学部与政务处会商,奏请裁撤各省学政,设提学使司,"置提学使一员,秩正三品,视按察使,统辖全省地方学务,归督抚节制。"(原折见《大清教育新法令》)是年四月奉旨照准。当派出各省提学使23员,使统辖各省学务。同月,学部奏定各省学务详细官制。六月,学部续谕提学使办事权限章程。规定各省提学使总理全省学务,考核所属职员功过。其下设学务公所,内分总务、专门、普通、实业、图书、会计6课,各设课长、副课长及课员若干人,外设议长1人,议绅4人,佐提学使参书学务,并备督抚谘询。又视学6人,巡视各府厅州县学务。三十四年〔1908〕八月学部咨各省改学务公所6课为6科。其全部组织系统如下:

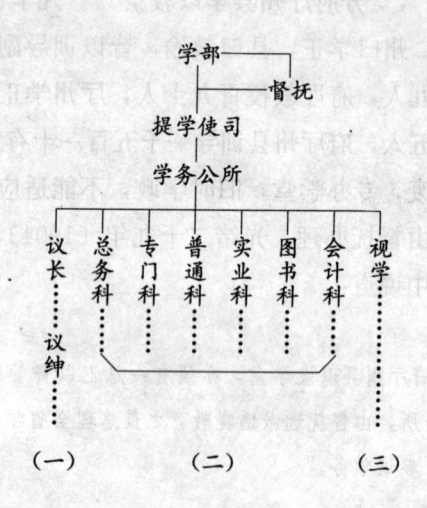

```
              学部
               |
              督抚
               |
             提学使司
               |
             学务公所
    _____|_____
   |   |   |   |   |   |   |
   议  总  专  普  实  图  会  视
   长  务  门  通  业  书  计  学
   :   科  科  科  科  科  科
   议
   绅
   (一)    (二)         (三)
```

（一）设议长1人，由督抚咨学部委派，议绅4人，由提学使延聘。

（二）各科设科长1人，副科长1人，科员1至3人，科长职衔五品，副科长六品，科长以下由提学使扎委。

（三）设视学6人，职衔视副科长。

自辛亥革命到民六〔1917〕正式成立教育厅以前，各省教育行政机关，屡有更易。以江苏而论，辛亥十月，都督府成立，教育设科，置科长隶民政司；设助理员，尚无科员。元年〔1912〕六月，都督府移南京增设科员数人。十二月因创军民分治，教育乃设司，简任司长，分置4科，科长4人，科员8人，助理员3人。二年〔1913〕七月，科并为二，设科长2人，科员7人，助理员2人。三年〔1914〕六月，司制废，复改设科，置科长1人，隶于巡按使公署的政务厅。其后巡按使改称省长，科制仍旧。直至六年〔1917〕十一月，组织无大变更（惟名称有时稍异）。其他情形大致相仿，教育司约分三科或四科不等。

民国六年〔1917〕，九月六日教育部以命令公布《教育厅暂行条例》；同年〔1917〕十一月八日，复指令核准《教育厅署组织大纲》①，各省教育厅始正式成立，而省教育机关始得独立设置。这时候，教育厅直隶于教育部，设厅长1人，由大总统简任，秉承省长处理全省教育行政事宜。其下设科长至多3人，省视学4人至6人。其组织系统表列于下：

---

① 当时《教育厅暂行条例》（1917年9月6日公布）及《教育厅署组织大纲》（1917年11月8日指令核准）均见《教育法规汇编》。

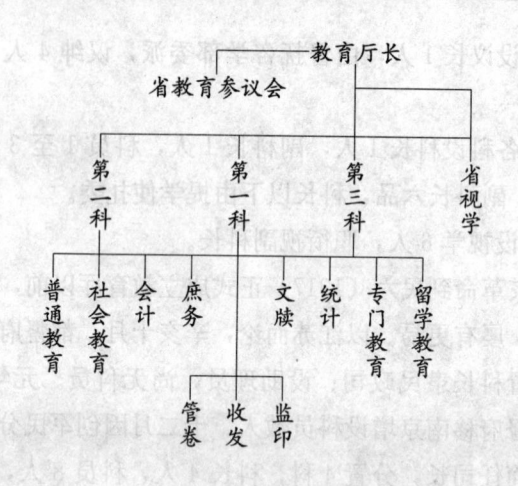

```
                          ┌── 教育厅长
              省教育参议会 ──┤
        ┌──────────┬───────┴──┬────────┐
       第二科      第一科      第三科    省视学
     ┌──┼──┐   ┌──┼──┐    ┌──┼──┐
    普  社  会   庶  文  统   专  留
    通  会  计   务  牍  计   门  学
    教  教           │        教  教
    育  育       ┌──┼──┐    育  育
                管  收  监
                卷  发  印
```

十六年〔1927〕，国民政府定都南京，江、浙及河北三省因试行"大学区制"，废除以前的教育厅，以大学区为一省教育行政的单位，区以内的教育行政，归大学校长处理。在此制下，大学区、校长综理本区内一切学术与教育行政事宜。其下设秘书处、评议会、研究院、高等教育处、普通教育处及扩充教育处。（依《修正大学区组织条例》[①]）江苏教育厅于十六年〔1927〕六月实行裁撤，改于中央大学（初名江苏大学）设教育行政院；浙江以同年〔1927〕八月取消教育厅，本省教育行政机关改隶于第三中山大学，明年〔1928〕七月，易名为浙江大学，行政组织仍旧不变。大学区制试行一年有余，流弊良多，引起了各方的非难，经十八年〔1929〕二中全会决议停止试行。浙江大学区、中央大学区各于本年〔1929〕七、八两月，奉令裁撤，恢复旧有教育厅制，而省教育行政制度，算经过了一番无谓的周折。

---

① 《修正大学区组织条例》（1928年5月13日公布）见《现行中央教育法令汇编》。

第二节　现行省教育行政制度

依现行《省政府组织法》省政府采委员制，由国民政府简任委员 7 人至 9 人组织之。置秘书处、保安处暨民政、财政、教育、建设四厅（必要时得设实业厅及其他专管机关）。省政府设主席 1 人，由国民政府于委员中指定之。各厅厅长由省府委员兼任。教育厅为省府一构成部分，厅长为省府委员之一；其地位与教育部之在行政院者相类。兹据现行法规分析教育厅组织内容如下[①]：

---

① 据《修正省政府组织法》。

教育厅的组织结构：

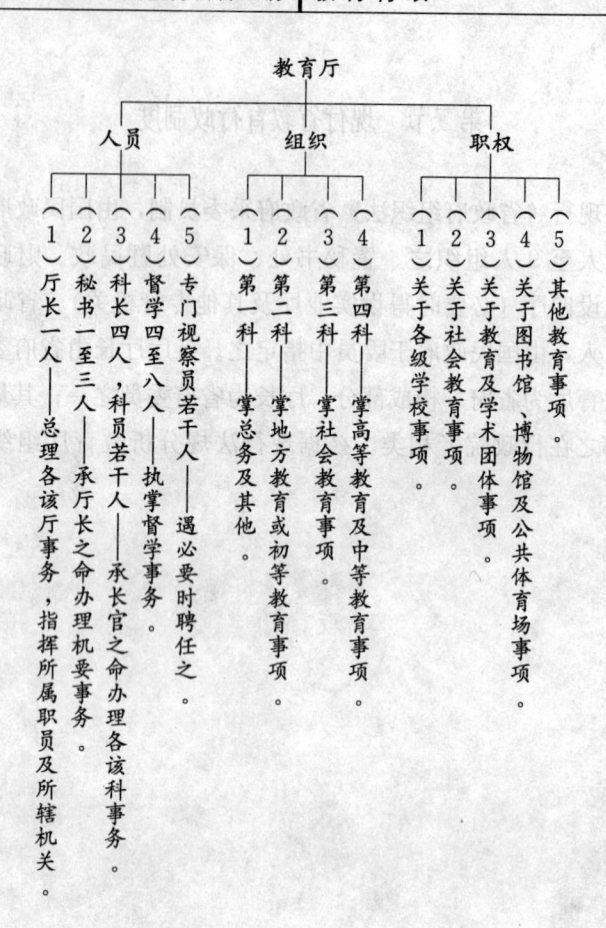

人员
（1）厅长一人——总理各该厅事务，指挥所属职员及所辖机关。
（2）秘书一至三人——承厅长之命办理机要事务。
（3）科长四人，科员若干人——承长官之命办理各该科事务。
（4）督学四至八人——执掌督学事务。
（5）专门视察员若干人——遇必要时聘任之。

组织
（1）第一科——掌总务及其他。
（2）第二科——掌地方教育或初等教育事项。
（3）第三科——掌社会教育事项。
（4）第四科——掌高等教育及中等教育事项。

职权
（1）关于各级学校事项。
（2）关于社会教育事项。
（3）关于教育及学术团体事项。
（4）关于图书馆、博物馆及公共体育场事项。
（5）其他教育事项。

外有技正、技士、技佐，"各厅于必要时酌设之"。为办理编审统计及宣传事项，得酌设编审员；视事物之繁简又得酌设雇员若干人。

实际各省教育厅的组织及人员的任用与上述者大有出入：

（甲）江苏省教育厅设四科一室，第一科掌下列各事项：(1)关于高等教育事项，(2)关于留学事项，(3)关于学术机关事项，(4)关于师范教育事项，(5)关于中等教育事项，(6)关于职业教育事项。第二科掌下列各事项：(1)关于小学教育事项，

(2)关于幼稚教育事项,(3)关于地方教育机关之设置变更事项,(4)关于小学教员检定事项,(5)关于私塾之改进取缔事项,(6)关于学龄儿童事项。第三科掌下列各事项:(1)关于民众教育事项,(2)关于补习教育事项,(3)关于识字运动事项,(4)关于图书馆事项,(5)关于卫生及公共体育场事项,(6)关于文化事业事项,(7)关于其他社会教育事项。第四科掌下列各项:(1)关于省立各教育机关预算、决算事项,(2)关于省立各教育机关收入支出之审核事项,(3)关于地方教育机关预算、决算事项,(4)关于地方教育机关收入支出之审核事项,(5)关于教育经费之规划事项,(6)关于捐资兴学事项,(7)关于教育财产之保管事项。外秘书室所掌职务不具列。[①]

(乙)山东省教育厅初设高等教育、普通教育、社会教育三科,机要之掌理,财务之分配,文书案卷之收发保管,则总其成于秘书室。别设教育经费稽核委员会,负整理省教育经费及促进县教费独立之责。嗣以新事业相继创兴,工作日繁,三科职掌不能相等,于是重新分配,改称第一、第二、第三等科:一科所掌,为高等教育、学术团体、捐资兴学并经理省教育经费事项;二科所掌,为初等教育,并督导县市教育行政事项;三科所掌,为中等教育、社会教育及童子军之组织管理等事项;分股任事以专责成。又为特别注重某种事业计,增设编译处及小学教员检定、中师教员检定、中师学生毕业会考、义务教育、单行教育法规编审、乡村教育辅导等六委员会。更为延揽专门人才,集思广益起见,组织初等教育、中等教育、乡村教育等研究会,注音符号、健康教育、体育等委员会。由是职权划清,意见荟萃,实行

[①] 据1933年2月江苏省政府会议通过之《江苏省教育厅办事细则》。

计划，两得其益。①

（丙）江西省教育厅现设四科：第一科分二股各掌省教育经费及县市教育经费；第二科亦分二股，一掌高等教育，另一掌中等教育；第三科第一股主管省立小学及省国民教育行政，第二股主管县教育行政；第四科主管社教行政，其分二股如前。各设科长、股长及科员若干人。外设秘书室及督导室，前者有秘书3人，职在掌理文书、会议记录及厅长交办事项。后者置督学及视察员若干人，负视察指导各学校教育的责任。为促进地方教育之发展，另设一地方教育辅导委员会。其他情形与他省无大出入。②

（丁）湖北省教育厅最近组织状况如下表：

---

① 见何思源：《近八年来之山东教育》，载《教育杂志》第26卷第11号。

② 据1942年3月江西省教育厅负责材料。

第九章 省教育行政

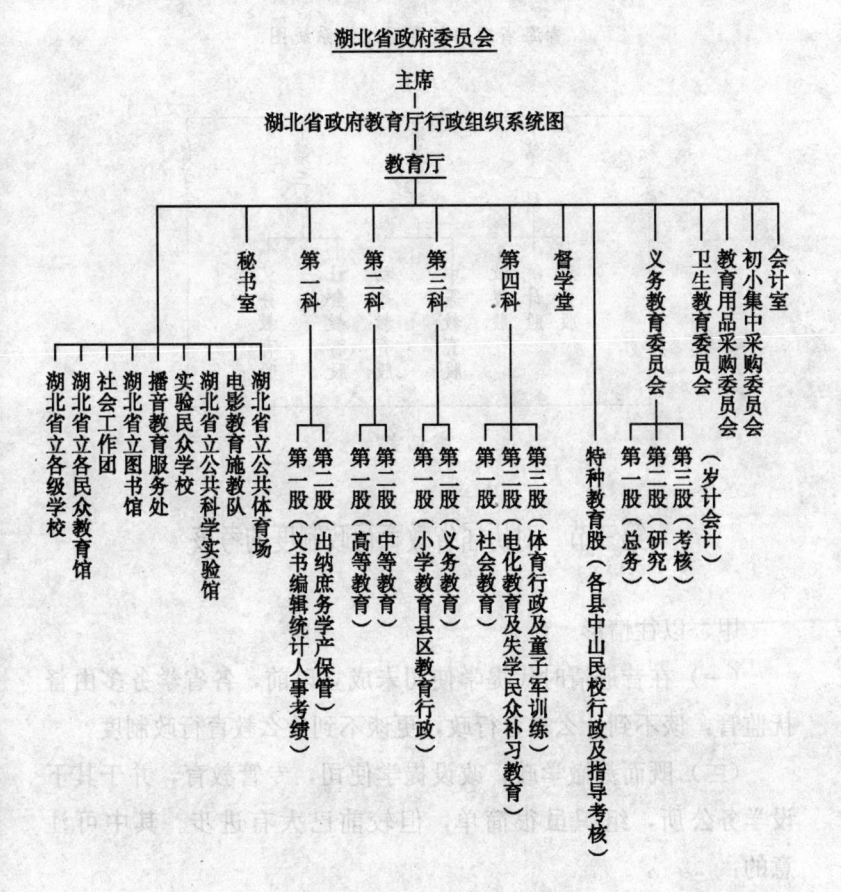

湖北省政府教育厅行政组织系统图

```
湖北省政府委员会
     │
    主席
     │
   教育厅
```

教育厅下设：秘书室、第一科、第二科、第三科、第四科、督学堂、义务教育委员会、卫生教育委员会、教育用品采购委员会、初小集中采购委员会、会计室

秘书室下辖：
- 湖北省立各级学校
- 湖北省立各民众教育馆
- 社会工作团
- 湖北省立图书馆
- 播音教育服务处
- 实验民众学校
- 湖北省立公共科学实验馆
- 电影教育施教队
- 湖北省立公共体育场

第一科：
- 第一股（文书编辑统计人事考绩）
- 第二股（出纳庶务学产保管）

第二科：
- 第一股（高等教育）
- 第二股（中等教育）

第三科：
- 第一股（义务教育）
- 第二股（小学教育县区教育行政）

第四科：
- 第一股（社会教育）
- 第二股（电化教育及失学民众补习教育）
- 第三股（体育行政及童子军训练）

督学堂：特种教育股（各县中山民校行政及指导考核）

义务教育委员会：
- 第一股（总务）
- 第二股（研究）
- 第三股（考核）

卫生教育委员会：（岁计会计）

民国二十八年〔1939〕四月

（戊）青海是一个边荒藐小的省份，它的教育行政组织是这样的：

161

青海省政府教育厅组织系统图

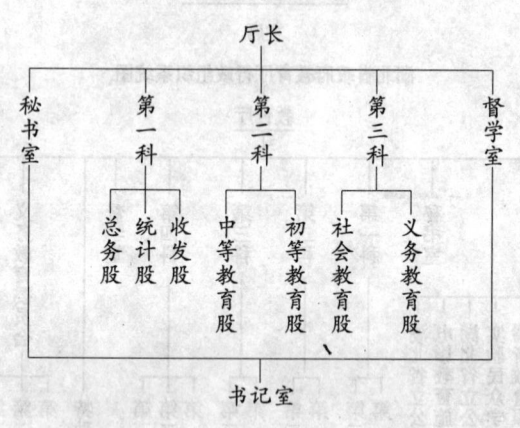

```
                          厅长
   ┌────┬─────┬─────┬─────┬────┐
  秘书室  第   第    第   督学室
         一科  二科   三科
         ┌┬┐  ┌┬┐   ┌┬┐
        总统收 中初  社 义
        务计发 等等  会 务
        股股股 教教  教 教
              育育  育 育
              股股  股 股
              └─┴──┴─┘
                 │
               书记室
```

第三节　对历届省教育行政制度的考核

甲、以往情形

（一）在昔逊清时代提学使司未成立以前，各省学务多由督抚监管，谈不到什么教育行政，更谈不到什么教育行政制度。

（二）既而裁撤学政，改设提学使司，专管教育，并于其下设学务公所，组织虽很简单，但较前已大有进步。其中可注意的：

1. 这时设有议长1人，由学部慎选奏派，议绅4人，由提学使延聘，备督抚谘询；此为省设教育谘询机关之始。

2. 学务公所之设，隐受欧美各国教育行政制度之影响而来。

3. "衙门习气"从此逐渐减少（由学部及政务处会奏原折可知）。

（三）辛亥革命以后至教育厅成立以前，各省制度庞乱，彼此各不相侔，且朝令夕易，时而设司，时而改科，时而减政，时而增员，莫衷一是。

（四）民六〔1917〕教育厅署成立，恢复了以前独立的省教育行政制度，全国各省才有统一的办法。

但成立之初，教育厅仍多受省长的干涉。关于教育行政（即其他内务、财政、实业亦皆然）仍须视其轻重分别呈明省署核准备案；而各县知事关于教育行政事项，除迳呈教厅外，仍须分呈省署备查。此种情形，后来虽稍改良，惟教育厅实权，仍不见高。且少数省份的教育行政大权，不在教育厅而在省公署的第三科。其故或因历史沿袭关系，或因省署揽权，或因教厅颟顸，或因其他之故而酿成此局。教育之设专厅，原在提高行政权，便于处理一切，而事实适得其反，此不独无以副中央设立教厅的初意，且于教育事业的推行，大有妨碍。

（五）大学区制的试行，原期教育行政之学术化，用意未尝不善，可惜试行结果，弊窦丛生：大学评议会既迟迟未能召集，大学教授代表，便近水楼台，实行控制全省教育，"致大学本部所得独厚，中小学及社会教育横遭阻折，以此引起全省之抨击"。说者谓行政实未曾学术化，学术却早已行政化了。

乙、现行制度

（1）就对上关系言：第一，教育厅长之进退，每随省政府主席的好恶为转移，教育部于此实无多大控制之权，以致教育行政受普通行政的干涉过大，紊乱了教育行政的系统。所以国联教育考察团建议："教育部对于教育行政人员之任免，应有更大的权力，而教育行政亦应更能不受普通行政之干涉。……各省教育厅长应永久受教育部长之任免，但教育厅长之任命，得先与省政府接洽。教育部长采纳各省政府之推荐而任命省教育厅之科长。"（见报告书：《中国教育之改进》，第41至42页）第二，现制教育部与省教育厅的事权，每多重复含混，无显然的划分。例如中央有考试行政人员之举，各省亦常有考试或甄别行政人员之事；

教育部普通教育司有检定小学教员之职掌，而各省教育厅亦有同样的职权；凡此皆为应行考虑修正之处。

（2）就在省政府之地位言，现时一省的教育问题，仅为本省普通行政问题之一，教育界人认为极端重要的，其他省府委员未见有同样观感，因而教育厅长之戆直者，每于会议上因教育问题与其他委员、厅长起冲突，其圆滑者，则往往草率将事，群趋于敷衍的一途。现在制度之最大优点，或只在将教育行政上的重大事项教厅应行裁决者，提供于省府会议解决，而使厅长不负其责（至少减轻其责任），以云"行政"（指消极的应付）实有余，以云"教育"则不足。

（3）就教厅本身的组织言，第一，缺乏谘询的机关，如参议会之类。查各省教育厅虽都有厅务会议之设，但此种会议所讨论者，仅限于厅务的进行；又其构成份子，只以本厅人员为限。"湖北省教育厅为考察全省教育实际状况，并谋教育行政之改进起见，曾召集全省教育行政会议"；他省亦有同类会议的召集。这种会议，也不能与谘询或审议的机关等视齐观。依国联考察团的意见，教育厅（原为"各级教育行政机关"，教育厅当然在内）"应有一带顾问性质之委员会，以与教育机关合作；此种委员会应以公民代表及教育代表组织之"。这话我相当的赞成。其次，近代各国趋势，教育行政责务，多委之专家主持，依我国现行制度，这层却不易做到。再次，缺乏主办统计、调查和研究的部门，如"教育研究所"一类，亦为现制的一大弱点。至于督学制度之应改良，更是大家所公认的（详后）。

（4）就对下关系言，教育厅对地方教育行政机关（县市教育局或其所属之教育科），每只有法令的督责，而无实力的援助。无论是转达中央的命令也罢，或自发命令也罢，多只空文一纸强人以所难能。例如部令各地社会教育经费，应占全教育经费

10%至20%；图书馆经费，应占全国教育经费5%，教厅只是照转，从不为地方筹开源之道或为之通盘筹算。又教育厅每每限令各县于短期内设立区立小学若干所，保联小学若干所，保学若干所，雷厉风行似的，而于地方筹款办法，毫未顾及，徒然给了地方一个无法办理的难题（新县制实行以后，县有确定经费，情形或许要好些）。这都可以说明现行制度省与地方隔阂良多，非亟行设法调整不可。

研究问题

(1) 述我国省教育行政机关的缘起及最初成立时的概况。
(2) 比较民国初年教育厅与现时教育厅的异同。
(3) 大学区制的兴废和利弊。
(4) 评现行省教育行政制度。
(5) 述本省现行教育行政组织，并略加评论。
(6) 研究历届省教育行政与普通行政的关系。
(7) 依你的意见，省教育行政领袖人选标准应如何？
(8) 试拟关于改进我国省教育行政原则数条（或要点数项）。

第十章

地方教育行政

第一节　我国地方教育行政机关的沿革

一、县市教育行政机关

（一）清末劝学所之创设　我国地方教育行政机关之创造，实始于光绪三十二年（公元1906）四月学部之《奏定劝学所章程》。维时以"教育之兴，贵在普及；兴办之责，则在各级官厅。初等教育尤赖于府、厅、州、县地方官厅"。因而学部一面札行各省提学使司通饬地方调查境内一切有关教育事宜；一面颁行《劝学所章程》，限期设立劝学所，以为全境学务总汇之处。依其规定，劝学所以本地方官为监督，设总董一员，综核各区事务。各属就所辖境内划分若干学区，每区设劝学员一人，负一学区劝学之责。总董由县视学兼充，劝学员由总董选择本区之绅衿品行端正，夙能留心学务者，禀请地方官劄派。其事权在统合办法，讲习教育，推广学校，实行宣传，详绘图表等。

《劝学所章程》颁布以后，各厅州县劝学所次第成立。据学部第三次统计，自光绪二十二年〔1896〕至宣统元年〔1909〕，全国厅州县所设是项机关，共有 1,588 所，总董有 1,577 人，劝学员计 23,645 人。未设劝学所者，不过 1/5。可想见当时推行之速。

惟至宣统二年（公元 1910 年），因《地方自治章程》的公布，劝学所与地方自治事务所，职权上发生冲突，结果乃有《劝学所章程》的修订。在学部所奏《改订劝学所章程》折中说道：

"拟确定劝学所为府、厅、州县官教育行政辅助机关。除佐理官办学务外，在自治未成立地方，对于自治学务有代其执行之责；其自治已成立地方，对于自治学务，有赞助监督之权。"（见《学部奏咨辑要》）

劝学所于是降为教育行政的辅助机关了。

此次改订章程，与前不同的，还有几点：1. 劝学所总董改称劝学员长或劝学所长；2. 劝学员长及劝学员，均由地方长官申请提学使派充；3. 劝学所职权规定较前为详，但应办事务，须经长官核定，所有文件，亦由长官名议行之。（详《改订劝学所章程》，《学部奏咨辑要》第三编）

（二）民初紊乱情形　入民国后，州厅悉改为县，仍沿用"劝学所制"，并于每县设县视学 1 人至 3 人。但据民元〔1912〕二月所定地方行政官制，规定于县公署设第三科，专管全县教育事宜。劝学所在法令上无形取消，而成为县公署的附庸了。惟当时各县办理情形不一：有在县公署设第三科的；有仍用"劝学所"的名义的；有新设"教育公所"的；有改设"学产经管处"的；有只设"学务委员"的；也有不设任何地方教育行政机关的（参看《民二教育部咨三三九号》）：此种紊乱情形，影响于地方教育者至巨且深。教育部有鉴于此，特于民国二年〔1913〕七月通令各省"未设学务委员之处，一律暂留劝学员，俟自治区成立，确能办学及设有学务委员时，即行裁撤"。并依旧设视学一

———— 167

职以资补救。

（三）劝学所之恢复　民国四年〔1915〕教育部为确立地方教育行政制度期收整齐之效，先后颁布《地方学事通则》（本年〔1915〕八月六日）、《劝学所规程》（本年〔1915〕一二月二三日呈准，七年〔1918〕一月一〇日修正）及其《施行细则》（五年〔1916〕四月二八日）。又《学务委员会规程》（四年〔1915〕一二月一五日）及其《施行细则》（五年〔1916〕四月一八日）。①并通令称"地方教育为事至繁，有责之于县者，有责之自治者。责于县者不可无总汇之区；责于自治区者，亦宜有询谋之地。查劝学所之设，始于前清。民国成立，或设或否，县自为政，不足以昭划一。现拟恢旧时办法，规定各县均应一律设置"。该所职务，重在辅助县知事，办理所属教育行政事宜。而对于各自治区学务，在自治未成立时，有代其执行之责；在自治区成立以后，有实施综核之权。劝学所内设所长1人，受县知事之监督指挥，总理所内事务；设劝学员2人至4人，受所长监督指挥，分掌所内有关事项；书记1人至3人，受所长之监督指挥，分掌所内文牍、会计等事务。具下列资格之一者，得任为劝学所长：(1)曾任地方教育事务5年以上者；(2)曾任高等小学校校长3年以上者；(3)曾在师范学校毕业任教员职务1年以上者。关于下列各事项，所长须呈请县知事处理之：(1)义务教育之调查及劝导督率等事项；(2)查核各学区之位置及其联合事项；(3)各区学务委员会之设置事项；(4)查核各学区学龄儿童之登记及其就学免缓事项；(5)经营县属教育经费，编制预算决算，并稽核各学区教育经费，处理其纷争事项；(6)查核各学校之建筑及其他设备事项；(7)核定区内各学校之学级编制及教科目增减事项；(8)

---

① 以上数种均见教育部：《教育法规汇编》，1919年。

县立各校及其他教育事业之设置事项；(9) 核定区立各校及其他教育事业之设置事项；(10) 私立学校之认许及考核事项；(11) 代用学校之核定事项；(12) 改良私塾事项；(13) 社会教育设施事项；(14) 学校卫生事项；(15) 县属教育之统计报告事项；(16) 县知事特别委任事项。(详《劝学所规程》及《劝学所规程施行细则》)

(四) 教育局成立　民四〔1915〕的恢复劝学所，原为办理地方自治过渡期内的一种不得已办法；果然各县地方自治业已成立，便当另设自治式的教育行政机关，那官办式的劝学所，自然没有再存在的余地了。况我国兴学已数十年，人民对于新教育应有相当的信仰，似毋庸再事劝学；且地方教育行政机关对于本地教育，实负有积极指导和促进之责，决非"劝学"二字所能涵盖，故"劝学所"一名称，非重新改造不可。尤有进者，按规程所载，所长须受县知事之指挥监督，办事颇多掣肘，不能施展其才能，又劝学所长资格规定亦太浅，难得专门人才主持其事，至一般县知事不明教育，对于所请委任的所长，多为地方劣绅，日以贪缘为事，致各县教育，不独无发展可言，且日呈腐败衰退的现象。故为整顿地方教育，为保持地方教育行政独立的精神及实施教育行政之专业化起见，劝学所的制度，实有根本改造的必要。民国十年〔1921〕，第七届全国教育会联合会在广东开会时，即通过一《改革地方教育行政制度案》，主张废除劝学所，代以"教育局"。并将决议案通函各省区教育会及教育行政机关。

十一年〔1922〕，教育部召开全国学制会议，决改劝学所为"教育局"，并通过：1.《县教育行政组织大纲案》，2.《特别市教育行政组织大纲案》，3.《现任劝学所所长校长暂停议会选举权建议案》，4. 关于地方教育行政机关各案，遇有特别情形得酌予变通建议案。这时已明白规定地方教育行政系以县区为单位，包括市、乡、镇，特别市准与县区等。至十二年〔1923〕三月，教育部遂以教令第九号公布《县教育局规程》及《特别教育局规程》，于是教育局成为县市教育行政的主管机关了。

兹将此时法定现实教育行政组织系统图示如下：

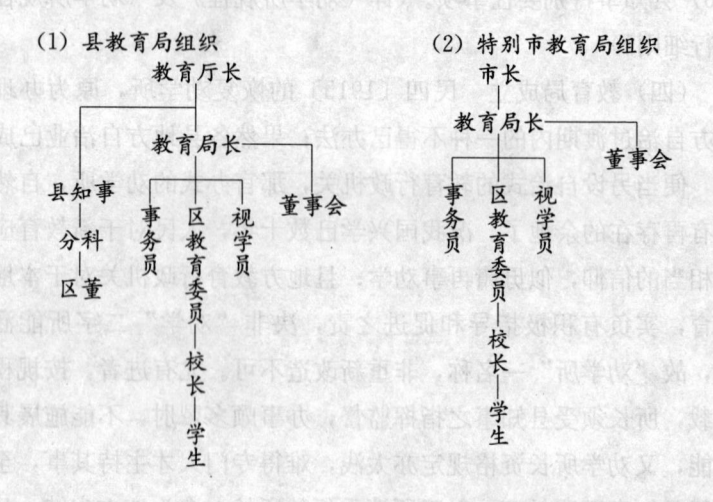

(1) 县教育局组织

教育厅长
├─ 县知事 ─ 分科 ─ 区董
└─ 教育局长
    ├─ 事务员
    ├─ 区教育委员 ─ 校长 ─ 学生
    ├─ 视学员
    └─ 董事会

(2) 特别市教育局组织

市长
└─ 教育局长
    ├─ 事务员
    ├─ 区教育委员 ─ 校长 ─ 学生
    ├─ 视学员
    └─ 董事会

教育局制与劝学所制不独名称上有差异，即实质上亦大不相同。行教育局制有下面几种特点：1. 教育行政的独立；教育局长有主持教育行政的全权，对于县长（或市长）不过"商承"而已。2. 教育事权的集中；以教育局统辖全县（或全市）教育行政，学区教育委员悉奉其命推进本学区教育，与所谓自治区不发生多大关系。3. 专业精神的表现；教育局长人选标准已提高，以"毕业于大学教育科，师范大学或高等师范者"及"毕业于师范学校并曾任教育职务三年以上者"充任。4. 评议机关的设置，设了董事会，审议预算、决算、教育计划等重要事项。所惜规程公布以后，各省情形日趋复杂，未能一体遵行；益以近年来各地因经济窘迫力求缩减，遂有纷纷裁局设科之势。直到现在，各省市办理极不一律：有仍存教育局制的，有已裁并归于他局的，亦有二制并行的，此种参差情形，容后再述。

二、学区教育行政机关

我国教育行政，本行三级制度；所谓三级，系指中央，省区及县区而言。县之下虽更分为学区，但只为施行便利不得不如此；学区仍属县教育行政范围内，并非一个独立的单元。教育委员有权处理一学区的教育事项；但仍直接受县教育局长的指挥，不是一个独立的行政长官。在未讨论学区制应如何改进之前，我们且略考察其发展情形怎样。

（一）最初计划 我国学区制滥觞于清光绪三十二年〔1906〕《奏定劝学所章程》的公布；设立学区初意在自筹经费，自办学校。依章程第二条："分定学区——各属应就所辖境内，划分学区，以本治城关附近为中区，以次推至所属村坊市镇，约三四千家以上即划为一区，少则二三村，均无不可。在本治东即名东几区，在本治西即名西几区，推之南北皆然。……"当时盖计划每区设劝学员1人，任一学区内劝学之责；而以劝学所的"总董"，综核各区的事务。劝学员由总董选择本区土著之绅衿品行端正，夙能热心学务者，禀请地方官剳派。然而这不过计划而已，学区的划分并未施行。宣统元年〔1909〕，《地方自治章程》公布，地方教育行政多并入自治机关，劝学所已降为辅助机关，学区划分更无从实行。

（二）民国四年〔1915〕以后经过 民国四年以前，实际上并无学区；本年〔1915〕七月《地方学事通则》公布，规定："自治区按照《地方自治试行条例》及关于教育之法令规程，办理地方教育事务。"（第一条）"自治区为办理教育事务，得就该区划分若干学区。"（第二条）"自治区为办理教育事务，应于各该区组织学务委员会。"（第三条）

本年〔1915〕十二月更公布《劝学所规程》和《学务委员会规程》；明年〔1916〕四月又公布《学务委员会规程施行细则》。① 彼时学区办理情形，大约如下：

(1)"学务委员于自治区内依照学区之分划，每学区各设一人；但经区董认为必要时，得增设一人。""学务委员辅佐区董办理本学区内教育事务。"学务委员须具有下列资格之一：(a)曾在师范讲所毕业者；(b)曾充国民学校教员一年以上者；(c)曾任地方教育事务一年以上者；(d)曾办地方公益事务一年以上者。其所办理之事项，则为调查学龄儿童并督促就学，改良私塾，筹划经费，处理学产及学款，分配学级，编订科目，社会教育及区董委托事项。

(2)自治区设学务委员会，由学务委员至少3人组织之；并于学务委员中推选主任1人，综理本会事务。本会依区董之谘询及学务委员之提议，会议自治区之教育事务。委员任期2年为名誉职；但依地方情形，得酌支公费。

十二年〔1923〕三月《县教育局规程》公布，改劝学所为教育局，地方教育遂以县（或市）教育局为中心。"各县市乡由县教育局酌划学区，每区设教育委员一人，受县教育局长之指挥，办理本学区教育事务。"（第十一条）惟此项，学区不必和普通行政区相同。至教育委员之产生和职权，则各省所定颇不一律；亦有不称教育委员而称教育员者。现制概况，详在下节。

第二节 地方教育行政制度的近况

一、地方教育行政制度的演变

---

① 依孔充：《县政建设》，中华，第二章所引。

第十章 地方教育行政

欲了解我国现行地方教育行政制度，须先了解我国现行地方行政制度。它在法律上的根据是这么的：

国民政府依据《建国大纲》曾先后公布《县组织法》（十七年〔1928〕九月十五日公布，十八年〔1929〕六月五日修正，十九年〔1930〕七月七日再修正，名《修正县组织法》），《县组织施行法》（十八年〔1929〕十二月二日公布），《区自治施行法》（十八年〔1929〕十二月二日公布，十九年〔1930〕七月七日修正），《市组织法》（十七年〔1928〕七月三日公布）及《特别市组织法》（十七年〔1928〕七月四日公布），《市组织法》——融合上二者而成（十九年〔1930〕五月二十日公布），《县参议会组织法》及《市参议会组织法》（均于二十一年〔1932〕八月十日公布）。

立法院以训政时期行将结束，而各县市的自治施设尚无适当之法律以资应用，乃秉承孙中山先生遗教，参照第三次全国代表大会决议要点，以及中央政治会议通过的《改进地方自治法原则案》，草成下列各项新法规，当经二十三年〔1934〕十二月十八日该院院会通过，将前颁《县组织法》修正为《县自治法》79条；《县组织施行法》修正为《县自治法施行法》17条；《市组织法》修正为《市自治法》70条；并另订《市自治法施行法》16条。以前根据《县组织法》制定之《县组织施行法》，《区自治施行法》等一律废止（惟此项法令尚未正式公布）。

就实际情形说，国民政府成立以来，我国县政建设系循着两大路线进行：第一为自治路线，发动于民国十六年〔1927〕至二十年〔1931〕而极盛；第二为自卫路线，发动于民国二十二年〔1933〕，以后继续发展。前者系由立法院制定法律（如上所举），内政部主管推行；后者由军事委员会委员长行营订定法律，亦即由行营督促施行。前者初行于全国，嗣则限于某某若干省份，且

——— 173

各地每有改易面目者；后者专施行于〔特别〕区内各省，如豫、鄂、皖、赣、闽、川等。兹分述二者组织的特点如下：

甲、自治路线　依《修正县组织法》：（1）各县分区，每区十乡镇至五十乡镇；（2）百户以上之村庄为乡，百户以上之街市为镇，乡镇不逾千户；（3）乡镇以下二十五户为闾，五户为邻；（4）县设县长，其自治筹备之县已达《建国大纲》所规定之程度者，县长民选；（5）县政府设公安、财政、建设、教育等局，必要时得改局为科；（6）县政府设秘书，并依事务繁简设置一科或二科；（7）县长民选时设县参议会；（8）区设区公所，区长民选（在民选以前由民政厅委任）；（9）区民选举监察委员五人或七人，组织监察委员会；（10）乡镇各设乡镇公所，并设乡镇长，副乡镇长，管理乡镇自治事务；（11）闾长，邻长分掌闾邻自治事务；在这里区长概由本籍人担任，他一方站在政府方面，他方也能代表人民。

其在保卫方面，在县为总团，在区为区团，在乡镇为甲，在闾为牌，下则闾邻的壮丁。所有总团长、区团长、甲长、牌长，均由镇长、区长、乡镇长、闾长兼任。简言之，这条路线是从办自治入手，而以保卫为附带事项。

乙、自卫路线　组织要点：（1）县设县政府，区设区署，区长属行政官吏；（2）县政府行文概以县长名义行之；（3）公安、财政、教育、建设各局裁撤，归并于县政府各科；（4）置秘书一人，并设三科，教育、建设并为一科；（5）酌设督学技士；（6）区长办理保甲、壮丁队、保安、合作、教育、农村、水利、户口、清丈、卫生、公安、交通等事项；（7）在乡镇设乡镇长（二保以上之乡镇，就保长推一联保主任），保有保长，甲有甲长，户有户长。

在保卫方面，县设保安队，多系警察队及各武装民团改编而成者,所有经理人事指挥等项,先统一于县,继统一于行政督察专员区及省,终而统一于国家。各保甲又编壮丁队,各队长均由保甲长及联保主任兼任。这条路线,简单说是从办自卫入手而以保甲为中心政策。

兹将二者组织内容,列表比较如下:

		要项	备注
自治路线	行政组织	县政府(设局或科)—区长(区公所)—乡镇长(市镇公所)—闾长—邻长—居民	
	保卫组织	保卫团总团长(县长)—区团长(区长)—甲长(乡镇长)牌长(闾长)—团丁	
自卫路线	行政组织	县政府(设科)—区长(署长)—乡镇长或联保主任(乡镇公所或保长联合办事处)—甲长(甲长办事处)户长(联合甲内他户户长至少五人共具联保连坐切结)—壮丁及住民	(一)在江苏有乡镇长而无联保主任,在华中各省有联保主任而无乡镇长;故联保主任实类似乡镇长。(二)保长可直接区长,故保长大则类似于乡长,小则类似于闾长。
	保卫组织	壮丁队总队长(县长)—区队长(区长)—联队长(乡镇之联保主任)—小队长(保长)—班长(甲长)—壮丁	在江苏各区乡镇设守望所。

(依孔充:《县政建设》,第20—22页)

上述种种不过大概言之,实际各地情形大有出入;即同属保甲制度的系统,有采纯粹之保甲者,如豫、鄂、皖、赣、闽、陕诸省是;亦有采保甲自治混合制者,如苏、浙、湘诸省是。在纯粹保甲制之下,保甲之系统为六级,即县、区联保(或保联)、保、甲、户——但在豫、皖、闽、鄂之联保,与江西、陕西者不同;在保甲自治混合制之下,保甲之组织系统亦有六,县下,依

175

次为区、乡镇、保、甲、户，苏、浙、湘三省均以户、甲、保各为一级，在江苏，保之上为乡镇，乡镇之上为区，区之上为县，而在湖南则乡镇可直属于县政府。广西行三位一体制，县之下有区、乡（镇）、村（街）、甲数级，村（街）设基础学校，乡（镇）设中心基础学校，校长由本村（街）长，或本乡（镇）长兼任（外兼民团团长）。

这不过就普通省县而言，至各实验县（如邹平定县等）的行政机构，不同之处尤多。

但至近年来，前面说的两种路线已有接近的趋势。民国二十五年〔1936〕八月，立法院通过《修正县自治法案》，明定保甲为自治之基础工作，而将保甲纳于自治之中。保甲与自治非不相容，而是前后衔接（"先谋自谋之完成，再作自治之推进"）；非为相反而是相成。

最近（二十八年〔1939〕九月）国民政府公布《县各级组织纲要》（参考原料二十四），不独把以往庞杂情形加以澄清，使全国今后县政有一完整的制度，且在精神上焕然一新，实为内政设施上的一大进步。兹述其组织要点如次：（1）县为地方自治单位。（2）县以下为乡（镇），乡（镇）内之编制为保甲。县之面积过大或有特殊情形者，得分区设署；凡教育、警察、卫生、合作、征收等区域，应与前项区域合一。（3）县设县政府，置县长一人，办理全县自治及中央和省委办事项。（4）县政府设民政、财政、教育、建设、军事、地政、社会各科，并置秘书、科长、指导员、督学、警佐、科员、技士、技佐、事务员、巡官等员。（5）县设县政会议及县行政会议，前者集议有关县政之重大事项，后者于县参议会未成立前举行之。（6）区含十五乡（镇）至三十乡（镇），设区署为县政府补助机关，设区长一人，指导员二人至五人，分掌民政、财政、建设、教育、军事等事项，均为有给职，非甄选训练合格人员不得委用，区得设建设委员会，聘请区内委员为乡村建设之研究、设计、协力、建设。（7）乡（镇）含六保至十保，设乡（镇）公所，置乡（镇）长一人，副乡（镇）长一人至二人，由乡（镇）民代表会选举之。乡（镇）公所设民政、警卫、经济、文化四股，各股主任一人，干事若干人（须有一人专办户籍），由副乡（镇）长及乡（镇）中心学校教员分别担任。乡（镇）长，乡（镇）中心学校校长及乡（镇）壮丁队队长，暂以一人兼任之。（8）保含六甲至十五甲，以十甲为原则，设保办公处，置保长副保长各一人，由保民大会选举之。（在未办选举以前，由乡镇公所推定呈县政府委任。）保长、保国民学校校长及保壮丁队长，由一人兼任之。保办公处设干事二人至四人，分掌民政、警卫、经济、文化各事务，由副保长及国民学校教员分别担任之。（9）保甲含六户至十五户，以十五户为原则，设保甲长一人，由户长会议选举之。（10）各保原有村、墟、场等名称者，得仍其旧，但应逐渐改称为保，以归划一。新制确定县为自治单位，合教养卫于一体，在教育上具有重大意义（详后）。

举实例来说，现行浙江省县政组织（据该省政府委员会第1245次会议通过之《修正浙江省政府组织规程》，参考原料二十五）要点如次：1. 县政府设县长一人，由民政厅提出法定合格人员，经省政府委员会议决依法任用；其职权如下：（1）受省政府之监督办理全县自治事项；（2）受省政府之指挥执行中央及省委办事项。2. 县政府设置下列科室：（1）秘书室，（2）民政科，（3）财政科，（4）教育科，（5）建设科，（6）兵役科，（7）社会科，（8）粮政科，（9）户政科，（10）合作指导室，（11）会计室。此外办理地政县份增设地政科，游击区县份增设警佐室。3. 县政府得依法令设置各种委员会及其他机构。4. 县政府设秘书主任一人，秘书一人至二人，科长七人，户政室主任一人，合作指导室主任一人，科员八人至二十四人，督学一人至三人，技士一人至二人，技佐一人至三人，指导员八人至二十人（包括保甲指导员、户政指导员、义教视导员、合作指导员等在内），事务员及书记若干人。除秘书主任得为荐任外，余均委任。5. 会计室设会计主任一人，一等佐理员一人至三人，均委任。二等佐理员二人至四人均委任，待遇派任。6. 设置地政科县份，增设科长一人，科员、事务员若干人；办理土地县份增设估计员一人；设置警佐室，设置警佐、督察员、训练员各一人，巡官二人。7. 县政府依照《县长及地方行政长官兼军法官暂行办法》，设置军法承审员一人至四人，军法书记员一人至四人，均委任。8. 县政府委任人员之任用，除法令别有规定者外，均由县长遴选合格人员，呈请省政府核转依法审查委任之，其有异动时，须叙具事实理由，呈请核准。9. 县政府依照《县各级组织纲要》之规定，按期举行县政会议。

市的组织，依《市组织法》之规定：首都，则人口在百万以上者，或在政治上、经济上有特殊情形者，设市得直隶于行政院，——惟具前项二三两类情形之一，而为省政府所在地者应隶属省政府。凡人口在三十万以上或人口在二十万以上，其所收营业税、牌照费、土地税，每年合计占该地总收入 1/2 以上者，设市隶属于省政府。市划分为区、坊、闾、邻，除有特殊情形者外，邻以五户，闾以五邻，坊以二十闾，区以十坊为限（第一章）。市政府设市长一人，指挥监督所属职员。隶属于行政院之市市长简任；隶属于省政府之市市长，简任或荐任。市府设社会局、公安局、财政局及工务局；必要时得增设教育局、卫生局、土地局、公用局、港务局分掌有关事项，市府设秘书处掌理文牍庶务等事务，市长简任之市，设秘书长一人，市长荐任之市，设秘书一人；外得设参事二人，掌理市单行法规或命令之纂拟审查事项，并得因事实之需要酌聘专门技术人员（第四章）。实际各市组织情形亦很不同。以昆明市为例，现时市政府设市长一人，其下有秘书处、参事室，分掌文牍、统计、总务及纂拟法规等事项。行政部分设社会、财政、工务、教育等局（原为科），各置局长一人，课员、督学、技士及事务员若干人。外设市政会议及各种委员会，前者集议本市行政之重要事项，后者遇必要时设立之。

二、县市教育行政的近况

甲、县教育行政

在新县制未施行前，各省县有设教育局的，有改局设科的，在行教育局制的省份，如湖南、河南等，其县教育行政组织，大体依照《县组织法》及《县教育局规程》办理，姑以湖南为例说明组织概况：

1. 组织　县设教育局，置局长一人，"承县长之命综理本局一切事务，并监督所属机关及职员"。局长之任用，由县长就试验合格之人员中遴选；呈请省政府核准委任。"但在未举行考试之前，由该管县长遴选具有下列资格之一者一人，呈请省政府核委：（1）师范大学教育系或高等师范学校毕业，曾任教育职务二年以上者；（2）高中师范科及同级师范学校，或其他专门以上学校毕业，曾任教育职务五年以上著有成绩者；（3）高级中学或同等学校毕业，曾任教育职务七年以上著有成绩者；（4）经检定小学教员委员会检定合格，曾任教育职务十年以上著有成绩者；（5）任县教育局以上教育行政职务三年以上著有成绩者。局长任用，不以本县人为限；遇必要时并得由省政府直接委任。"（据《修正湖南各县县政府教育局规程》）

局之下设课，各置课长一人，课员一人或二人，由局长遴选

179

呈请省政府委任。又设督学一人至四人,掌管视察和指导事宜。此外有款产经理员一人,经理县有教育款产。又"因缮写文件及其他事务,得酌用雇员"。

2. 职权 各省县教育局分课多寡不等,前浙江县教育局分有三课,每课分掌各有关事项。湖南县教育局暂设一课,如认为事务繁剧,呈准省政府增设二科时,其职掌分配如下:第一课掌本局总务及教育计划事项;第二课掌关于图书馆、博物馆、公共体育场、公园及其他文化社会事业事项。(同上)

3. 审议机关 各省名称不同,湖南称为"教育计划委员会"(前为教育董事会),其组织及职权规定如下:本会设委员七人至十一人,除教育局长及县教育会执委中互推一人为当然委员外,以下列方法产生之:(甲)由教育局长就下列人员中择聘三人至五人:(1)县党部委员;(2)县政府重要职员;(3)县督学;(4)教育专家。(乙)由县立各校校长、各学区教育委员,就合于下列资格之一者,选举二人至四人。(1)曾在教育界服务多年著有声望者;(2)曾在完全师范学校及中等学校以上毕业,深谙教育法理者;(3)曾任中等学校以上之教职员于教育素有研究者。委员任期为一年,得连选连任。该会职权有六:(1)关于县教育单行规程之编定事项;(2)关于教育经费之筹划事项;(3)关于主管长官之交议事项;(4)关于促进党化教育,民众教育及其他教育革兴之筹划事项;(5)关于教育经费预算决算之审核,得建议于县政会议或县参事会;(6)其他改进教育有关联之事项。

裁局改科,山东首先实行,时在民国二十二年〔1933〕一月。他省间有响应之者,浙江于二十四年〔1935〕五月"改局为科"另订办法,垂为经制,固非仅由临时紧缩之省份可比(江苏于二十年〔1931〕洪水为灾时,临时紧缩,而将少数县份教育经费在十万以下者裁局改科）。他省仿行者亦不少。

《县各级组织纲要》颁行后，焕然一新。依其组织，县政府设民政、财政、教育、建设、军事、地政、社会各科，教育一部分除设科长、科员外，尚有督学、指导员等职（浙江设有两种指导员，一为义务指导员，一为国民教育指导员）。科长人选标准虽未明白规定，但可参照以前教育局长及科长规定资格依法选任。此制特点，在以教育与其他部门密切配合，实现"政教合作"和"文武合一"的理想，与曩昔"改局为科"的精神大相悬殊。而其更精彩处，尚在县以下的各级行政，待后详论。

乙、市教育行政

《市组织法》规定教育局掌理"教育及其他文化事项"，但于职权等等，迄未详举。各地办理遂彼此共异。大抵行政院直辖市，因所辖区之学校众多，事务繁杂，故组织较密，分科较细。抗战前上海市教育局的组织内容大约如下（据《上海市政府组织规则》及《上海市教育局办事细则》）：

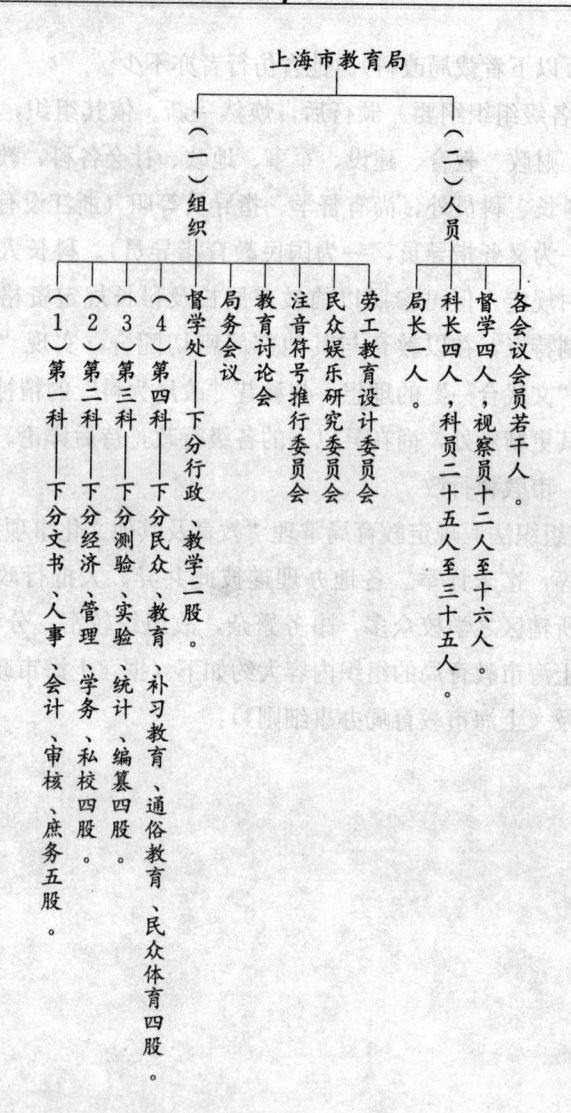

```
                          上海市教育局
                  ┌───────────┴───────────┐
              （一）组织              （二）人员
                  │                       │
   ┌──────────────┼──────────────┐    ├─ 局长一人。
   │              │              │    ├─ 科长四人，科员二十五人至三十五人。
督学处          局务会议          │    ├─ 督学四人，视察员十二人至十六人。
下分行政、      教育讨论会        │    └─ 各会议会员若干人。
教学二股。      注音符号推行委员会
                民众娱乐研究委员会
                劳工教育设计委员会
                （4）第四科——下分民众教育、补习教育、通俗教育、民众体育四股。
                （3）第三科——下分测验、实验、统计、编纂四股。
                （2）第二科——下分经济、管理、学务、私校四股。
                （1）第一科——下分文书、人事、会计、审核、庶务五股。
```

（注）上海市教育局后已并入社会局。

普通市教育局组织则较简略，例如最近成立之昆明市教育局，局长之下只设第一、第二两课，前者掌学校教育及教育经费

等事项,后者掌社会教育及总务。外有督学室,设督学四人。又为管理教育经费,设教育经费管理委员会,置管理员若干人。至那裁局改科的市,其教育行政人员则更稀若晨星,科长、科员以外,仅督学一二人而已。

三、县以下的教育行政

我国《县教育局规程》颁布于民国十二年〔1923〕,改劝学所为教育局,学务委员改称教育委员,直属于教育局,受局长之指挥办理教育事宜等情,前已述及。过渡期内,各省办法颇不一律;一省之内各县亦往往互异(普通县份与自治县份大不相同)。民国二十五年〔1936〕五月,教育部公布《修正市县划分小学区办法》,规定:(一)每小学区以约有人口一千人为原则;但得视户口之疏密,地方交通情形,以及地方原有自治或保甲之组织斟酌变通之。(二)联合五小学区至十小学区为联合小学区。每一联合小学区设学董一人,每一小学区设助理学董各一人,均由主管教育行政机关遴选本地有资望并热心教育之人员任之。办理下列各事项:(1)宣传义务教育之重要;(2)拟具区内义教实施计划;(3)劝导区民集款兴学;(4)调查学龄儿童;(5)筹设学校;(6)劝导或强迫儿童入学;(7)督促改良私塾。此项学董及助理学董在施行保甲制地方,得由区长、联保长或保长兼任,均为无给职。(三)地积较广,人口较多之市县,每三个以上联合小学区或每一自治区,得设教育委员一人,秉承主管长官指导区内一切教育事宜。由主管行政机关遴选有小学校长资格并办理教育确有成绩之人员任之。此项教育委员得由区内优良小学之校长兼任之。

依县各级组织纲要,县以下的教育行政,可分析要点如下:

(一)区署设区长一人,指导员二人至五人,分掌民政、财政、教育、建设、军事等项。非甄选训练合格人员不得委用。教育部颁布《办理县各级教育行政应行注意事项》（参考原料二十六），规定区长办理全区教育行政，其任务：（1）秉承县政府推行全区教育文化事业；（2）秉承县政府督促各乡（镇）增筹教育基金。区长负了督促全区各乡（镇）办理行政及自治事项的总责；对于本区教育文化事业，不过遵照县政府的计划去督促推行。所以实际负区教育行政的责任的，还是教育指导员。在《办理县各级教育行政应行注意事项》中，规定教育指导员的任务有四：（1）遵照县定计划推进区内教育文化；（2）遵照县督学之指示，视察指导区内学校及其他教育文化机关，改进其设施方法；（3）受县政府主管教育科及学校之委托，领发教育经费；（4）其他有关教育文化事宜。教育指导员任务之重要可想而知。

（二）新纲要规定乡（镇）长、文化股主任、干事、乡（镇）中心学校及保国民学校校长、教导主任、教员等，均为负教育行政及辅导责任的人员；且乡（镇）保其他部门职务，亦须地方教育工作人员分别担任，合教养卫为一体，以学校为改造社会推行自治的中心，教师做了全民的导师，其意义该何等地重大。

（三）若就普及教育的观点看，则尤为重要。过去普及教育所以未能生效，其根本原因，在教育界自谋进行，未能与地方政治相配合。今县各级组织纲要把国民教育制度包涵于地方组织之中，则国民教育将随县以下各级组织之推行而普及，实为千载一时之良机。（引陈立夫的话）

第三节 对历届地方教育行政制度的批评

一、劝学所制

往时劝学所制，纵有优点（如责任专，督促严）但瑜不掩瑕，举其显著缺点如下：

(1) 称谓不当。县教育行政机关对于一县教育实负有积极推进之责，绝非仅仅"劝学"二字所能涵盖，故非改革不可。

(2) 失去独立精神。所长事事仰承县知事的鼻息，一筹莫展。

(3) 所长资格过低。综合全县教育，责任何等重大！岂区区一"曾在师范学校毕业任教员职务一年以上"或"曾任地方教育事务五年以上"或"曾任高等小学校校长三年以上"的人所能胜任！所长资格尚如此，劝学员更不必说了。

(4) 权限不清。例如调查各区学龄儿童及其就学免缓事项，即与学务委员的权限冲突。（见《劝学所规程施行细则》第一条第四项及《学务委员规程》第三条）又其与县知事公署第三科职权亦时有重复之处。

(5) 未设审议机关。

(6) 劝学所与教育厅竟可不生关系。依《劝学所规程》第二条："劝学所设所长一人，由县知事详请道尹委任，并由该管最高级行政长官咨报教育部。"对于教育厅竟可不理。

二、县教育局制

民国十二年〔1923〕《县教育规程》的颁布，地方教育行政制度焕然一新。大体说来，前制所有弱点本制悉能补救，同时显示其优越所在。有人谓设立县教育局为改进地方教育的一大好时机，理由是：（1）制度一变，地方教育事业与精神易于刷新；（2）局长地位重要，可罗致专门人才；（3）地方教育计划可有人积极负责；（4）有董事会可代表社会，使多数人关心地方教育事业。

这话颇有相当道理，不过它的本身，仍不无缺点：

(1) 未明白确定教育局长的职权。

(2) 董事会人选未当，其产生方法亦不佳，致地方教育依然处在劣绅势力把持之下,难于得到专家主持。

(3) 董事因为名誉职,不给薪俸,不免放弃职责,有等于无。

三、裁局设科制

县教育局组织,虽少有可议之处,但大体上说终不失为一种较好的制度。至近来各省所行裁局设科办法,把已独立的县教育行政机关,重隶之县长直接指挥之下,而受其羁绊,一若往昔之劝学所然,直是教人朝后走,开倒车。主张的人或者说,省的厅处和县的局科,皆为补助的机关,教育行政为整个省政和县政的一部分,不宜自立系统,故县教育局,应并入县公署。再为经济困难临时紧缩起见,也当改局为科。其实倘曾考虑过下列各点,则易知裁局设科的办法,不如教育局制远甚:

(1) 县政府直接统辖(实为其一二椽属所统辖)全县教育,其弱点在前劝学所时代已暴露无遗,此时似可不必重蹈覆辙。

(2) 教育事业在原则上只应扩张不宜紧缩,教育经费自亦应遵此原则而支配;万一经费确无办法,宁可成立小规模的教育行政机关,或省方为之另开教费之来源。(江苏以经费多寡为标准的办法,可以参考)

(3) 况实际裁局设科,未见即能节省经费;因局长、科长等名称虽已更易,但人员数目并不减少,彼等待遇亦未降低(鲁、浙等省均有"名称员额及薪金均照旧"的规定),半斤远不是等于八两吗?

(4) 表面看去,行文决案直经县府,似较直接了当,行政效率,似应增高;实则适得其反,此在试其改局为科的地方有彰明较著的事实可以证明,迥非悬拟臆测者可比。

(5) 我国大县人口达百万以上,其在十万以上者,占大多数,以如此多量人口为对象之教育事业,委之于一二只惯"等因奉此"的掾属，行见地方教育之事，将永沦于无人过问之境矣！

（6）就人选方面说，地方教育任重事烦，纵不必尽托之于奇才异能，要以有领袖才而受有专门训练者为能胜任愉快；此种人不予以相当施展机会而置之于掾属之列，使仰承县长之命，终日埋头胥吏工作，贤者所不屑为，庸才乃安然处之。欲求地方教育之发达，恐比缘木求鱼还难。

因此当《裁局改科规程》公布后，各县教育界人士曾纷向当局呼吁，恳求保留教育局。经教育部之实际考察，认为裁撤教育局确有影响地方教育之进展。且当政府厉行普及义教，推行社教工作繁重之际，改局为科，实难应事实上的需要。经行政院第315次会议议决将该规程第三条修正为"……县政府教育事务，以设局办理为原则。……"①

四、学区制

我国地方自治尚未普遍施行，乡村教育向不发达，除少数试验县份外，实无区教育行政可言。始就制度上加以批评②：

（一）学区划分无标准。按学区为教育行政最低的单位，教育之下层工作当从学区入手。惟我国划分学区，漫无标准，就以往观之，或以市乡的多少，或按面积的大小而定，对于每区人口的多寡，学龄儿童的数目，本区学校的数量以及地理的形势，交通的状况等，概未计及。（二十五年〔1936〕部颁《修正市县划分小学区办法》，虽稍有规定但仍未详）以故区与区之间情况大相悬殊，不易达到平均发展的地步。

（二）教育委员资格过低，权限过小。

---

① 罗志渊：《中国县政制度研究》。
② 参看夏承枫：《改进地方教育行政之建议》，载中央大学《教育丛刊》第1卷第1期。

（三）以前学务委员为无给职，后来教育委员虽可支薪，但仍嫌微薄，不足招致适当人才。

（四）学董和助理学董均为无给职，致多不负责任；且其职权亦只限于劝学及推行义务教育。

五、现行县各级组织纲要新制

此制试行伊始，未敢漫加评判。惟就法规考核，本制具有种种优点，已如前述。今后实施当注意下列事项：

（1）县长（区长亦然）事物丛集，经纬万端，平时已忙不开交，战时尤甚①，故必将教育行政事权委托有深受训练的专门人才办理，使有充分之展布机会，不可重蹈前此裁局改科的覆辙。

（2）战时行政机构，应趋重简单化、完整化和灵活化，县府教育科（区署教育股亦然）内办公人员不妨减少，但外界实地视察和指导人员，却须增加，以便推进全县教育。

（3）可仿中心小学区制，今后乡（镇）中心学校及保国民学校不独为一施教机关，且为教育学术研究及事业推广机关。本区各学校及社教机关皆受其指挥监督，期使区内教育能为普遍平均的发展。

（4）设置视导网，调整视导制度，上自省督学及专科视导员，下及国民学校校长、教员，联成一系，将行政与视导二者妥为配合，以收"异曲同工"之效。

（5）严定县教育科长、督学、指导员、乡（镇）教育股长及中心学校校长、国民学校校长的人选标准，并酌量提高其待遇。

（6）省与县教育行政的权限，固应有所规定，而县教育科

---

① 据高一涵氏所举，各县县长平时之兼职多至 13 至 15 种，在战时则有 20 种以上。江苏昆山县长兼职达 47 种；湖北浠水县长，除本职及法定兼职外，因抗战或他故而兼职达 22 种。

长，乡（镇）教育股主任干事及中心学校，国民学校校长的职责，尤当划分清楚。

（7）县之下虽设有各级行政机关，但教育行政（其他方面亦然）仍应以县为整个单位。——各级教育行政人员皆对县长负责。

（8）确立县教育经费的来源，并谋合理的支配。

研究问题

（1）分期略述我国县或市教育行政组织的概况和特点。
（2）比较劝学所与县教育局的优劣。
（3）详述裁局设科制的利弊。
（4）我国现行地方行政制度（县政或市政）述要。
（5）试从教育行政立场，胪举县各级组织纲要的特点。
（6）述本县教育行政制度的现况，并拟应行改进之点。
（7）据县各级组织纲要，拟一整个县教育行政计划大纲。
（8）试拟本县区以下之教育行政改进计划。
（9）比较广西三位一体制及县各级组织纲要新制的异同。

第十一章

教育行政组织问题

第一节 各国教育行政制度述要

一、英国

英国中央教育行政机关称教育部（Board of Education）成立于1899年。部长1人，由国王任命，为内阁之一员。其下有国会次长（parliamentary secretary）和常任次长（permanent secretary）各1人。部长缺席，由国会次长代理。部长、国会次长皆为政务官，出席国会，报告和讨论教育上各种重要问题。常任次长为事务官，商承部长主管部内各行政事项。外设威尔士次长1人，专管威尔士（Wales）的教育。

为联络中央和地方教育行政机关方便起见，英国现行一种分区制，即分本国为都会、西南、东南、东、中东、中西、北、东北、及西北9区，于部中置正副主任各1人，主管本区行政事项，并与本区视察员密切联络。这辈区主任，不啻教育部与地方行政长官的媒介。至行政方面，秘书以外尚有会计、法律、建筑、卫生、教师薪俸及养老金和统计等科，各置科长1人，科员若干人。外有教育研究所（Office of Special Inquiries and Reports）和工程事务所（Architect Office），亦设所长主管其事。

部内尚设有种种委员会：第一，参议委员会（Consultative Committee），由委员 21 人组织而成，内有 2/3 代表大学及其他教育团体。1900 年成立以来，刊有极重要的教育报告，对于英国教育的改进，给了很大的影响，此乃一顾问机关，非一行政机关。第二，青年团体委员会（Juvenile Organizations Committee），有委员 44 人，主管所有关于儿童青年的健康和福利事宜。第三，成人教育委员会（Adult Education Commttiee），掌管关于成人教育事项。第四，中央教师检定顾问委员会（Central Advisory Committee for the Certification of Teachers），辅佐部长处理教师检定事项。第五，中等学校考试委员会（Secondary School Examinations Council），职在襄理部长办理中等学校的考试。

视察一系，现有主任视察员（Chief inspectors）3 人，分负视察初等、中等和专门教育之责。下设区视察员（Divisional inspectors）9 人，会同部内各有关科及各该区主任处理本区教育视察事宜。又女视察员 1 人，专管视察妇女教育，分科视察员若干人，分任各特殊学科之视察事宜。

英国教育部的权限很小，既不规定课程、教案，复不审定和编辑教科书，对师资训练和检定，近且有放弃的趋势。它的主要职权：(1) 批准或否认地方教育行政的计划书（Schemes）；(2) 按时视察地方学校，如发现有不合理处，中央可减少其津贴；(3) 管理皇家美术学院及数种博物馆。至于"感化学校"，犯罪儿童的工业学校，归内政部管理；农业学校归农业部管理；陆军学校归陆军部管理；海军学校归海军部管理；权限分歧，教育部更不能过问。

英国地方教育行政区域，依 1902 年《教育条例》，分为"郡"（County）、"郡邑"（County Borough）、"市邑"（Municipal Borough）及"镇区"（Urban District）4 种，它们的行政权，都有一定，分别说来：

郡　郡为最大之地方行政区域，多因自然的地势区划而成。一郡的面积从 83 方哩至 2,600 方哩，人口从 18,376 至 1,745,959 不等。每郡设参事会（County Council），由主席 1 人，议绅（Aldermen）和议员（Councillors）若干人组织而成。议员由郡民选举，议绅由议员推任。郡参事会的职权，概言之，在处理一切行政事项——如修路、造桥、建筑平民住宅、平准度量衡及改良公共卫生等。关于教育行政，由一常设之教育委员会（Education Committee）主持之。

郡邑　凡已达到或超过 50,000 人口的市，依法得独立成为郡邑，不受郡政府的管辖。人口多的，可至 919,444（如伯明翰 Birmingham）。郡邑亦设有参事会（Council of County Borough），地位几与郡参事会相等。关于地方教育行政，其处理大致与郡相同。

市邑　大小亦不等，人口从 954 至 87,659。市邑参事会（Town Council）为本市邑的行政机关，亦由议绅、议员组织而成。每市邑设市长 1 人，由参事会选出，为义务职，但得支办公费少许。其下有市邑干事 1 人，办理各种例行公事。市邑人口如超过 10,000，则有管辖本区小学教育之全权。

镇区　这是一种较小的行政单位，人口从 246 至 165,669 不等。设有镇区参事会（Urban Council）为一区行政机关。其组织亦如郡参事会，惟人数较少。职在维持交通及推进地方卫生文化事业。一区人口满 20,000 时可有权管理本区的小学教育。

法律规定郡及郡邑为第二级教育行政机关，市邑及镇区为第三级教育行政机关；前者有权管理本区中小学教育，后者只以小学教育为限，但市邑人口不及一万，镇区人口不及二万时，尚不足以语此。总计全国现有合格的地方教育行政区域（L. E. A.）计郡63，郡邑83，市邑（人口满一万）135，镇区（人口满二万）35，合计为316。

各地为主管教育行政，特设了一个教育委员会，受参事会的指挥，其权责大小，全视参事会所赋予者如何而定。大者可决断一切；小者事无巨细概非经参事会的裁决不可。教育委员会由委员5至50人组织而成；依法律规定，其中必有参事会会员，富有经验的教育专家及女委员。教育行政领袖，通常称"Director of Education"或"Education Officer"权在执行教育委员会的命令和决议案，并在政策上为本委员会的顾问。他监督所属学校及主管全部教育行政事宜。他须有普通和专门的知识，通常须大学毕业兼具数年的教学经验。为行政便利起见，教育委员会之下，设有若干分组委员会，专门处理各种特殊问题。一地方教育行政机关人员之多寡，随事务之简繁而定：有仅设以12助理员者，亦有置甚多之行政人员者。大的行政区域，常自聘各种视察员以行视察，而小者反是。

二、美国

美国至今尚无一个中央教育行政机关（如教育部一类），仅于内政部中设一教育事务所（Office of Education），所长称United States Commissoner of Education。所的经费很少（1932年只美金510,000元)，职权亦甚有限。它只：（1）管理阿拉斯加（Alaska）的教育；（2）监督依1862年《莫里尔案》（Morrill Act）设立的农工学院；（3）征集各种实际教育材料，调查全国教育状况，并刊行统计和报告。

联邦政府管理全国教育的权限虽小，可是它所资助于各地教育设施的却很多。除给予土地外，补助金年有增加。1930年全国普通和特殊教育的补助金计有美金23,778,000元，最近因国内经济凋敝，各地教育，时呈衰败不振之象，联邦政府更于1933年至1934年拨美金159,232,782元，以资救济。

那么，美国教育行政的大权操自何处呢？全在州政府。州为教育行政的单位，州政府可统辖一切。其组织情形如下：

州教育行政组织分两部：一代表立法机关之州教育董事会（通常称State Board of Education），另一代表行政机关之州教育局，以局长（通常称State Superintendent of Public Instruction，也有称Commissioner of Education）为首领。局长对董事会负责，并为其秘书长。

董事会会员数从3至13人不等，通常以7人为度。任期从2年至12年，6年最为普通。董事有由州立法部选出的，有由州长委任的，也有由本州官吏兼任的；其职权亦各不等：有的只负管理教育经费之责，有的兼及一切教育事项，如执行教育法规，确立教育政策，筹划教育经费及选任教育行政人员等。现时趋势：董事会职权限于厘定教育法规，确定教育政策及通过预算决算等；大抵在立法方面而把行政责任全付托于行政部——教育局长及其所属人员。换言之，董事会该是一个完全代表民意的机关。

州教育局属行政方面，人员包括有局长及所属行政人员。州教育局长为一州教育行政的领袖，其出身：各州由选举而来的，凡33州；由州长委任的，凡6州；由董事会委任的，凡9州。通常局长必有本州籍，或被选举，或被委任。其资格：低的只握有教师许可证即可，高的须由大学毕业曾受专业训练，并有若干年的实际经验。年薪从2,000元至12,000元不等。任期，短者1年，长者6年，通常为4年。教育局长的重要职责，在一般的监导教育的各方面,如执行教育法令和董事会决定的政策,监督教育经费,支配学校班级,检定教师,主编课程,办理教育统计和报告,召集教育会议,监督专门和职业教育及管理校舍卫生和儿童福利等事项。

局内员司人数,少的只 5 人,多的可至 70 人。纽约州教育局除局长外尚有佐理员 1 人,助理局长 3 人,其下再分若干科,分掌关于文牍、会计、法令、图书、入学、考试、视察及行政等事项。

美国地方行政共有下面几种制度:

1. 郡制 盛行于西南部。郡(county)的面积从 300 方哩至 900 方哩。此制可囊括无数旧日小单位,如乡区之类,于行政上感极大便利。行此制的各州,大都郡与独立市并立,除市外,余都隶属于郡。郡与市都直接受州政府的监督。郡教育行政的组织,一本州教育行政的基本精神,即将立法和行政两部分开,前者由郡董事会(County Board of Education)主持,后者归郡教育局长(County Superintendent of Schools)管理。董事或由州长委任,或由人民选举,或由郡行政长官或学校职员兼任。由董事会选举局长,代表该会管理郡内一切教育事宜。局长亦有不经董事会推选,而由州长委任或他项方法产生而来的。

2. 镇制 美国东部新英格兰各州盛行此制。马萨诸塞州首先采用,各州次第仿行。镇(town)的面积,比郡小而较乡区大;其中包含了村庄和小市镇在内。镇内教育事业,大抵由一镇学务委员会(School Board)管理,所属之市镇和乡村学校,皆直接受其管辖。亦设一教育局长主办教育行政事项。镇有报告,直送州教育局,不经任何机关的转递。

东部的镇制传至中北部,略易面目,便成了一种仿镇(township)制。其不同于镇制者,一因其畛限多由政府划成,不若镇之为一天然区域；二因镇能包括所有村和都市学校，而仿镇则否。至其内部行政组织，则与前者大致相同。

3. 乡区制 乡区（district）为最小的行政单位，历代沿袭颇久；迄今有逐次淘汰代以较大单位的趋势。每区面积约二三方哩。当初同区数户人家合聘一教师，教其子弟，并另举董事3人，管理校舍经费等事项。以后垂为制度，成一自管教育行政的区域，但试行下来，各地均感不便。

总计，美国现行郡制者，凡12州；行镇制（仿镇在内）者，凡9州；行乡区制者，凡26州。

4. 市制 市（city）为美国教育最进步的区域。就组织系统言，虽亦直受州政府之命，但为适应各市特殊需要计，它在行政上有极大的自由。在独立市制下，董事会与教育局权限的划分，一如州教育行政组织然。董事会代表市民、局长执行州政府付与的权限。多数董事由市民直接选举，少数由市议会或市长或市审判长委任。其人数从5人至46人。任期通常4年，期满依法改选一部分。教育局内人员多寡，一视市的大小而定：大市教育局分若干科，另有局长、副局长、助理局长、审计员、检察员、指导员等人员，而小市则否。自1992年巴尔的摩（Baltimore）市创设教育研究所（Bureau of Educational Research）后，各市群相仿行，现在重要都市，类皆设有此种机关。

三、法国

法国的教育部称"公共教育与美术部"（Ministére de l'Instruction Publique et Beaux-Arts）。部长为内阁的一员，由内阁总理推荐，大总统任命。部长主管全国教育行政，所有公私立教育机关（除极少数例外），皆受其管辖与监督。他执行国会通过的法令和决议案；发布命令；编制预算决算；委任所属重要职员；推荐中央和区视察员及大学区校长备总统委任；任命各项教育行政人员；厘订公立学校课程，教学及训育方法；规定考试和学位授予制度；制定教职员服务规程及颁发各项补助金和奖学金等。权限算是很大的。部内组织分六司：高等教育司、中等教育司、初等教育司、职业教育司、会计人员司及美术司，各设司长一人。内以职业教育司成立最晚（时1929年）。

审议机关有高级教育会议（Conseil supérieur de l'Instruction Publique）及参议委员会（Comité Consultatif de l'Enseignement Publique）。高级教育会议为全国教育行政之最高咨询机关，所有关于高中初各级教育上重大问题，部长必与之磋商，藉得适当的解决。本会由会员五六人组织而成，以部长为主席。每年约开常会二次，必要时得召集临时会议。日常事件，由常务委员会处理之。参议委员会计分高等教育、中等教育、初等教育三部，由教育部三司长、中央视察员、大学区校长、高等师范校长及大学各科教授代表组织之。亦以部长为主席。本会主要任务，在集议关于教师任用和升进事项。此外关于美术，尚有高级美术参事会及其他。

教育部的权限虽大，但它并不会管辖全国的教育机关；迄今全部农业教育仍隶属于农业部；陆海军学校仍隶属于陆海军部；桥梁工程和矿务学校仍隶属于建设部，各自有其施设计划和办法。

在地方行政方面，法国现行大学区制，划全国为17大学区（Académie）。每区设大学一所，大学校长同时即是本学区的区长（Recteur）。区长由部长推荐，大总统任命。他代表教育部监督本区高等、中等、中级、职业教育的行政。他委任所属人员，监督考试，任命典试委员，批准教科书，擢升教育人员及为国家奖学金委员会的主席。他又主管一大学的行政，并得伸张其势力于大学本身职务范围以外。每大学区设一参议会，名Conceil

Academique，会员包括有大学区校长、区视察员、大学各院院长、中学代表及本区地方行政机关代表，以校长为主席。职在集议关于本学区公私立中等学校事项。每年必有报告一种，详述各公立中等学校的实况及其改进方法。

大学区之下有府（Department），法国本部共分 90 府，各设府尹（Prefect），代表中央主管本府一切行政事务。府之下为州（Arrondissement），设有州正，由中央委任。州之下为县（Canton），县有县长。县之下有里区（Commune）亦有里区长。

就教育上说，府尹乃本府教育行政的最高领袖。他委任小学教师，推荐本大学区视察员，并为府教育参议会的主席。对于初等教育，他虽有全权管理，但事实上多委托于区视察员处理。外如监督本府教育经费，决定学校地址，以及监督支配小学奖学金等，皆其权责范围内事，每府有一府教育参议会，为府尹的顾问机关，由各县选出之代表组成。职在讨论初等教育和师范教育各问题。

按等级分，法国教育行政，可以教育部为第一级，大学区为第二级，府为第三级，县与里区则为第四级。里区可算最低级行政单位。全法共有里区 38,000 个，每里区面积大小不等，人口亦多寡悬殊。（小的不过 50，多的可至 40 万。）所谓里区，系兼指乡里和市里而言，与美国的镇很相类。区有区长，为区议会所选出，惟只对中央及府尹负责。区长有监督校舍，督促儿童入学，保存学校统计，介绍设立私立学校之权。其审议机关为区学务局，职在监督入学，管理财政，以及发奖品等项。

四、德国

德国联邦政府一向无教育部，仅于内政部下设一教育科。教育行政大权，全操在各邦。国社党执政（1933 年 1 月）以后，采集权制，于联邦原有各部外，添设教育、宣传、航空三部，而以普鲁士教育部长兼联邦教育部长,于是全国有一中央教育行政机关,而普鲁士教育部与联邦教育部合而为一了。现时德国教育部称"Der Reichs und Preussische Ministerium für Wissenschaft, Erziehung und Volksbildung",其内部组织分八司:(1)总务司,(2)部长办公厅,(3)科学司,(4)普通教育司,(5)民众教育司,(6)体育司,(7)"乡学年"(Landjahr)司,(8)宗教司。

部长出席阁议和国会,重要权责在发布命令,编制教育预算,训练和检定教师,委派教育行政人员,审定教科书,编制课程纲要,以及厘订考试规程等。不过商业教育,农业教育及青年训练等尚不归教育部管辖。

与普鲁士邦教育部(即德联邦教育部)联络的,还有好些重要委员会,局及其他机关:(1)教科书审查委员会(Prüfstelle für Lehrbücher)——成立于1928年,委员皆由部长任命。职在审查各书局教科书,以其结果送与部长核办。(2)邦教育调查局(Staatliche Auskunfstelle für Schulwesen)——成立于1899年,调查国内外教育状况,刊行报告以供部长参考。(3)邦自然科学教育局(Staatliche Haupstelle für den Naturwissens Chaftlichen Unterricht)——与邦教育局同年成立,供应关于教学和自然科学之教材,教学和设备等重要知识,并不时举行科学教师训练班。(4)中央教育研究所(Zentralinstitut für Erziehung und Unterricht)——这是一个研究的机关,成立于1915年。其任务在征集教育材料;收藏各项教科用书;举行国内外教育旅行和其他进修事项,以及刊行研究报告等。近更因教部的资助,设各种事务所分司检查教育电影,供给教育材料,指导制造音乐和各种唱片,以及给予职业指导等事宜。

邦之下为省,每省设教育理事会(Provinzialschul Kellegien)，省长为当然主席，不过实际行政权多委之于副主席。会员多为部长委任的教育专家或富有教育经验者。其重要职权，在监督中等学校和盲哑学校。在中等教育范围内，重在监督教师的训练、检定和任用，指导解决中等教育问题，以及举行小学教师的考试等。现因中央集权，前此执掌事项，如训练教师等，概归教育部管理。

省之下为郡（Regierungen），郡是普鲁士第三级教育行政单位。该邦现有34郡，各设一学务局，郡长为首领。事实上他常把行政权付之本局中富有教育知识与经验者。本局主要任务在监督公私立初等学校及音乐电影等特种教育。此外并任用小学教师，管理校产和宗教事业等。近来行领袖制，郡的教育行政权，集中在郡长及其代表人，学务局不过一顾问机关罢了。

郡之下地方教育行政区域，有市区和乡区两种：在市区，有一市教育代表会（Schuldeputation），主管教育行政。该会由市长，市行政人员，市议会和教师代表，新旧教及犹太教代表组织而成，以市长为主席。国社党当权以后，改选举制为委任制，会员皆由政府任命，犹太人不得参加；一切行政大权操之市长或所委任之市教育督察长（Standtschulrat）。在乡区，教育行政事项，向由乡区学务局（Schulvorstand）管理。其构成人员有行政职员，本地教师和公民代表及各教会代表。职在监督普通行政及初等教育，并联络学校与家庭。性质与市学务局相类。现时此种机关虽仍存在，但实权全在本区主管长官之手。

五、意大利

意大利国家教育部（Ministero dell Educazione Nazionale）为全国最高教育行政机关。以前实业和职业学校属经济部掌管的，1929年后，概归教育部管辖。所以意大利的教育部，权柄是很大的。部长为内阁的一员，佐以二政务次长，一主国民教育，一司体育和青年训练。部长职权大别有五：(1) 指导并促进全国公民教育；(2) 辅导私立学校并提高公共道德和文化；(3) 监管全国美术品并奖进美育；(4) 裁决全国学制上种种纠纷问题；(5) 考核并黜陟所属各级公务人员。

部内分七司：(1) 初等教育司，(2) 中等教育司，(3) 职工教育司，(4) 高等教育司，(5) 古物美术司，(6) 图书馆及人员司，(7) 体育司。各司设司长一人，其下更分若干科，若干组。各司有督学若干人，辅佐司长视察和处理实际教育事务。关于教育经费，特设一会计局以管理之。该局直接对财政部负责，他部也是一样。

外有若干审议和谘询机关：(1) 最高教育参议会 (Consiglio Superiore della Publica Istruzione)——由会员 46 人组织而成，以部长为议长，更设副议长 1 人，于议长缺席时代为主席。会员概由部长推荐，国王任命，任期四年。除供部长关于重要问题之谘询外，并视察大学及其他高等教育机关，并作全国教育之调查和报告。(2) 古物美术参事会——建议部长处理关于古物美术事项。(3) 中央研究会——研究国内外科学和教育发达的情形，供部长参考。(4) 学校卫生及福利参议会——司关于学校卫生和福利事宜。(5) 图书委员会——计划关于图书购置，征集和保管事宜。以上种种，以最高教育参议会最为重要。

在地方行政方面，意大利现在行的也是分区制（Regional system），分全国 19 个学区，每学区设厅长 1 人（Provveditore Agli Studi），主管本区所有教育行政事项，与法国大学区长地位相当，由教育部长任命。他的职权：(1) 监督公私立学校；(2) 审定学校教科书；(3) 听审视察员（或督学）评判所惹起的事端；(4) 命令取缔不卫生的学校；(5) 核准教师检定的标准，以及处理其进退升降事项；(6) 选派委员视察本区教育。一切秉承部令而行。概言之，厅的主要权责，在秉承部令，管理本区中小学教育及有关行政组织问题。其下设若干科，各置科长1人。更设数委员会（如初等教育委员会，中等教育参议会，小学教师训诫会等）以为襄助。

一学区之内，包含若干市区和乡区，各有市长、乡长及督学等分别处理本区的小学教育。

六、苏联

苏联各邦皆有其人民教育部（实则是人民教育委员会 The Peoole's Commissariat of Education）为本邦最高教育行政机关。它有权处理一切教育行政事项。邦与邦之间，藉党部和"各邦人民教育委员长会议"以资联贯：前者决定全国教育政策，后者审议教育上一切有关统一的重要设施。这样便可于分权中求得全国行政的一致。最近俄国行政组织且有集权的趋势，联邦人民教育部纵然尚未成立，但莫斯科的人民教育部在部长巴伯诺夫（Bubnov）指挥之下，已逐渐取得全国教育行政首脑的地位。高等专门学校和专科学校均已直接受联邦各种委员会的节制；中央方面，为联络各机关，且有特种委员会的成立。他方亦有同样情形。

人民教育部的组织，各邦大致相同，兹举苏俄人民教育部为例以说明：

苏俄人民教育部统辖全邦教育事业。委员皆由全俄中央执行委员会委任，设部长1人，以为行政的首领。本部职权并不以管理学校教育为限，即科学研究机关、博物馆、戏院、电影院、美术馆乃至政府出版物等，概须受其监督。其内部组织计分11个部门：(1) 行政组织司，(2) 社会教育司，(3) 职业教育司，(4) 成人教育司，(5) 非俄语民族教育司，(6) 国立科学会议（Gus），(7) 科学美术司，(8) 文艺司，(9) 国立印刷所，(10)

电影事业管理局，(11)用品司。最末三者属商业性质，部中只监督其措置果正当与否。最近组织日趋于简单化，除重要部门外，许多委员会以及骈枝机关，皆已先后裁撤。1933年9月，国立科学会议和其他委员概行废止。以后教育行政的大权，集中于少数部门，内部的争执可因而减少，行政的效能可因而提高。

但除教育部以外，直接处理所部教育的机关，亦还不少：例如总工会中央参议会的文化教育部，管辖政治教育及工人俱乐部和图书馆等；陆军部管辖红军的政治教育；交通部管辖铁路和水上工人的教育等皆是。再为训练未来的党员，中央党部定了详细的计划，设了好些训练团体，这些团体，都不属于教育部。

为行政方便起见，苏俄划分本邦为省、郡、乡数种区域，每一区域的苏维埃，设有执行委员会，其下再置地方教育科主管教育行政事项，对委员会负责。该科的主要任务，在编制预算，聘任教师及管理各级教育，但高等教育除外。每校有一参事会，由教师、职员代表、校医及党部、工会和青年团等代表组织而成。校长也是会中的一员，视察员与工人教育会为教育部与一般人民的媒介。教育部每年须向工人教育会作一报告；如订有新方案，亦必与之商榷。视察员为教育部的耳目，除高等教育外，各级学校都受其视察；然而这在俄国教育史上确是发达较晚的。[①]

第二节　比较中的行政组织问题

上述各国教育行政制度，各有其特点，孰是孰非，难做贸然的判断。第一，各国教育行政所依据的政治理想不同，因而所采取的政策亦异。凭是中央集权，或地方分权，领袖独裁，或折衷

---

① 本节详阅罗廷光：《最近欧美教育综览》，商务，上、下两册。

众说，都不是偶然的。我们倘不了解此种政治理想的背景，而昧然加以指摘，必毫无是处。第二，教育行政制度，是随着教育事业的内容而时时变化的。教育事业日益发达，行政范围自然亦日益扩张。例如美国初期教育纯为地方事业，既而郡、镇为范围，现则已成为州政府的事业了。又其各州各市教育行政的组织不同，皆为适应各地不同的情境而起，十分自然的。第三，各国政府对于教育负责的程度不同，教育行政的组织，于是便有疏密之分。英、美认教育为社会事业，听人民自动办理，政府不多加干涉，便无所谓严格的管理；以视法、德、意等国之遇事统制，组织完密者大异其趣。近来德、意、俄等国，因党治的关系，欲把整套行政机构纳之党的控制之下，故其教育行政组织亦自与寻常国家不同。总之，各国教育行政制度，一如其学制，各因本国国情而互异，不得执此律彼。甲之所长，未必能移植于乙国，淮北之橘，易地为枳，不可强也。

然而客观的比较研究，实为帮助解决本国教育行政问题的极有效方法，姑据前节所述，择要分列问题数项讨论如次：

甲、中央教育行政机构及权限大小问题

美国至今尚无一联邦教育行政机关（如教育部一类），仅于内政部中设一教育事务所，除征集材料、刊行报告以外，只能管理阿拉斯加的教育，对于各州教育行政全不过问。苏俄此刻也还没有联邦教育部，不过苏俄教育部隐有掌握全国教育行政大权的趋势。英国名义上纵然有一个教育部为全国教育行政最高机关，但实际权限极小，与他国教育部大相悬殊。德意志联邦本也没有最高之教育行政机关，惟于宪法上规定联邦有确定全国教育根本方针之权，国社党执政以后，趋向提高中央权威，实行把普鲁士教育部与联邦教育部合并，以此为全德教育行政最高机关。意大利的教育部原来无关重要，自法西党彻底加以改造，然后声威日著，权限日增，至今俨然成为一个全国最高的行政机关。法国的教育部，一向握有支配全国教育行政之权，各级学校，不论公立或私立，皆直接、间接受了教育部的节制。论到教育部的权限，无疑是英国教育部最受限制（美则趋向以州为行政单位，州政府权柄最大，中央则否），法、意、德等国则庞大无比。但在法国，农业教育隶属于农业部，陆海军学校隶属于陆海军部，桥梁工程和矿务学校隶属于建设部；在德国，除农商教育分隶于农商部外，青年训练直受青年训练总部的指挥，都不属于教育部；只有意大利的教育部总辖全国教育和青年训练。（以前实业和职业教育属经济部掌管，1929年以后，亦划归教育部。）

我国教育部依法律规定"管理全国学术及教育行政事务"，"对于各地方最高级行政长官，……有指示监督之责"。（《修正教育部组织法》）似与法意德等国制度相似。惟实际教育部的权力受限制的地方很多，各部会可自设学校，不受教育部的监督。例如交通大学、吴淞商船学校、税务专门学校、中央政治学校等都不隶属于教育部；又如受庚款补助和维持的教育，每因个人之感情而定拨款的多寡，不经教育部的统一筹划。凡此均足使教育行政系统紊乱而致教育行政效率降低，更不易推行整个国家教育的政策。中央有鉴于此，行政院曾于民国二十六年〔1937〕六月十五日第 37 次例会决议："行政院各部会所管专门各学校除军警学校外，其余如交通大学、吴淞商船学校、税务专门学校等一律归教育部管辖。又中法大学等各庚款所拨用之文化机关，皆应由教育部统一办理，并每年度末必详报收支项目备核。由行政院召集庚款机关联席会议，研究实施办法。"以后教育行政或可日趋于统一。

乙、各级教育行政组织关系及其权限划分问题

英国教育行政实权，全在各郡及郡邑，它们有权管理本区中

小学教育，市邑人口满一万，镇区人口满二万时，亦可管理本区小学教育。美国趋向以州为集权中心，一切学校和其他教育机关均受其管辖，郡市及镇区等皆隶于其下。德在联邦教育部未成立以前，邦政府主管高等教育；省教育理事会主管中等教育和盲哑学校；郡政府的学务局主管初等教育和中间学校等。现则各级教育行政机关权限减少，中央权限增大。法国教育部统辖全国教育行政，大学区校长监督本区高等、中级及职业教育；府尹管理初等教育。意大利教育部总管全国教育行政，各学区厅长秉承中央监督本区中小学教育及其有关行政组织问题。

我国现行制度教育部监督全国教育，省教育厅管理全省教育，市、县教育局或类似机关指导全市或县教育。比较的说：高等教育受制于中央，中等教育受制于省，初等教育受制于市或县，近于各国的三级制。从整个行政看，中央、省、县（或市）各级组织，原系一体，有不可分解的连锁关系，各级互相联络，彼此互应，当然是对的。不过中央、省和县间的权限，理应如何区分是个实际的问题。前面曾举我国教育部与省教育厅事权上每多重复冲突之处；例如中央有考试人员之举，各省亦常有考试和甄别行政人员之事；教育部有检定小学教员之责，各省教育厅亦有检定小学教员之权。又教育部有审定小学教科书之职掌，而上海（及其他）教育局亦以教科图书之审查为其应有的职责。凡此皆为事权未划清，组织欠健全的明证。究竟何等事权应归中央，何等事权应给各省与地方？我们参考专家意见以后，应有下面的主张：

A　中央教育行政机关应有的职权：

（1）决定教育宗旨，政策及其实施方案（当然遵照中央党部的指示）。

（2）培植全国国民统一的精神。

(3) 促成全国国民义务教育及民众教育（按即国民教育）的普及。

(4) 商承中央党部高级政府制定青年训练和儿童训练的原则和方法。

(5) 调剂地方人才经济，并力谋各地教育机会的均等。

(6) 确定留学政策并规划高等教育之发展。

(7) 厘订各级教育设施"最低限度"的标准。

(8) 颁布各级学校规程，课程标准及升级转学办法。

(9) 颁发各项重要行政法规，俾为各地实施的准绳。

(10) 审定教科书，必要时得自行编纂。

(11) 核准各私立学校立案，并取缔其办理不良者。

(12) 依法任命所属重要教育行政人员，并厉行考绩办法。

(13) 依法取缔幼童做工，并保障儿童应享的权利。

(14) 调查全国教育状况，并编制教育统计。

B 省及地方教育行政机关应有的职权：

(1) 教育宗旨和政策的推行。

(2) 省和县市教育的计划和推行（包含中等教育，初等教育，社会教育等）。

(3) 省和县市教育的监督和管理。

(4) 上级教育法令的奉行。

(5) 所辖区教育的视察和指导。

(6) 所辖区教育经费的筹措和管理。

(7) 所辖区教育人员的培养和任用。

(8) 所辖区教育改进的建议。

(9) 本区教育状况的调查和报告。

丙、行政区域划分问题

教育行政区每与普通行政区同其范围：苏联各级普通行政机

关，同时便是各该区的教育主管机关；英国的郡和郡邑，德国的省和郡也是这样。不过也有范围大小不同的，例如：法国普通行政区有府 90，而教育行政区（即大学区）只有 17；意大利普通行政区有省 92，而教育行政区则只 19。又美国的乡区和学区也往往界限不同。

我国各省教育厅系属省政府的一部分，教育行政区与普通行政区完全一致。省下县市教育局所辖区域与县市行政区域亦毫无出入。至地方学区的划分，虽说可按地方情形自由办理，但全省（例如湖南）仍多规定应与自治区一致。最近《县各级组织纲要》第四条规定：县境内教育区域应与行政区、乡（镇）保甲之区域合一（其他警察、卫生、合作、征收等区域亦然）。换言之，即教育行政区须与普通行政区一致。无疑的这是为了政教合一的方便，使同一行政区域内之教育事业，可以受同一行政机关的指挥与监督。

教育行政区应否与普通行政区一致？反对的人每藉口避免普通行政的干涉，教育行政区最好不与普通行政区相一致。但教育行政终属全部行政的一种，与他们行政息息相通，为使教育易与他部行政配合起见，教育行政当不可独立于普通行政以外，故教育行政区不论省或地方，都应使其与普通行政区一致，毋需另立门户，至若视导区和师范区等，则不妨仍基于教育行政原则而自由划分。

丁、教育行政机关内部组织问题

各国教育行政机关组织概况已如前述，有分司科很多的（如美国的州和一等市），有分司科不多的；有行分区制的（如英国教育部），有不行分区制的；有分高、中、初等教育的，有不是那么分的。我国现行制度已评述于前。各级教育行政机关的组织究应采什么原则？依夏承枫氏所举：（1）为分工之均衡，就业务性质和分量而分配于司、科及股；就业务需要而设立各部分，初不拘于形式的美备。（2）为合作的便利分工过细，易发生局部的隔阂，阶梯重复；转多周折，故不得不酌用委员会或他项会议方式以谋团结。（3）为机关以外意见的吸收，设各项专门会议，以便采取专家的意见。① 行政部门以外，应有审议和研究机关（详下）。各级教育行政机关内部的组织，固应有统一的标准，但亦不可毫不伸缩的余地。克伯莱（Cubberley）氏研究美国大中小市拟有三种合理的组织，以适合各种不同的需要。中国地方情形参差甚巨，似可仿此办法。

戊、审议机关设立问题

为防止主管长官独裁并收集思广益之效，多数国家都在教育行政机关内设了种种审议的机关：例如法国教育部有"高级教育会议"，各大学区有"大学区参议会"，各府有"府参议会"；英国教育部有"参议委员会"及各种委员会，皆供教育行政长官顾问的团体。美国的州、郡、市教育董事会，其地位反在执行机关（教育局）之上，各执行机关人员，多由董事会选任，并受其监督指挥。大约民主国家不论其为集权与否，对此种审议制度，皆十分重视；独裁国家亦每有类似机关的设立，像那意大利教育部内设有"最高教育参议会"及他种参议会，德国教育部也有好些委员会，各省有教育理事会，各郡有学务局，各市有教育代表会等，不过权限极小，形同虚设，诸事听从领袖指挥裁可罢了。

我国初期教育行政机关，原有"高等教育会议"和谘议官之设，后来各省曾置有"省教育参议会"，各县市曾置有"教育董事会"等审议机关，现时教育行政机关却不见有此种组织存在了。教育部的大学委员会，名义上虽仍保存，实自大学区制取消

---

① 夏承枫：《现代教育行政》，中华，第435、436页。

以后，该会已失其效用。各省市虽有"教育会"一类团体，但少与行政机关联络，更不能影响到它们。我国各级教育行政机关，不设审议团体，实在是一个缺陷，国联教育考察团前曾建议"各级教育行政机关，应有一带顾问性质之委员会，以与教育机关合作；此种委员会，应以公民代表及教员代表组织之"。这在原则上我很赞同，不过办法还得研究罢了。

己、附设研究机关问题

教育事业是日新月异的，教育学术也应精益求精，教育行政当局负了计划、监督、辅导和推进的责任，期求解决种种教育实际问题，只凭办公室内的处理，或仅埋头于"等因奉此"，"呈悉"，"此令"，……决不足以尽教育行政的能事，决不足以解决层出不穷的教育问题。须从事学术研究方可有济。在昔大学院时代，曾标榜教育行政之学术化，用意原是不坏，只可惜陈义太高，办法欠善，至成为空话。采"卑之无甚高论"的办法，至少应在教育部、教育厅、教育局（或其同等机关）内附设一种研究机关，专从事于调查、统计、测验、研究等工作，并不断刊行报告，以供教育行政当局的参考。这种办法，并不算稀奇，外国早已就有：英国教育部的"教育研究所"，德国教育部的"中央教育研究"，意大利的"中央研究会"，都属于这类机关，负了研究、调查、统计、报告的责任。美国则在中央有"教育事务所"，在州和大都市有"教育研究局"，其范围尤广，工作尤多，成绩尤著。即在我国，当学部成立时期，尚设有"学制调查局"、"编译研究局"及"教育研究所"等机关，饶有研究的意味。以后中央和各省均未能注意及此。前教育部曾一度拟设教育研究所，中央研究院组织规程中亦有"教育研究所"一部门，惜皆未能见诸实行。教育行政长官若只凭个人常识以处理专门问题，或遇事本个人主观成见，毫无客观事实作根据，该是何等危险的事！

庚、新县制下教育行政组织问题

新制取"三位一体"的办法,冶管教养卫于一炉,政治与教育配合,能实现"政教合一""文武合一"的理想,用意诚善,且属必要。不过乡(镇)保长责任过重,事务过繁,能力有限;以一人而兼三职(校长、乡镇长、保长及壮丁队长),难免有陨越之虞。且此种人做乡(镇)长、保长胜任的,不一定做校长也能胜任。又或因乡(镇)长、保长只知注重办理乡政、保政及壮丁训练,而于学校教育则不免忽视,遂使教育成为一种附庸,都是可有的弊端。为发展国民教育计,为发展建国所系的国民教育计,我主张:(1)实行分工合作办法;对于学校教育应指定专人(如教导主任)负责,校长只总其成,加以督促指导而已。(2)乡(镇)长、保长人选应以其具有小学校长的法定资格为合格。(3)最好能如《县各级组织纲要》所规定,"在经济教育发达之区域,国民学校校长以专任为原则"。校长纵然专任,但与普通行政(民政、财政、建政、警卫等)及军事仍是息息相关,毫无隔阂。

上述数者以外,尚有关于教育经费和教育视导的组织,留待后面分别讨论。

【教育行政组织的原则】 综述教育行政组织的原则如下:

一、须认清各级教育行政在普通行政上的地位——教育行政为普通行政的一种,教育行政机关应如何与其他机关密切合作,并应采取何等合作方式,该当时时注意。

二、须保持各级教育行政机关的联系——各级上下相承,有条不紊,则不独办事顺手,即行政效率亦必增高。反之,若彼此失去联络,指挥不便,则事事棘手,弊害丛生。故各级教育行政机关须息息相通,保持有机体的关系。

三、须顾及中央与地方行政的统一——在一方面说,教育属国家和地方事业的一部分,其行政自不可妨害其他事业的进行;在另一方面说,凡属教育范围内的事业,除有特殊情形者外,都应隶属于中央及地方教育行政机关,受其管理和监督。

四、须发展教育事业的精神——一种事业的内容扩大而复杂以后,非有专家运用专门知识和技术,不足以应付裕如。教育事业,迩来日趋复杂,无论是质是量,都证明非凭个人常识用简单方法可以处理妥善。教育专业的精神能否发展,要看行政组织中易否罗致专家及专家有无充分发挥能力的余地。

五、须有采纳民意的机会——审议机关必不可少,前面已经说过。

六、组织应以分工合作的原则为根据——组织的作用在能推动事业的进行,愈能依据分工合作的原则的,必愈迅速而有效。

七、须含学术研究的意味——不徒为例行公事的应付,以掾吏生活自划,应有学术研究的机关,藉以充实活力,不致枯寂化。

八、须基于事实而趋向较高的理想——须如此才有进步,有生气,有较远较大的成就。

研究问题

(1) 任何国家的教育行政制度,必以本国国情为背景,适合国情的制度才算是健全的制度,这话可能在本章所述各国中找得例证否?

(2) 述英国或美国教育行政制度的特点。

(3) 比较法、意两国教育行政制度的异同。

(4) 法西斯国家教育行政制度与民主国家有何大不相同之处?试扼要述之。

(5) 我国中央教育行政机关的权限正在积极扩张中,你对于这问题的看法如何?

(6) 专家对于中央教育行政机关及地方教育行政机关的权限划分意见

如何？

(7) 举教育行政机关内部组织的重要原则。

(8) 新县制下教育行政组织问题。

第四篇 教育人员

第十二章

教育行政人员

前面说的，多属于制度和组织方面；那些固然不可忽略，但是更重要的，还是运用制度和组织的人。古语说的好："徒法不足以自行"；又说："有治人无治法。"足见"人"的问题，比什么都重要。教育的对象是人，施行教育和执掌教育的，也是人；教育的事业，不能片刻脱离人的关系。用"人"不当，一切无从谈起。本篇所谓教育人员，包括教育行政人员，学校校长及教员三部分。分别论之如次。

第一节 各级教育行政人员的现况

各级教育行政人员之法律上地位及其事权，前面曾不时提及，兹再将各级教育行政机关设员情形，综述如下。

一、中央教育行政人员

教育部设部长1人，为特任官，综理本部事务，并监督所属职员及各机关。部长出席行政院会议。设政务次长，常务次长各1人，辅佐部长处理部务。部长、次长皆由行政院院长提请国民政府主席依法任免之。其下设秘书6人至8人，分掌部务会议、编制报告及长官交办事项；参事3人至5人，撰拟审核本部之法案命令；司长6人，分掌各司（总务司、高等教育司、中等教育司、国民教育司、社会教育司及蒙藏教育司）事务；督学8人至16人，视察员16人至24人，视察及指导全国教育事宜；科长18人至24人，科员100人至140人，承长官之命，分掌各科事务；会计长1人，统计主任1人，办理岁计、会计、统计事务，受部长之指挥监督，直接对国民政府主计处负责；技士2人至4人，承长官之命办理技士事务。部长特任，次长、参事、司长、秘书2人，督学4人简任，秘书、督学、科长荐任，科员、视察员、技士委任（《国民政府组织法》及《修正教育部组织部》）。

二、省教育行政人员

省政府组织采委员制，教育厅属省政府的一部分，设厅长1人，简任，由行政院就省政府委员中提请国民政府任命之，综理该厅事务，指挥所属职员及所辖机关。厅中设秘书1人至3人，承厅长之命办理机要事务。设秘书1人至3人，荐任，办理机要事务。视事务之繁简分科办事，每科设科长1人，荐任，科员4人至12人，委任，承长官之命办理各该科事务。又设督学4人至8人，由各省厅比照科长定之。必要时得酌设技正、技士、技佐及视察员等职，为办理编审统计及宣传事项，又得酌设编审员。

实际各省教育厅人员多寡互有不同：有不设督学而设督导，组织督导室者；有于督学以外增置视察员者；有不设编审员，所有编审事务归秘书室管理者；大约分为3科或4科，亦有科之下再分股，置股员若干人者。限于篇幅，难以缕述（详《各省政府教育厅组织法》）。

三、地方教育行政人员

甲、县教育行政人员

1. 保存局制之县　县教育局设局长1人，由县长就具有规定资格者推荐3人，呈请省教育行政长官选任。外设视学及事务员若干人，其名额视县教育事务之繁简酌定之（《县教育局规程》）。但依《修订组织法》，则各局长"由县长就考试合格人员中遴选，呈请省政府核准委任之"。湖南各县教育局长之任用，在未举行考试以前，由该管县长遴选具有合格者1人呈请省政府核委。河南任用县教育局长，则用选举方法，"设局长一人，依河南各县教育局长选举规定选举之"。

局长之下设课，置课长1人或2人，办理各该课事务，又设县督学1人至4人，司视察和指导县教育事务。有时并设款产经理员，经理县有教育款产，各县办法互有出入。

2. 裁局设科之县　山东省规定："县府第五科科长以县教育局长改充，专管地方教育。"其任免仍沿用教育局长任免办法。科内分教育行政和教育视导二股，行政股科员以原教育局科员充任；视导股以原有之县督学和教育委员组织之。员额薪金均仍旧。县督学及教育委员之任免，仍依照《县督学规程》及《教育委员规程办法》。浙江省各县政府设立五科时（按属一等县），以第四科管理教育事项。"各县原有教育局长，如经考试及格，或经训练及格，或经铨叙合格，得有证书者，应由县长呈请继续任为主管科长，各县县长遴选科长，应依照规定资格承请核用。"县政府得酌量分股办事，除科长外，并得设督学、技士等员。

县之下为学区，在普通县份，设教育委员1人，承长官之命，主持本区教育行政事宜；教育局长（或科长）核委，呈教育厅备案。在试行地方自治之县份（如湖南、长沙、湘潭等县），各区自属乡镇，设教育委员1人，受教育局长、区长、直属乡镇长之监督指挥，办理区内教育事宜。如因事务过繁，得设干事1人至3人，协同办理。区公所如设教育股，其股长即由教育委员兼任，股员即由干事兼任。而在试行中心小学区制的县份（如江苏嘉定县），则每学区设中心小学一所，其校长负管理本区教育之责，并佐以总务、教务和训育主任等员。本区各校不设校长，只设主事1人，主事除商承校长处理本校一切事务外，遇有校长委托事项，应协助办理。

新县制规定县政府设民政、财政、教育、建设、军事、地政、社会各科，置秘书、科长、指导员、督学、警佐等员。区属设区长1人，指导员2人至5人，分掌民政、财政、建设、教育、军事等事项。乡（镇）公所设民政、警卫、经济、文化四股，各设主任1人，干事若干人，由副乡（镇）长及乡（镇）中心学校教员分别担任之。

乙、市教育行政人员

市设教育局如上海市，规模最大。"局长一人为简任或荐任；科长四人，荐任；科员二十五人至三十五人，委任；督学四人，荐任或委任；视察员十二人至十六人，委任。""因事务之必要得委聘专门人员。"市设社会局兼办教育行政的，如南京市，其第三科专管教育，分学校教育、社会教育、研究实验三股，各置股长1人，股员若干人。又设督学1人至3人，指导员1人至3人，统计主任1人，统计员1人至3人，分别办理各职掌事项。市设教育科的，如杭州市，内分总务、学校教育、社会教育三股，各置股长1人，又督学2人。最小者如厦门市，只设督学1人至2人（委任），管理教育行政事项。至今市教育行政机关能保持独立的，实寥寥无几。

第二节 教育行政人员的资格

一、资格

第十二章 教育行政人员

中国教育界有种奇特的现象,便是各级教师,从小学教员以至大学教授,他们的资格都有明白的规定,惟独教育行政人员却不是这样。在教育行政人员中受有资格的限制的,只县市教育局长（或科长）、督学及教育委员等下级行政人员；至省教育行政机关以上的行政人员,除督学以外,全无法定资格的规定。大约官做得越大的,越不需要什么资格。多少年来中国吏治腐败,行政效率降低,乃至整个政治不上轨道,这种不合理的办法,至少要负大部分责任。因为做官不靠资格,大家都有希望,人人都可"进行",结果谁的活动能力大,谁有极大之政治的奥援,谁就可以飞黄腾达。钻营者众,禄位到底有限,僧多粥少,争夺以兴；个人力量之不足,不得不植党以营之。尔诈我虞,互相倾轧,个人地位不免动摇,整个政局因而不靖。一般官场如此,教育何能例外？因了资格不加限制,任何人都想向教育界活动,致有资格者裹足不进,或竟无法插足,材质之劣下可想而知。在此种不合理的情况下,专业精神当谈不上。"中山先生主张找厨子必到菜馆里去找",厨子尚须注重专业,教育行政岂可让未受训练及没有资格的人滥竽充数,由此知我国教育行政人员不受资格限制的种种弊端,同时即可显出彼等资格实有从速规定的必要。

固然纯粹专家政治的实现,此刻尚非其时,不独吏治未修的我国,距离很远,即号称政治清明的英美,也还未曾十分做到。即如英国现在驻美大使哈利法克斯（Halifax）,他曾做过军政部长,掌玺大臣,并还做过教育部长、外交部长,几乎是文武双全,堪称万能的。同样的例,他国当亦不少。这种变态,国人也许乐于引为口实,但能不能就认为是合理的呢!？在我国,所有公务人员,例有"政务官"与"事务官"之别,如中央政府之行政元首,各部部长,各省政府主席（或省长）,各厅厅长及各县县长等,属于前者,余则均属于后者。一般人以为政务官系负总责握全权的人，其人选只以统率能力、行政计划及普通执行才器为标准，不必斤斤于专门知能的有无。至于事务官，主要责任在推进行政上之实际事务，故其选任标准，应注重技术、经验等。这种说素，固不无片面的理由，但自我们看来，普通行政才器与专门知识技术并不是互相冲突的。一个完全门外汉，身任海军（或陆军）部长，不论其"普通行政"的本领何等的大，若望其尽量发挥本部效能，怕是一件极滑稽的事罢（只有我国以往挂名的海军部长可以这样）。教育何尝不是这样？

依程湘帆氏的意见，一个中央教育行政机关的领袖，"就资格言之，除教育行政之专门训练外，须有政治之经验，明了教育与国家之关系；以政治上远大眼光，筹划教育之大政方针；藉政府委员之地位，运用光明正大之政治手腕，以求教育方针之设施。按照教育行政之责权及需要，改组现在之官厅，任用教育专家，厘订教育法规，规定进行计划，处理行政事务，监督指挥地方教育之行政，暨国立学术机构"。[①] 实际说来，主持全国教育行政的人，纵不必是专门家，但若他具有政治上远到的目光，教育上深切的见解，能以高瞻远瞩，指出今后国家教育应走的道路和应采的方针，因而定下现阶段教育实施的政策和步骤；并能多方罗致专才，以求实现，已是难能可贵的了。

关于省市教育行政长官的人选标准，各国类有适当的规定，而以美国对于州市教育局长（Superintendent of Schools）一职最为重视。该国历来州市教育局长多为贤明精干之教育家所充任：如霍拉斯·曼（Horace Mann）之于马萨诸塞州（Massachusetts）；亨利·巴纳德（Henry Barnard）之于康涅狄格（Connecticut）和罗得岛（Rhode Island）；皮尔斯（John

---

① 程湘帆：《中国教育行政》，商务，第248～250页。

D. Pierce)之于密歇根州（Michigan）；米尔斯（Caleb Mills）之于印第安那(Indiana)；斯托（Calvin E. Stowe）之于俄亥俄州（Ohio）；德雷伯（A. S. Draper）之于纽约（New York）；哈里斯（W. T. Harris）之于圣路易斯市（St. Louis）；马克思韦尔（W. H. Maxwell）之于纽约市；格林伍德（J. M. Greenwood）之于堪萨斯州（Kansas City）及哈柏（W. R. Harper）之于芝加哥市：都是大家知道的。彼等对美国教育的贡献，的确很大。近因教育事业日益发达，教育局长的地位日益重要，故其资格规定亦更详密。依库克（W. A. Cook）所举：现时美国州教育局长的人选标准，有12州规定须在本州住满2年至5年，年龄在25或30岁以上；有3州规定须为男性；有12州规定非受有专门训练者不可。一般趋势，州教育局长须有下面三种资格方得充任：(1) 握有高级的教师凭证；(2) 毕业于优良的高等教育机关；(3) 有3年至5年的教学和视导经验。[1] 克伯莱（Cubberley）氏则谓教学实际经验，还不如"了解行政基本原则，洞悉教育问题，对教育有信心，并勇于负责"的重要。今日的州教育行政领袖，除去专门学识以外，须有远到的目光，优越的能力；单凭若干教室的教学经验，是不足够的。[2]

实则除法定的资格以外，学行的资格尤为重要。查特斯（W. W. Charters）曾经做过一个客观的研究，向许多专家征询教育行政长官所应具的品德，结果发现下列五项为彼等人格构成的要素：(1) 识人（Ability to listen well），(2) 虚心（Open-mindedness），(3) 友爱（Friendliness），(4) 勇于言行（Force-

---

[1] Cook, W. R., *Federal and State School Administration*, pp. 144-145.

[2] Cubberly, E. P., *State School Administration*, pp. 279~282.

fulness of Speech and Action），(5) 有礼貌 (Courtesy)。① 莱德 (E. S. Lide) 曾请 25 位专家品列教育局长的品德 (Administrative Traits)，所得结果如下：②

品德	等第
领袖资格	1
判断准确	2
多方兴趣	3
长于策划	4
稳健（poise）	5
大度（broad-mindedness）	6
智慧	7
魄力	8
适应力	9
有目的	10
诚实	11
可靠	12
健康	13
慎思明辨	14
合作	15
明确	16

---

① 见氏数次在皮尔斯伯 (Pillsburgh) 无线电台的广播。
② 据 Lide, E. S., Personality Traits of School Administrators, in *Educational Research Bulletin of the Ohio State University*, Vol. WII, No. 7, April 1929.

热心	17
文雅	18
德性	19
乐观	20
周到	21
社交能力	22
机警	23
勤奋	24
吸引力	25
迅速敏捷	26

为审核教育局长资格并提高其工作效率起见，布莱文斯（E. M. Blevins）在科尔教授（Prof. Cole）指导之下，曾用客观方法，制成教育局长品第记分表一种，特录之如下：

（一）人格要质（Personality traits）

体格	分数
（1）仪容端正，态度自然	3
（2）服装整洁且适合身份	2
（3）声音悦耳，出言有章	2
（4）身体康强，毫无缺陷	2
（5）谈趣横生，见闻广博，留心时事	3
（6）同情，和蔼可亲	3
共计	15

225

（二）训练（Training）

甲、普通的和专门的学识

学识	分数
（1）普通基本学识	5
（2）学士（B.A.）学位（内有18学分之教育学程）	3
（3）硕士（M.A.）学位，加上：	
（a）一学期10小时之教育行政	3
（b）一学期10小时之教育视导	3
（c）一学期15小时之教育心理	3
（d）一学期6小时之教育哲学	3
共计	20

乙、实际经验

经验	分数
（1）1年至3年的小学教师	4
（2）1年至3年的小学校长	6
（3）1年至3年的中学教师	4
（4）1年至3年的中学校长	6
共计	20

（三）行政经验

甲、普通行政人员的经验

经验	分数
(1) 记录详尽，有系统	3
(2) 帐目清楚，并能预计种种需要事项	2
(3) 研究并证实董事会通过的政策，务使其能提高地方的需要	2
(4) 充分利用校舍，善为管理场地，建筑物及设备等	2
(5) 推荐适当之候补行政人员	2
(6) 为教学方面保留极大限度之预算	2
(7) 代表权威，并能切实负责	2
共计	15

乙、视导员的经验

经验	分数
(1) 供应课程和教材，俾适合学生和社会的需要	3
(2) 使视导成为彼此通力合作之事业	3
(3) 设置适当之教学环境及参考用书，以增进学习效能	4
(4) 编制适宜的工作计划	2
(5) 视各章程（制度）为学生而设计，非为其本身而有	3
(6) 使所定之制度成为合作的枢纽，各员皆能彼此负责	3
(7) 教员需指导时，则予以相当指导	2
共计	20

丙、领袖教育界的经验

经验	分数
(1) 堪为董事会方面之专业领袖	2
(2) 堪为教职员方面之专业领袖	3
(3) 在社会各机构联系方面,亦不失为一专业领袖	3
(4) 能为社会上教育标准的代表	2
共计	10
总计	100

（据 Bolton, F. E., Cole, T. R. and Jessup, J. H., *The Beginning Super-intendent*, Macmillan Co., New York, 1937, pp. 44-45.）

我国关于省教育厅长（或同类长官）资格，一向没有规定，实为遗憾。我们如果想谋合理的解决教育行政问题，尤其要想把教育行政当作一门学术研究，对于本问题就不应忽略。纵然关于教育厅长的资格，一时不能有明确详密的规定，至少也当有个大略的限制，物色时才有所遵循。个人以为学识上须有大学教授的资格，兼具教育专门的训练；经验上须曾任高级教育行政长官（简任），或主持一市（直辖市最好），或一县的教育行政至少五年，或曾任专科以上学校校长或独立学院院长三年以上著有成绩；人格上须有如查特斯氏前面所举者。①

关于市教育局长人选标准，美国费城市（Philadelphia）（美国宾西法尼亚州东南部港市）规定如下：

> "人格方面——一个领袖人物，有良好的品格和宗教的信仰；长于公开演说；身体健康；肯耐劳苦；有胆量，有令闻；谈笑风生，头脑清楚；语言中肯；为人忠实，机警，且长于交际，年在四十至五十之间。本人抱有职业的理想，对属下很宽仁厚道，作事富有奋斗的精神。
>
> 专门训练方面——一个优良大学的毕业生，曾学过教育行政学；或是一个大学的教授，曾教过教育行政学。对于教育科学，曾有重要著作，或曾发表关于市教育行政的重要论文。行政界并都认为是一个极有能力、极堪胜任的学者。
>
> 经验方面——早年他是个小学教员或校长，后来他是个小市镇的教育局长；最近他却是个中等市的教育局长，内有一科或两科如事务管理和校舍建筑一类。他能用很新的方法，指导教学。他富有自信

---

① 美国汉德（Hand）氏曾用客观方法，调查七州教育局长（计共568人）未就任前的行政教学经验，共分中学教员，中学校长，小地方教育局长，大地方教育局长四项，分别统计，可知现时一般教育局长其由来有一定步骤，决非一蹴可就者。（详见 Hand, H.C., Stepping Stones to the Superintendency, in *School Executives Magazine*, Oct. 1932, pp. 52, 54-56.）

又依美国 Department of Superintendence, N.E.A. 第 11 次年鉴（*Eleventh Yearbook*）统计，在现任市教育局长 2,255 中，其行政经验全体中数为 10 年。分别言之：在人口不满 2,500 的市，中数为 7 年；人口 2,500 至 5,000 的市，中数为 8 年；人口 5,000 至 10,000 的市，中数为 10 年；人口 10,000 至 30,000 的市，中数为 13 年；人口 30,000 至 50,000 的市，中数为 12 年；人口 50,000 至 100,0000 的市，中数为 17 年。大约现任教育局长，就任前曾做过 10 年教育局长的，占 50%，具有 20 年左右行政经验的，占 20%。可想见其人选的一斑。

力，任何困难的地方有法干去，有法达到成功的地步。"①

我国行政院直辖市，就地位说，和美国的一等市（如费城）相当，对此种市的教育局长人选标准，从无相当的规定，更未有过如上之明确的规定。局长不得其人，哪里还会办得好呢？

县教育局长、县督学和区教育委员，在我国虽曾有资格的限制，但所规定多为法定的，于人格学行等仍付缺如。民国十六年〔1927〕以前县教育局长的资格，规定有五项：（1）毕业于大学教育科，师范大学校或高等师范者；（2）毕业于师范学校并曾任教育职务三年以上者；（3）毕业于专门以上学校，并曾任教育职务二年以上者；（4）曾任中等学校校长或小学校长三年以上者；（5）曾任教育行政职务五年以上著有成绩者。依《县教育局规程》前三项尚差强人意，后二项则过宽泛，盖任小学校长三年以上者为数甚鲜；而曾任教育行政职务五年以上者，尤车载斗量不可胜数，此等人既毫无教育学识（甚至非由学校出身），何能胜任愉快？国民政府成立以后，中央大学区重定《县教育局条例》，规定局长资格：（1）大学教育科，师范大学，高等师范毕业曾任教育职务一年以上；（2）师范本科或高中师范科毕业，曾任教育职务三年以上者；（3）大学或专门学校毕业，曾任教育职务三年以上者。他省亦有类似的规定（见前）。兹举19省县教育局长资格的统计，以明近今全国各省县教育局长资格的一斑：

---

① Reeder, W. G., *The Fundamentals of Public School Administration*, pp. 47-48.

19省县教育局长资格统计表① (二十三年〔1934〕调查)

资格	人数	百分比
日本专门以上学校毕业	20	1.7
国内普通大学毕业	142	11.5
国内大学教育科毕业	35	2.9
国内师范大学毕业	15	1.2
国内高等师范毕业	63	5.1
国内低级师范毕业	48	3.9
国内大学师范专修科毕业	8	0.6
国内普通专门学校毕业	106	8.6
国内普通师范学校毕业	607	49.5
国内普通中学毕业	110	8.9
国内短期讲习所毕业	67	5.4
其他	4	0.3
合计	1225	100.0

改局设科的省份，科长的任用当然和从前不同。浙江二十四年〔1935〕公布《县府教育科任用办法》，凡各县原有教育局长，如经考试及格，或经训练及格，或经铨叙合格，得有证书者，应由县长呈请继续任为主管教育科长。而遴选科长时，应依照下列资格：(1) 中央普通考试教育行政人员及格者；(2) 本省普通考试教育行政人员临时考试及格者；(3) 本省地方教育行政人员考试及格者；(4) 本省委任职考试教育组任用人员及格者；(5) 曾任教育行政人员经甄别审查合格或登记合格者；(6) 大学或独立

---

① 据甘豫源：《县教育行政》，正中，第140页。

学院专修教育学科毕业得有证书者；（7）师范大学或高等师范学校毕业得有证书者。似此，教育科长之人选标准固不比局长为低。不过问题是上述各项资格，是否彼此高下相等；而从种种考试出身的人，是否能和大学、师范大学或高等师范毕业的一样胜任愉快？

新县制下县政府教育科设科长一人，其资历规定："除合于《县行政人员任用条例》第三条之规定资格外，须具有《修正小学规程》第六十四条所规定之资格，且办理教育行政著有成绩，或大学毕业办理教育三年以上著有成绩，并须能力丰富，品行端正，熟悉本省地方教育情形"。（《办理县各级教育行政应行注意事项》）科员若干人，秉承科长办理主管事项，其资历应"合于《县行政人员任用条例》第四条之规定资格外，须具有《修正小学规程》第六十二条所规定之资格，且办理教育著有成绩，或大学毕业从事教育一年以上著有成绩，并须品行端正"（同上）。科长、科员皆由县长遴选三人，呈由教育厅审核后转请省政府委任。（科长"任用后不随县长进退，并不得由县长调任他职，非有重大过失经县长程明省教育厅请由省政府核准，不得免职"）督学详后。

区长办理全区教育行政。区署设教育指导员一人，其人选及任用手续一如上述科员之规定。乡（镇）公所文化股设主任一人，干事若干人，由县政府教育科签请县长指定副乡（镇）长及乡（镇）中心学校教员分别兼任之。保办公处设文化干事一人，由县政府教育科签请县长指定副保长或国民学校教员兼任之。此等人依理至少须有小学教员的资格，但实际往往只受短期的训练即可充任。

二、任务

教育行政领袖的任务是多方面的，依程湘帆氏所举："（甲）

有时,为计划整顿之人;具远大之眼光,作将来之计划,以求教育制度之改良。(乙)有时,为学校组织之专家;取他人之经验,为我改良之张本,以求学校行政之进步。(丙)有时,为课程之专家;根据社会之需要,作科学的编制,以求学生学习之经济与效率。(丁)有时,为成绩考验之专家;根据科学的方法,试用各种之测验,以求学生成绩之进步。(戊)有时,为校舍建筑之专家;本诸卫生之原理,建筑适当的校舍,以求教育环境之改良。(己)有时,为游戏之专家;明了游戏之作用,奖励学生课外活动而指导之,以求学生身心之修养。(庚)有时,为学生利益保护之人;筹借教育机会之均等,而使所有城乡学生,一律享受良好教师之陶冶。(辛)有时,为事务之干员;支配经费,稽核会计,监督庶务,以求校务之整理。(壬)有时,为请愿之人;对社会,则说明教育作用,解释法律规程,宣传进行计划,以求人民之谅解,而便教育之推行;对政府,则建议推广方法,改良建设计划,以求长官之鉴谅,而促地方教育之发展。(癸)有时,为教师之教师;监督,管理,指导教师之教学,以求服务效率之增进。"程氏大约是参考美国情形来的。该国教育行政专家克伯莱(Cubberley)氏对于州、市、郡教育局长的任务分析很详细,讨论很精透。因为近代社会生活的日益繁复,教育事业的日益发达,教育学术的日益进步,以及教育技术的日益精良,而使教育行政问题加多,教育行政长官的责任,自然也就加重了。克氏曾用归纳法将教育局长的任务分为四大类:1. 组织方面——他站在规划的地位,一方设法使董事会相信他,同时又能博得社会的赞助。2. 管理方面——管理所属人员和所属机关。3. 视导方面——他和督学、校长、教员及家长们应有切实的联络,并能策励他们,指导他们。4. 社交方面——如参加公众会议,主持教育宣传,组织各项教育的团体,诠释教育预算于议员诸公,担任社会团体的顾问及出席家长会议等：皆为教育局长的重要任务不容忽视者。①

大约言之，教育局长的任务，可分为计划、组织、行政、视导、研究、社会服务等项，各依地方大小及学校多寡而定其轻重（平常只及行政一面，似嫌过偏）。小地方教育局长的任务，依美国58个大学教授所评定者，其时间分配应如下表②：

任务及活动	时间百分比
视导	31
行政	23
教学	13
研究	12
社会服务	11
文书一类	10
总计	100

欲求彻底解决本问题，我们当用同样客观的方法，求得到可

---

① 斯特雷耶曾列举教育局长的重要任务十项，如组织管理，筹措经费，励行强迫教育，编制学校，组织课程，训练和聘任教师，联络社会，建筑校舍，处理事务，以及报告教育情形于公众等皆是。（详 Strayer, G. D., The Scientific Approach to the Problems of Educational Administration, in *School and Society*, Vol. XXIV, No. 623, Dec. 1926.）

② 详 Hughes, C. L., The Function of the Superintendent of Schools in Theory and Practice, in *American School Journal*, Vol. LXXVI, No. 8, April 1928. 外参看 Ayer, F. C., The Duties of the Public School Administrators, in *American School Board Journal*, Vol. LXXVIII, November-December 1929, Vol. LXXIX, January-April 1929.

靠的结果。

县各级行政人员的任务，依法律规定（参考原料二十六）

（一）县长对于教育行政的任务：

(1) 遵照教育法令及中央暨省教育计划推行全县教育文化；
(2) 拟具全县推行教育计划，普及全县国民教育；
(3) 整理或增筹全县教育经费，并依照法令保障管理支配动用之；
(4) 依照法令选用，惩奖所属教育行政人员及学校校长及其他教育文化机关主管人员；
(5) 奉行中央及省颁命令，并执行其所委办事项。

县政府主管教育科科长"秉承县长办理全县教育行政及支配全县教育经费，签请任免县各级公立学校校长及其他教育文化机关主管人员"。

（二）区长办理全区教育行政，其主要任务如下：

(1) 秉承县政府推行全区教育文化事业；
(2) 秉承县政府督促各乡（镇）增筹教育基金。

区教育指导员的任务：

(1) 遵照县定计划推进区内教育文化；
(2) 遵照县督学之指示，视察指导区内学校及其他教育文化机关，改进其设施及方法；
(3) 受县政府主管教育科及学校之委托，领发教育经费；
(4) 其他有关本区文化事业。

（三）乡（镇）文化组主任干事受县教育主管科长，乡（镇）长之指挥办理下列各项：

(1) 调查统计全乡（镇）学龄儿童及失学民众；
(2) 筹设学校并筹集教育基金；
(3) 劝导或强迫学龄儿童及失学民众入学；
(4) 其他关于全乡（镇）教育文化事宜。

（四）保文化干事办理保教育文化事项，大致与乡（镇）文化组主任及干事所办乡（镇）教育文化事项相类。

研究问题

(1) 举一省教育厅的人员、任用及待遇情形，并略加批评。
(2) 我国省教育厅长的资格一向未曾规定，你以为合理的办法应如何？（试拟一省教育厅长的人选标准）
(3) 访问一个省或县、市的教育行政领袖，就其所述本人重要任务及时间分配，一一记载并略加评论。
(4) 试估量一个新县制下教育科长的资格。
(5) 论区教育指导员的重要及其人选标准。
(6) 读 Engelhardt, F., *Public School Organization and Administration*, Chap. V, Ginn and Co., Boston, 并做一纲要。
(7) 县各级教育行政人员的资历和任用。

第十三章

学校校长

学校校长受行政长官的委任，主持一校的行政事宜，他一方代表行政长官施行重要政策，他方却为学校教员的领袖；地位介于教育行政人员及学校教员之间，异常重要。本章所述，偏于中小学校长方面，除其资格、职权及任用任期等以外，所有与教员共同问题，并入学校教员章讨论。

第一节 校长的资格

校长为一校的领袖，一校成绩的良窳每以校长的得人与否为权衡。采民主制的学校，虽有校务会议及教务训导等会议襄助校务；但总其成的，仍是校长。至采独裁制的学校，事事惟校长之命是听，他的地位的重要，更不必说了。贤明的校长，有眼光，有计划，有能力，有热忱，且能指导教学，事事认真办理，全体同事诚意合作，校务自然蒸蒸日上。反之，庸碌者流，遇事敷衍塞责，或刚愎自用，一意孤行，既无明确主张，又乏切实计划，同事离心，学生失望，结果非陷于不可收拾的地步不可。所以校长的良否，关系整个学校（乃至整个社会）的前途。其重要可想而知。

校长怎样才是合格的？法定校长的资格，有如下各种：

一、小学校长——依《修正小学规程》第十二条，"凡具有下列资格之一者，得为级任教员或专科教员。

（一）师范学校毕业；
（二）旧制师范学校本科或高级中学师范科或特别师范科毕业者；
（三）高等师范学校或专科师范学校毕业者；
（四）师范大学或大学教育学院教育科系毕业者。"

又第六十四条规定，"具有六十二条资格之一，或经检合格之教员服务二年以上，著有成绩者，得为小学校长。"（详参考原料九）

新县制下中心学校及国民学校校长在教育经济较为发达之区，应由县（市）政府遴选具有《修正小学规程》第六十四条规定资格，或检定合格人员专任之。人才经济困难地方，校长得暂兼乡（镇）长、副乡（镇）长或保长、副保长，同时乡（镇）长、副乡（镇）长或保长、副保长之具有小学校长资格者亦得暂兼校长（部颁《乡镇中心学校实施要则》及《保国民学校设施要则》）。

前此各省市为提高程度，每有增加的条文，例如南京市二十三年〔1934〕颁布的规程，规定有下列资格之一者，得为本市小学校长：

（一）师范大学、大学教育学院、教育科或高等师范毕业，曾任教员二年以上著有成绩者。
（二）合于《小学规程》（后为《修正小学章程》）之规定曾任小

学校长、主任等职务三年以上,或曾在本市小学任教二年以上著有成绩者。

二、初级中学校校长——"须品格健全、才学优良,且合于下列规定资格之一者:

"(一)国内外师范大学,大学教育学院,教育科系毕业,或其他院系毕业而曾习教育学科二十学分,均经于毕业后从事教育职务二年以上著有成绩者;

"(二)国内外大学本科、高等师范专科或专修科毕业后;从事教育职务三年以上著有成绩者;

"(三)国内外专科学校或专门学校本科毕业后,从事教育职务四年以上著有成绩者。"(《修正中学规程》第一〇七条)

三、高级中学校长——"须品格优良,除具有前条规定资格之一外,并须合于下列资格之一者:

"(一)曾任国立大学文、理或教育学院或科系教授或专任讲师一年以上者;

"(二)曾任省及直辖市教育行政机关高级职务二年以上著有成绩者;

"(三)曾任初级中学校长三年以上著有成绩者。"(同上,第一〇八条)

四、师范学校校长——"须品格健全,才学优良,毕业于师范大学、大学教育学院、教育科系或其他院系而曾习教育学科二十学分或高等师范学校,且合于下列资格之一者:

"（一）曾任国立大学教育学院教授或专任讲师一年以上者；

"（二）曾任省及直辖市教育行政机关高级职务二年以上著有成绩者；

"（三）曾任高级中学校长一年或初级中学校长三年以上著有成绩者。"（《修正师范学校规程》，第一一〇条）

五、职业学校校长——"初级职业学校校长须品格健全，对于所任学校同性质之学科确有专长，且具有下列资格之一者：

"（一）职业师资训练机关毕业后，从事职业教育一年以上著有成绩者；

"（二）国内外大学毕业后，从事职业教育一年以上著有成绩者；

"（三）国内外专科学校，专门学校或高等师范专修科毕业后，从事职业教育二年以上著有成绩者；

"（四）具有专门技能或热心职业教育，曾任教育机关职务二年以上者。"（《修正职业学校规程》，第八十九条）

"高级职业学校校长须品格健全，对于所任学校同性质之学科，确有专长，除具有前条规定资格之一外，并合于下列资格之一者：

"（一）曾任公私立专科以上学校教员二年以上者；

"（二）曾任规模较大职业机关高级职务二年以上著有成绩者；

"（三）曾任初级职业学校校长三年以上著有成绩者；

"（四）曾任高级职业学校教员四年以上著有成绩。"（同上，第九十条）

在消极方面，往往有如下之限制，即有下列情形之一者，不得任用为校长：

(1) 违犯刑法证据确凿者；
(2) 曾任公务员交代未清者；
(3) 曾任校长或教育行政职务成绩平庸者；
(4) 患精神病或身染痼疾不能任事者；
(5) 行为不检或有不良嗜好者。

法定校长的资格，仅仅一个轮廓，一种外形，同具有那种资格的，未见得都能做校长，更未见得都能做好的校长。所以事实上校长应备的条件（包括学识，经验，品格及能力等）倒是重要。小学校长究竟怎样才算是合格的？依俞子夷氏所举，他该会得："拣选合宜的校地，就校地计划新校舍的草样；就旧校舍计划改良的草样；定施工细则，建筑合同等……计划校园；使校舍合于卫生……等；布置厨房；……用卫生的方法处理饮水……定造大小黑板，支配各室，……设备教员参考的图书，杂志，日报，……编学历，支配各教员的工作；……做开会时的主席；考查教员的勤惰；引导教员研究；支配教员的俸给；起草规程、简章、细则、布告、通告等；……做改良的计划；做年报；把一校的新事业报告社会。……"[1]

这似乎过于烦琐了，且校长品格上特质仍未曾提到。杜佐周氏就各方面列举中小学校长的普通资格如次：

"一、有相当的学识。中学校长至少须由大学毕业；小学校长，至少须由高中毕业。

---

[1] 俞子夷：《小学行政》，中华，第27、28页。

"二、富于应世的常识。

"三、有专门的训练。至少须知教育原理,中学或小学教育,儿童或青少年心理,近代社会趋势,教学原则及学校行政等。

"四、对于办学有浓厚的兴味及坚决的志愿;换言之,须以教育为终身事业。

"五、至少有一年以上的教学或办事经验。

"六、有健康的身体及耐苦的精神。

"七、有良好的品性,如和善、公正、热忱、廉洁、诚恳、慈爱、同情等,及其最要者。

"八、有各种健全精神作用,如判断、思维、记忆等。

"九、具有办事的才能,俾得各面的协助及合作。其主要的条件,为敏捷的手腕,勤勉的习惯,创造的思想,诙谐的意思,领袖的资格,平民的精神,远大的眼光,忠实的服务及坚决的自信力。"[①]

这个要求并不算苛刻,——或可说是起码的资格吧。福斯特(Foster)在所著《中学行政》中,论中学校长的资格大要有六[②]:

第一,他该对于学生发生兴趣,且能爱护倍至,多方设法以增进他们的利益。

第二,他该常存研究之心。不独对于流行刊物不时留心阅览,且富有研究的精神,抱研究的态度,对所学能分析,能综合,善估量,善判断,不以模仿抄袭为已足。

第三,他该是个好的教师,一方能藉学校生活和学校组织陶冶学生的品格,同时并能指导教师改进教法以提高教学的效能。

---

① 杜佐周:《教育与学校行政原理》,商务,第161、162页。
② Foster, H. H., *High School Administration*, Chap. Ⅲ, The Century Co., New York.

第四,他该是个长于办事的人。本着他丰富的实用知识,如关于校舍建筑、设备、卫生、财政等,以处理校务,以解决实际问题。不但如此,在社会方面更能切实联络,使大众了解学校的内容,并进而对之表同情。校长又贵能积极参加社会种种有意义的活动。

第五,他该是个好的行政人员,不但有行政的能力,并且有行政的兴趣。遇事主持大计,不必细务躬亲,能把校务支配妥善,各人尽职做去,即是好的。

第六,他该是个好的领袖。校长是一校之长,应能领袖群伦,导全校入于合理化的境地。同事们佩服他,不只因为他是个行政的领袖,抑且因为是本职业的领袖。他们了解他的理想以后并能努力以求实现。

最后他应能尽他的职分。福氏以为果具有上列各项条件的,那便是个好校长。

我们还可分析一个校长应具的资格如下:

一、对行政方面 校长乃代官厅处理全校事务的人,官厅有何设施计划,藉校长督促同事以为实行。行政长官的职责,在厘订和颁行教育设施的一般纲领;学校校长的职责,则在实施此一般纲领于学校以内。行政官厅的效能,全视学校校长设施的成绩如何。故学校校长和行政官厅,相依为用,关系至为密切。克伯莱氏也说:"行政当局(原指教育局长)与校长,必彼此坦白地互助的负起责任,并不时互相依赖,互为保障。"[1] 大凡易于合作的校长,必其为人,"胸襟豁达,眼光深远,忠诚宽恕,气平心和,手段灵敏,办事认真"。对于官厅,必须十分忠诚。凡所讨论,未届公布时期,当谨守秘密。他一方面固应秉承官厅的指挥以处理全校校务,同时却不以俯首听命为能事,应能本个人经

---

[1] Cubberley, E. P., *Principal and His School*, pp. 18-19.

验和心得，向官厅作种种改进的建议。其所建议，倘全被采用，固属幸事，否则亦不应悻悻于怀。每当会议，个人不妨尽量发表意见，但至决议以后，此种案件不问符合本人主张与否，为尊重多数人意见，理宜尽力推行。人们对官厅政策倘有误解，尤应酌为诠释以释群疑。担负责任，不后于人。遇有必须奋斗之处，则不恤一切努力以赴之，以上为校长对官厅必备的资格，也便是物色校长时应注意的人选标准。

二、对同事方面　中等学校校长多兼有功课，小学校长尤甚——由前知小学校长实由一正教员兼任；校长既多从教员出身，对于同事情形当少隔阂，而互助合作之事当更易于进行，就一方面说，校长资格除教员具有之学识经验外，应更有学校行政的知识、能力和经验。教员只管所任教务的一部，校长却统筹全局，主持全校行政。不但如此，校长还当指导教员，使其教学日益改善。因之，校长对同事，必须显示其双重领袖的资格：一为办事上领袖的资格，一为学识上领袖的资格。

（一）办事上领袖的资格——包括个人品性，办事习惯及办事方法。个人品性方面如待人谦逊，处事公正，气度宽宏，态度沉着等，都是不可缺少的。办事习惯系指按时办公，依例处理，悉心计划，概不苟且而言。至于办事方法尤其为重要。校长对各项事务，能比较其价值，权衡其轻重，酌量委任同事协助，藉以启示他人的责任观念，形成合作事业；同时并可减轻本人的负担，节省本人的时间。他又能辨别问题的复杂性，知其症结所在，徐图解决处理之方。大抵办事能力高强的人，对任何问题皆有方法应付，决不至"束手无策"的。

（二）学识上领袖的资格——不独本人具有优越的学识，且对同事的学识，必有相当的欣赏，对同事的地位，必有相当的尊重，对同事的服务，必有诚意的信任和友谊的指点。每当问题发生，必本同情态度为公平的处理。所有待遇，一以公正明确为原则，决不偶有徇私，为谋同事进修起见，须给以种种机会，如入暑期学校，组织研究团体及提倡修学旅行等。无论关于教学或研究，教员们倘遇困难问题，校长当竭诚辅导之。尤其重要的，是校长纵有较优越的学识，却不可因而自炫，致招人嫉视；而当虚怀若谷，使同事心折；自然起敬起爱，心悦诚服。

三、对学生方面 除教员应具的资格以外，为校长者应使全体学生对之兴无限的景仰，竭诚的推戴。要想做到这步，却不容易。历来学校发生风潮，原因虽不只一种，但校长不孚众望，不克取信于人，致招学生反对，实为其主要者。校长如不在人格、学识、能力和事业方面表出他的领袖资格，专为左右弥缝，或玩弄手段，以求牢笼人心，结果总是弄巧反拙，非失败不可。校长对待学生，须笃守"公"、"诚"二字，一切晓以大义，出以同情；遇有过愆，当率直责勉，务使改过迁善而后已。

四、对社会方面 学校本是社会的中心，校长就该努力做个社会的领袖。克伯莱先生说得好："校长应不忘记他是处在本社会中一个表率的地位。"（"The principal must remember that he holds a particularly responsible position as a model in his community."）在今日，我国学校与社会合作的事业正多，决不可关门办学，校长应多参加社会活动，一以促进社会事业，同时复可得到社会的帮助，使学校进步加速（在新县制下的校长更当如此）。任何时候，校长必留心对于社会上的贡献及其在社会中占有的地位；从没有被社会唾弃的人，能够做优良的校长的。

第二节 校长的职权和任务

一、小学校长的职权

小学的种类很多,其校长职权互有不同,分别言之:

甲、普通小学校长的职权——以江苏省教育厅所规定者为例:

(1) 代表学校对外办理一切事项。
(2) 支配教职员之任务及俸额。
(3) 支配教学科目及教学时间。
(4) 编造学校预算及决算。
(5) 发给儿童修业,毕业及一切名誉证书。
(6) 支配全校校舍及规划应行修建事项。
(7) 处理儿童入学、退学事项。
(8) 指导调整各种表簿。
(9) 联络学生家庭,考核社会需要。
(10) 考核教职员服务成绩。
(11) 改善学校之环境与设备。
(12) 注意全校训育系统。
(13) 注意全校之卫生。
(14) 办理教育局指定事项。

简易小学及短期小学在组织上与普通小学虽有繁简的不同,而在校长职权上并没有什么根本差别。

乙、实验小学与附属小学校长的职权——实验小学(或实验学校)与附属小学规模较大的,原都负有"实验"、"示范"、"实习"等使命,笔者主持中央大学实验学校时,曾确定该校的职能如下:

"一、实验教学新法(实验)

"二、树立良好模范(示范)

"三、指导教生实习（实习）

"四、改进地方教育（辅导或推广）"

附属小学的职能亦不外乎此。江苏曾一度把所有附属小学改为实验小学，后来觉得不很妥当，乃采分工办法，把研究实验和辅导地方教育的责任，委之实验小学，而以指导学生实习之事（当然亦负辅导地方教育之责）责成附属小学办理。兹录江苏所定实验小学和附属小学校长的职权如下[①]：

实验小学校长的职权：

1. 关于研究实习方面：

（1）订定实验新教育法之方针与步骤。
（2）出席中学校师范科会议，以谋师范与小学教课之联络。
（3）指导教职员从事实验教育。
（4）督促教职员组织研究会，切实研究。

2. 关于辅导地方教育方面：

（1）每学年须至各该区各该县，考查地方教育一次，并将考查所得呈报教育厅。
（2）考查教育时，应报告该校实验的过程与结果。
（3）考查教育时，应承地方之需求，作系统具体的讲演。
（4）平时担任地方学校通信研究，负指导答复之责任。
（5）督促地方教育指导员巡回指导本区内地方教育。
（6）指导地方教育研究会负改进之责任。

---

① 据李清悚：《小学行政》，中华，第34～36页所引。

附属小学校长职权在辅导地方教育方面与实验小学校长相同,惟除此以外,多一种指导师范生实习的责任。他的职权规定如下:

(1) 会同本师范学校组织教生实习指导委员会。
(2) 教生实习前报告本校之状况。
(3) 教生实习时,指示教学、训育及处理校务之方法,并加以督促。
(4) 教生实习后,应开批评会,评定优劣,统计成绩,汇送本师范学校呈厅备核。

丙、中心小学校长的职权——除具普通小学校长职权外,尚有下列各项(据《江宁自治实验县法规》):

(1) 采用增进小学教育效能之实用方法,以供区内小学及私塾之仿效。
(2) 供给区内小学教员之观摩及塾师之参观与实习的环境。
(3) 指导区内小学教员及塾师教学方法,并规划改进。
(4) 编辑乡土教材或临时教材,供区内小学及私塾之应用。
(5) 组织研究会、讲习会等,以便区内小学教员及塾师之进修。
(6) 协助教育局改进本区内社会教育事宜。
(7) 视导区内各小学、私塾及社会教育机关,每学期至少二次。
(8) 协助教育局规划本区教育推进事宜。

丁、广西表证中心国民基础学校校长的职权——依《广西表证中心国民基础学校教职员服务规程》,该校校长"承主管教育行政长官之命令主持全校一切事宜,其职权如下:

"甲、关于处理校务者:

"一、奉行教育法令。

"二、召集校务会议及各种会议,并为主席。

"三、审核各种会议议决事项,并分别执行之。

"四、对外代表本校。

"五、考核职教员工作成绩。

"六、督促主管职教员,支配课程及编造各种表册簿籍等事项。

"七、处理学生入学、转学、休学、退学等事项。

"八、处理学生之奖惩事项。

"九、计划全校教学做合一进行事项。

"十、计划学校之设备及建筑事项。

"十一、保管全校经费及整理校产。

"十二、主持编造预算决算事项。

"十三、处理其他关于校务事项。

"乙、关于表证事业者:

"一、执行《表证中心国民基础学校设置办法》规定之各项任务。

"二、实施《表证中心国民基础学校事业纲要》规定之各项事业。

"丙、关于研究者:

"一、办理主管教育行政机关指定之研究事项。

"二、考察社会之需要以为改造社会之标准。

"三、领导职教员组织各种研究会。

"四、编辑刊物报告研究实验之结果。

"五、指导其他研究之事项。"

新县制下乡（镇）中心学校校长，主持全校校务，并负辅导本乡（镇）内各保国民学校之责，在人才经济困难的地方，校长得暂兼乡（镇）长或副乡（镇）长。同样保国民学校校长亦可暂兼保长或副保长。这可知道他们的职权，实比桂省国民基础学校还大。

二、中学校长的职权

中学校长的职权，在法令上无明确的规定，《修正中学规程》第九十三条，只说"中学设校长一人，综理校务，并担任教学，其时间不得少于专任教员教学时间最低限度二分之一，并不得另支俸给。"这么说，中学校长至少有行政和教学两项职务了。实际规模较大，班级较多的学校，校长多不兼课。校长终不兼课，但视导教学的职权还是很重要的。

中小学校长的重要任务——粗可分为组织、行政、视导、社交四方面：

甲、组织　第一要将本校内部组织健全，其次是和校外有关机关妥为配合——这在行新县制的地方更当如此。干练的校长，能把内部零星散涣的现象，组成系统，使其"单元化"，又能将各方有关的种种因子沟通一气，以助成本校校务的发展。以云工作，可分为立法、计划和支配三种：立法方面，如订定学校组织系统和各项规程细则及办事方法等都是；计划方面，如每学年行政计划，校舍建筑修理计划，校景布置计划，家庭联络计划及教职员工作计划等。在实验学校或附属学校，则研究实验方案亦不可少。再则教职员职务的分掌，学生自治团体工作的支配，以及校舍用途的安排，皆为校长所不可忽略者。总之，一校校务的有无起色，于其组织良否至有关系，校长组织方面任务的重要，可想而知了。

乙、行政　前面说过，校长地位介于行政官厅与学校教员之间。行政长官的责任，在计划并监督其计划之进行，且不时考核其结果。校长的责任，则在执行官厅的计划，并设法使其试行成功。在行政方面，中小学校长之职务各因其学校规模大小而不同，而于教职员的物色和任用，新生的考选，学级的编制，课程的组织，科目的支配，教员职务的分担，学生成绩的考查，经费的监督管理，预算决算的编造，学校卫生的管理，校舍的修建，校具的购买，以及各种文件的处理等，大约是各校所共有的。校长的职务既如此繁忙，一个人的精力和时间有限，若想事必躬亲，实不可能，故须酌量学校的范围，审度事务的性质，权其轻重，明其难易，把一些行政事项，委托教职员或各种委员共同担负。这样，一方面可免个人独裁的嫌疑，另一方面又可获得全体合作的效果。本人且可抽出时间，应付更重要的职务（我国学校职员人数甚多，这点极易办到）。为求办事效率的增进，校长应先拟定一行政工作计划，把几项较重大的事项，预为时间上的支配，随后核对一番。廖世承氏前主持东大附中时，曾试行此种办法，特录之如下，以供参考：

廖氏一月内各项工作时间百分比的统计

项目	百分比
计划	4.7
会议	11.3
杂务	25.1
接洽校外人	4.2
接洽学生	4.6
接洽教职员	2.1
参观教室	6.8

上课	7.8
预备功课	15.2
写作	11.0
阅书	7.2

丙、视导　寻常校长每在组织和行政上耗去多量时间，未曾顾到教学的视察和指导方面，实则视导工作较之组织和行政二者尤为重要。因其影响可直接增进教师教学的效能，而上述二者仅间接的有所贡献。可惜一般校长因为种种关系，未能多多注意这个。不独中国如此，即外国亦然。布里格斯（Briggs）曾调查美国 8 个州 17 个中学校长一月内对于各项职务所费的时间，结果"求得观察教学所费的时间中数，不过占全部时间 7.2%，批评教员所费的时间中数，不过占全部时间 2.3%"。[①] 可见美国学校校长亦多未能实行此种视导教学的职务。

克伯莱氏说："校长的知识、理想和精神当在教员与学生间之逐日功课上发扬而表现之"，这话甚为中肯。按部颁《修正小学规程》第六十一条规定："小学校长综理全校事务，除担任教学外，并指定教职员分掌校务及训导事项。"江宁自治实验县订了《县立小学校长辅导教师工作纲要》，分教室管理、教学、训导、社教四项（附录）很可做小学校长的参考。中学校长亦当有同类的办法。

校长除视导本校教职员教学训导以外，对于地方教育亦应尽相当辅导之责，这在师范学校及中心学校校长更是这样。因师范

---

① 详 Briggs, T. H., The Professionally Trained High School Principal, in *The School Review*, Nov. 1922.

学校及中心学校的功用，决不以一校教育的设施为限，对于本校附属小学及区内各小学，乃至各社教机关，都应辅导改进，而主持此事者，当为师范学校及中心学校的校长。迩来各省实行师范学区制，江浙试行中心小学制，即欲以此等学校为改进区内学校及社会教育的中心。校长视察责任之大，概可想见。

丁、社交　前面说过，校长应有社会领袖的资格，他的社交方面的职务，当然是很重要的了。近代教育事业日益扩张，教育和社会的关系日显其密切，学校校长便益有讲求社交的必要。实言之，学校目的原在促进社会的福利，而学校事业亦即社会事业的一种。美国教育界夙倡"学校社会化"，"社会学校化"的口号，德国国社党近更揭橥学校、社会、家庭三者合一的原则，学校一切设施，均力求其社会化。故学校自学校，社会自社会的时代，早已成为过去；今日学校的校长，即为社会的领袖，社会的态度，却大可左右学校事业的进退。为增进学校教育的功效，校长应依其在社会上的地位，宣传教育事业，使人了解学校教育的内容及现阶段教育的政策，愿出全力以为赞助；同时利用种种机会多参加社会事业，于以促进社会福利，改良社会环境，提高社会文化。

校长职务之专门的研究——下面我且举几种关于校长职务之专门研究，以供吾人参考。

（一）小学校长工作时间的分配——从研究小学校长工作时间的分配上，可显出校长各项职务的重要性，举美国教育联合会小学校长研究部年鉴所载为例，各专家的意见可见一斑：

理想的校长工作时间分配表（百分比）

研究者	视导	行政	文牍	教学	其他	合计
美教联会小学校长研究部	51.56	24.81	5.99	5.71	11.87	100
麦克卢尔（McClure）	40.00	20.00	10.00	0	30.00	100
贝茨（Bates）	46.00	22.00	7.00	0	25.00	100
莫里森（Morrison）	58.00	21.00	9.00	2.0	10.00	100
马丁（Martin）	31.00	33.50	1.50	4.0	29.10	100
平均数	43	24	6	6	21	100

从上可知视导职务最为重要，行政尚居其次，与实际情形适相反。

（二）中学校长工作时间的分配——关于中学校长各项职务的分配，《美国中等教育调查专刊》亦曾发表一重要研究结果，表列如下：①

美国中学校长工作时间中数分配表（百分比）

校长职务	所有市立中学
行政	40.2
文牍	9.5
社交	8.5
研究	7.2

---

① Engelhardt, F., Ziegel, W. H. Jr. and Billet, R. O., *Administration and Supervision*, Washington, D. C.：U. S. Office of Education, Bulletin No. 17, 1932, *National Survey of Secondary Education*, *Monograph*, No. 11, pp. 39, 118.

视导	26.6
教学	3.1
指导	10.0
其他	3.3
共计	100

上表所载纵不是理想的时间分配，但终可为中学校长自省的参考。关于视导时间，该刊尚有详细的说明（见第118页）。

（三）中学校长职务的综述——戴维斯（Davis）教授综述中学的重要职务如次[①]：

(1)"拟定本校教育施行的主旨和政策，并以与同事磋商，交换意见。

(2)"设法把所定的主旨和政策实行出来。

(3)"指导教学，激励教员和学生，联合各方组成精神的和实际的单元。

(4)"把学校化为服务公众的机关，使社会了解学校的事业、成绩和需要及教育的真正意义。

(5)"博取同事和学生的信仰，利用他的智慧和热忱，依环境许可，尽量委托他们负责，使全校工作造成一个整体。"

第三节　校长的任用和任期

甲、任用

[①] Davis, C.O., Duties of School Principals, in *School Review*, May 1921.

合格的校长有了,谁来任用他们?

法律规定:"省立或直隶行政院之市,市立小学校长由教育厅或市教育行政机关遴选合格人员任用之;县市立、区立、坊立、或乡镇立小学校长,由县市教育行政机关选荐合格人员,呈请县市政府任用之,并呈请教育厅备案;私立小学校长,由校董事会或设立者遴选合格人员聘任之;……附属小学校长,由主管学校校长聘请合格人员充任,……但私立学校之附属小学有特殊情形另设校董者,由校董会聘任之"(《小学法》,第十一条)。新县制下中心学校及国民学校校长应由县政府遴选合格人员任用之。

"中学设校长一人综理校务。省立中学,由教育厅提出合格人员经省政府会议通过后任用之。直隶于行政院之市市立中学,由市教育行政机关选荐合格人员,呈请市政府核准任用之。县市立中学,由县市政府选荐合格人员呈请教育厅核准任用。""私立中学校长,由校董会遴选合格人员聘任之;并应呈主管教育机关备案"(《中学法》,第八条)。

"师范学校,设校长一人,综理校务。省立师范学校,由教育厅提出合格人员,经省政府委员会议通过任用之;直隶于行政院之市市立师范学校由市教育行政机关,选荐合格人员,呈请市政府核准任用之。县市立师范学校,由县市政府选荐合格人员,呈请教育厅核准任用"(《师范学校法》,第十条)。

总而言之,我国现行办法,校长的任用,由主管行政机关负责;私立学校校长,则由校董会或设立者遴选合格人员聘任之。官委校长固系当然之事(各国亦然);现在问题是如何可免去政客的操纵,而纯本人才主义,依了客观的人选标准,来任用贤能胜任的校长?

乙、任期

各级学校校长的任期，中央法令尚无明确的规定，各省对此或规定或否。江苏县、区立小学校长能够的任期分四阶段：第一阶段，一年；第二阶段，二年；第三阶段，三年；第四阶段，无定期。又该省中等学校校长的任期分二阶段：第一阶段，一年；第二阶段，二年；嗣后如继续聘用，则为无限期。云南省任用中等学校校长，先由教育厅令委代理（期间为一学期，必要时得酌予延长），代理期满经厅考查认为胜任者，呈请省政府核给正式委状，自是为实任校长。他省另有相当的办法。实际，校长办理倘无问题（不出乱子），个人行为无缺陷或无其他事故发生，尽可继续供职，中国的校长确比一般教员便宜得多，别的方面姑置不论，单只任期一项，教员就远不及他（教员任期极短，多只半年或一年，详见下章）。校长任期长短互有利弊，欧美学者研究甚多，就一般情形言，倘能慎重物色，严定人选标准，益以官厅周密的监督，校长能久于其位，总比屡任屡易强些。

附录

《江宁自治实验县小学校长辅导教师工作纲要》

一、教室管理

（1）指导教室布置及整洁。

（2）指导维持教室秩序。

（3）指导保管教室设备方法。

二、教学

（1）每周至少视察各个教师教学一次。

（2）劝导教师改进教学缺点，必要时校长本人或指定优良教师举行范教。

（3）指导教师改进学生学习习惯。

（4）指导教师对于学生个性差异的适应方法。

(5) 协助教师搜集教材。

(6) 指导教师测验教学效率。

(7) 组织教学研究会,并指示教学研究要点。

(8) 督促教师填教学周录或日记。

三、训导

(1) 指导教师与学生相处态度。

(2) 指导教师考查学生个性方法。

(3) 指导教师训导学生具体办法。

(4) 指导教师训练特殊儿童方法。

(5) 指导教师与学生家庭联络训导办法。

四、社教

(1) 分配教师担负社教工作。

(2) 指导社教活动事项。

(3) 与教师共同研究社教理论与实际。

研究问题

(1) 述本省(或本县)中学(或小学)校长的法定资格,并略加评论。

(2) 估计一个中学(或小学)校长实际上应具的资格(怎样才算是个好的校长)。

(3) 试就实际情形,条举中学(或小学)校长行政上的重要职务。

(4) 论教育行政长官与校长职权的差别及二者应有的关系。

(5) 调查数校(至少三校)校长一月内的工作,就其种类与时间百分比加以批评。

(6) 据各家研究结果,拟一理想的校长每周工作时间表。

(7) 试拟一中学校长自省表(参考李清悚:《小学行政》,第58页所举《小学校长自省表》)。

(8) 阅读一种关于学校校长的专书(如王素意:《校长与小学》,雷震清:《小学校长》,或 Cubberley, E. P., *The Principal and His School*)略加评述。

(9) 中小学校长应由谁任用，其任用手续又应如何？
(10) 校长任期长短的利弊如何？合理的办法又应怎样？

第十四章

学校教员

教育行政的作用，不外设置环境，供给需要，各方部署妥善，布置周到，使教员安心教课，学生安心求学，以求教育效果的提高，故教育效果的大小，实足判别教育行政的成败。不用说，直接与学生接触的是教员，他们是负最后教育效果责任的人；他们的地位可说比什么都重要的。本章及下章讨论教员的资格、任用、训练、核定、待遇和进修等问题。

第一节 教员的资格和任用

一、资格

甲、各级教员之法定的资格

1. 小学教员——依《修正小学规程》"凡具有下列资格之一者，得为级任教员或专科教员：

(1) 师范学校毕业生者；

(2) 旧制师范学校本科或高级中学师范科或特别师范科毕业者；

(3) 高等师范学校或专科师范学校毕业者；

(4) 师范大学或大学教育学院教育科系毕业者"(第六十二条)。

新制国民学校及中心学校教员,亦得适用此规定。

2. **初级中学教员**——"须品格健全,其所任教科,为其专习之学科,且合于下列规定资格之一者:

(1) 经初级中学教员考试或检定合格者;

(2) 具有高级中学教员规定资格(见下节)之一者;

(3) 国内外大学本科、高等师范本科或专修科毕业者;

(4) 国内外专科学校或专门学校本科毕业后,具有一年以上之教学经验者;

(5) 与高级中学程度相当学校毕业后,有三年以上之教学经验,于所任教科确有研究成绩者;

(6) 具有精练技能者(专适用于劳作科教员)"(《修正中学规程》,第一百一十一条)。

3. **高级中学教员**——"须品格健全,其所任教科为其所专习之学科,且合于下列规定之一者:

(1) 经高级中学教员考试或检定合格者;

(2) 国内外师范大学毕业者;

(3) 国内外大学本科、高等师范本科或专修科毕业后,有一年以上之教学经验者;

(4) 国内外专科学校或专门学校本科毕业后有二年以上之教学经验者;

(5) 有有价值之专门著述发表者"(《修正中学规程》,第一百一十条)。

4. 师范学校教员——"须品格健全，其所任教科，为其所专习之学科，并于初等教育具有研究，且合于下列规定资格之一者：

(1) 经师范学校教员考试或检定合格者；
(2) 国内外师范大学或大学教育学院教育科系毕业者；
(3) 国内外大学本科、高等师范本科或专修科毕业后有一年以上之教学经验者；
(4) 国内外专科学校或专门学校本科毕业后有二年以上之教学经验者；
(5) 有有价值之专门著述发表者；
(6) 具有精练技能者（专适用于劳作科教员）"（《修正师范学校规程》，第一百一十二条）。

简易师范教员资格，与上大致相同，惟第四项易为："与高级中学程度相当学校毕业后曾任中等学校教员，有三年以上之教学经验，于所任教科确有研究成绩者"（同上，第一百三十九条）。

乙、教员学行上应有的资格

实际教员法定的资格，远不如其学行上的资格来得重要。因为教育的实施，以人格感化为要件，倘或教员的学行，不足引起学生的信仰，即令法定的资格十分完备，亦不能胜任愉快。桑代克氏说的好："一国的福利，其仰赖于教师资格之高深，亦与仰赖于教员人数之众多相同。无问男女，对于少年儿童之大部分生活，应负管理指导之责，且养成其适合时宜之思想、情感、动作之习惯；又裁植之，甄陶之，使将来成优良之律师、医生、教士、工程师、会计员、看护妇等职，且须预为后辈人民树立表率，令其对于权利义务，得有正当之观念。教员所负的责任，如此其重且大，所以自身必具第一流之知识、道德、技能而后可。苟柄国政者，不于此注意，仅令不能胜任愉快之人掌教育职务，此无异将一国之智识道德，嗾令自杀也。"①

克伯莱氏归纳一个理想的教员，应具有六种要质②：（1）健全的知识，（2）专业的准备，（3）强壮的身体，（4）优良的人格，（5）生活的经验，（6）社会的明了。此外再加上一种正当的教育哲学。兹图示如次：

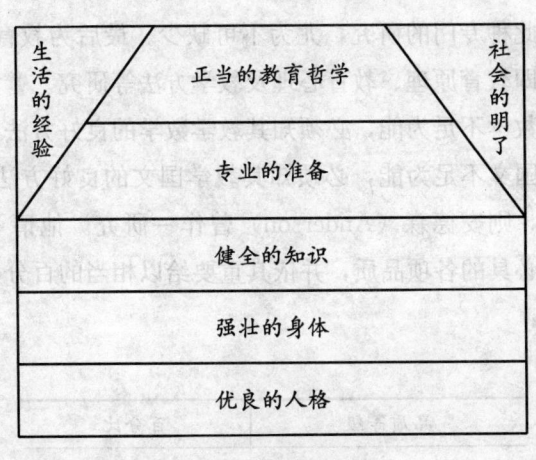

```
┌──────┬────────────────────┬──────┐
│ 生活 │   正当的教育哲学    │ 社会 │
│ 的   ├────────────────────┤ 的   │
│ 经验 │    专业的准备       │ 明了 │
├──────┴────────────────────┴──────┤
│          健全的知识              │
├──────────────────────────────────┤
│          强壮的身体              │
├──────────────────────────────────┤
│          优良的人格              │
└──────────────────────────────────┘
```

一个理想的教师

就人格而论，西尔斯（J. B. Sears）"坦白"（Frankness）、"忠实"（Sincerity）、"同情"（Sympathy）、"牺牲"（Self-sacrifice）和"乐观"（Optimism）六者为教员人格构成的要素。麦

---

① Thorndike, *Education*，或陈兆蘅译：《桑代克教育学》，商务，第198页。

② Cubberley, E. P., *An Introduction to the Study of Education and Teaching*, pp. 132-142.

—— 263

肯尼（Mckenny）氏则以下列五项为教员人格上所必不可少者：(1) 同情，(2) 忠实，(3) 公正（Justice），(4) 灵活的学识（Dynamic knowledge），(5) 礼貌（Good breeding）。

至于学识方面，杜佐周氏在所著《教育与学校行政原理》上主张教员至少应包括下列三项："第一为普通的学识……普通各学科的常识，实为教学任何科目的必要条件。其次为专门的学识。例如在小学教学社会科学，必须对于社会科学有特别的研究；教学自然科学，必须对于自然科学有特殊的研究。若在中学方面，则此种专门的研究，尤为不可缺少。最后为教育的学识；换言之，即教育原理、教育心理及教学方法等研究。譬如教学数学，只知数学不足为能，必须知其教学数学的良好方法；教学国文，只知国文不足为能，必须知其教学国文的良好方法。"若欲进而分析，则安德森（Anderson）曾作一研究。他请了好些人排列教师必具的各项品质，并依其重要给以相当的百分比，所得结果如次：

品质等级	百分比
(1) 学识及教育	9.6
(2) 训育能力	9.0
(3) 教学技能及方法	8.9
(4) 人格	8.1
(5) 熟悉学生	7.4
(6) 合作及忠实	7.3
(7) 逐日预备工作	6.6
(8) 热忱及愉快	6.4
(9) 创造能力	6.3

(10) 心思稳定	6.0
(11) 同情	5.6
(12) 普通的外观	5.5
(13) 健康精神	5.0
(14) 良好声音	4.5
(15) 社交能力	3.8

笔者亦曾据各家研究所得，综举教员应具之普通品格 10 项如下：(1) 健康，(2) 仪表，(3) 声音，(4) 辞令，(5) 机敏，(6) 同情，(7) 合作心，(8) 热心负责，(9) 诚恳忠实，(10) 进取精神。[1]

若就等级分，奥尔马克（Almack）和兰（Lang）曾据业务分析的原则，拟定小学教员应具的知能 20 条如下：

(1) 参考书、图书馆书目、书报指南等的用法；(2) 普通学校所用教材的资料；(3) 担任教学科目应有的知识；(4) 丰富的教育方法和技术；(5) 知保护儿童在校时的健康办法；(6) 儿童的伦理和道德方面的重要问题；(7) 学生自治和其他关于训育标准的方法；(8) 能力及教育测验的办法；(9) 完善正确报告的编辑法；(10) 能编订某种办法程序使顺利进行；(11) 朗读语言，悦耳正确；(12) 知襄助编造课程的方法；(13) 能奏一种乐器或歌曲；(14) 能制图表，写美术字；(15) 能作十种以上的游戏；(16) 能主持两种以上的社会活动；(17) 明社会交友之道；(18) 获得并保存合作的机会；(19) 对指导员指导时应取的态度；(20) 对于教师本业应取的态度。

---

[1] 详罗廷光：《教学通论》，中华，第二十二章及罗廷光：《教育概论》，世界，第十五章。

两氏又举教员应具的知识、技能和道德标准如下：

知识——读法、语言、拼法、算术、历史、公民、地理、卫生、书法、体育、科学、初步音乐。

技能——注册保管、制作报告、指导游戏、监护儿童行为、注意采光通气等，急救术，利用图书馆，社会合作，游戏参加，教学成绩。

道德——合作热心、敏捷、忠实、进取、整洁、机警、负责、守正、和善、同情、坚忍、振作。①

查特斯（Charters）和韦普尔斯（Waples）更用科学方法研究，得到高初中教师应具的品格（Traits）各 26 项，小学中级教师应具的品格亦 26 项，小学低级教师应具的品格 24 项，其下再各分析为若干小条目。兹录其所举高中教师应具的品格 26 项如下②：

(1) 应变力——指对事物能好好应付，以及能变更组织和行为以适应变动的情境。

(2) 欣赏力——指能认识和欣赏某某事物的价值。

(3) 个人仪表——指个人仪表端正，令人可爱；例如衣装整洁，行路挺直等。

(4) 广博的兴趣——指对学生，对社会，对本职业均感兴趣；又对所接触之事务亦然。

(5) 慎思明辨——指对他人的情境或感情慎加考量。

---

① Almack, J. C. and Lang, A. R., *Problems of the Teaching Profession*, p. 231.

② Charters and Waples, *The Commonwealth Teacher Training Study*, The University of Chicago Press, Chicago.

(6) 合作——指对预定目的肯努力以求达到，忠于本职务及诚心与人合作。

(7) 确定——具有明确切实的特性；例如提示教材很明确，确知学生所应从事者为何，又能运用一定手续以达到目标等是。

(8) 可靠——可靠不失信；例如不背信约，忠实地执行分内的职务等是。

(9) 勤勉——指做事黾勉、有恒，并有耐心而言。

(10) 热诚——热心本职务，做事有兴趣；例如有兴味地提示作业，以及用声调态度引起学生热烈的态度等。

(11) 公正——不偏不倚、小心翼翼之谓。

(12) 流利——头脑灵活，思想敏捷，说话流利。

(13) 有力——有坚强的意志，说话有力，教学时并精神饱满。

(14) 判断正确——能辨别真伪，找出事物的关系，并有远见，能洞察入微。

(15) 外貌可爱——举止服装令人生爱。

(16) 健康——身心健康，毫无缺憾。

(17) 忠实——忠实坦白，不说谎话，做事不敷衍塞责。

(18) 领袖资格——能指导舆论，指示人们应走的途径，并富有独立创造和开创的能力。

(19) 吸引力——本同情的态度而为同事和学生所爱好。

(20) 虚心——屏除成见，尊重理性和可靠的舆论。

(21) 进取精神——常存进步之心并鼓励学生进步。

(22) 迅速——例如迅速的上课下课，迅速地解析繁复的动境是。

(23) 有礼貌——对人有礼貌，有道德的感觉。

(24) 学者态度——好研究，博学多识，俨然一学者的风度。

(25) 克己——保持尊严，克制自己的脾气及在困难中能镇静安闲。

(26) 节俭——经济的管理，爱惜校具及利用光阴等。

由此可知教员各方面应具资格的大概了（老实说要彻底解决这问题，非采用科学方法不可）。

二、任用

假定"合格"的（并是优良的）教员有了，谁来聘任，且怎样聘任？是进一步的问题。依法律规定，我国现行办法如次：

小学教员——"小学教员由校长聘请合格人员充任。如合格人员有不敷时，得聘任具有相当资格者充任之。均应呈请主管教育行政机关备案。"（《小学法》，第十二条）。

中学教员——"中学教员由校长聘任之，应为专任；但有特别情形，得聘请兼任教员。其人数不得超过教员总数四分之一。中学职员由校长任用之。均应呈请主管教育行政机关备案。"（《中学法》，第九条）。

师范学校教员的任用与中学教员同。

实际小学教员的任用，各地略有出入，有依法定手续全由小学校长聘任者，有由市县教育局长（或教育科长）直接任命者，亦有由校长推荐经县或市府核准者。广西延聘或辞退小学教员，概须由校长呈请县府批准。云南办法，先由校长函约试用，期限一学期，但必要时得由校长延长。试用期满经校长考查成绩，认为胜任者，呈请教育厅核给正式委状。中学学校教员，则皆由校长聘任。大体言之，我国各级学校教员概由校长聘任。

考之欧美各国，其教员的任用情形，有如下例：

英国——公立小学教员由地方（郡或郡邑）参事会（Council）所属教育委员会（Education Committee）委任。

法国——公立小学教员由大学区视察员推荐，府尹（Prefect）任命；高等小学教员由教育部长任命；中学教授一律由部长任命。

德国——普鲁士小学教员的任用，由郡（Regierungen）政府主持；中学教员的任用，由省教育理事会（Provinzialschul Kollegien）主持，皆承教育部的命令办理。

美国——中小学教员多经各该州、市、县教育董事会通过后，由教育局长委任；但亦有直接由教育局长委任者。

我国学校校长的用人权，实为各国校长所不及。教员由校长聘任或由行政长官任用，互有利弊，分别言之：

教员由校长聘任的优点：

（1）可因学校真正需要而聘用适当人才；

（2）校长教员之间较无隔阂，可望和衷共济；

（3）校长既负一校的全责，则对于用人亦当有全权，否则不易实现其教育计划与理想；

（4）藉以增加校长对于用人的责任心。

但其劣点：

（1）教员地位每因校长的更换而动摇；

（2）校长自聘教员，其选择范围每失之太窄，且难免任用私人的嫌疑；

（3）各校用人，各自为政，则不易调整一个行政区域的师资；

（4）易养成部落思想，地盘观念。

教员不由校长而由教育行政长官任用，其利弊适与上述相反，不必赘言。

比较来说，教员由校长推荐，行政长官核准利用，为利多而弊微。然此实与一国或一地的习惯很有关系。国联教育考察团前曾建议：我国"国立高级学校（即指大学及专门学校）之校长及教授，应根据一特种大学委员会之推荐（将来即根据大学团体之推荐），由教育部长任命；中等学校之校长及教员，应由省教育委员委任；初级学校之校长及教员，应由县督学委任"（见《报告书》,第52页),乃昧于我国习惯,未见其当。

至于任用手续,在英国遇有教员缺额时,或登报公开征求,或由校长先行物色推荐于地方政府,再由主管长官委任(个人参观时许多校长提到这个办法)。在美国,先前由董事会直接任用,流弊丛生;现除偏僻之区外,多已改革,行一种"专业的选用法"(Professional method of election)即教员聘任全由教育局长推荐,经董事会议决,该会只有批准和否决权,不得另行提名。[1] 在小城市,教员之聘任,亦有由教育局长直接行之者,但为数甚少(依 Gough 研究,只占全数 14%;其由董事会聘任者,则占全数 80%[2])。教育局长对于候补教员的物色,考虑得很周到,或用考试,或细细审查所缴证件(申请书及关于健康、资格、能力等证件),必要时还得亲自谈话。依富兰克林(Franklin)研究,在人口五万以上的都市 167 个中,其教育当局所考虑候补教员之要项等第及其百分比如下[3]:

要项	最小百分比	最大百分比
(1) 专业训练	10	50
(2) 经验	10	30
(3) 服务成绩	10	50
(4) 服务进修	5	20
(5) 专业谈话	5	25

---

[1] 专家亦多赞成使用此法。详 Reeder, W. G., *The Fundamentals of Public School Administration*, Chap. Ⅳ.

[2] 详 Gough, H. B., *Employment of Teachers in Small Cities*, pp. 57, 103.

[3] 详 Franklin, R., *The Selection of Teachers in Cities*, pp. 15-16.

(6) 体格检查	0	10
(7) 竞争考试	7	90
(8) 性向测验（Aptitude test）	0	20

他人另有下列各项之补充[①]：

要项	百分比
中学及大学成绩	75
信用的介绍	20
个人仪表	20
品行	20
文化和社会经验	20
教学经验	10
人格	5

我国通常聘任教员，除个人交情和"八行书"介绍外，鲜用其他合理方法者。杜佐周氏曾举普通可用的方法八种，即实际观察，间接调查，审查介绍书，考核成绩书，口头查问，书面考试；体格检查及总合以上各种方法。[②] 话是不错，无奈中国人最讲"面子"，待聘的教员，如果真是上选的，谁肯听你来考试，来行体格检查呢？教员选用的问题，在今日固已入于科学研究之

[①] Almack, J. C. (editor), *Modern School Administration*, pp. 57-58.

[②] 杜佐周：《教育与学校行政原理》，商务，第175～177页。

下，但我国校长对之不能不有特殊的手腕和技术。①

三、任期

教育行政的重要问题，尚不只是罗致优良的教员，并是如何可使优良教员安于其位。保持优良教员，可从各方面设法：

第一，考查教员辞职的原因，而及早设法救济。通常教员辞职，大都源于下面种种情形：（1）与校长意见不合，（2）同事间不能合作，（3）与学生感情不融洽，（4）校内外环境不良，（5）薪俸过于微薄，（6）设备欠完善，（7）另有较优的位置，（8）其他。校长应于此加以密切注意，俾及早设法救济之。

第二，用法律保障教员的地位。查《修正小学规程》第七十八条：小学教职员不随校长或主管机关教育行政人员之更迭为进退，非有下列情形之一者，不得解职：

（一）违反刑法证据确凿者；
（二）行为不检，或有不良嗜好者；
（三）任意旷废职务者；
（四）成绩不良者；
（五）身体残废或有痼疾不能胜任者。

《修正中学规程》第一百一十二条：有下列情形之一者，不得任用为中学教员：

（一）违反刑法证据确凿者；
（二）成绩不良者；
（三）旷废职务者；

---

① 李清悚氏在《小学行政》（中华，第三章第三节）中，贡献有几种特殊的见解，可参看。

（四）怠于训育及校务者；

（五）患精神病或身有痼疾不能任事者；

（六）行为不检或有不良嗜好者。

关于师范教员，亦有同样的规定（《修正师范学校规程》，第一百一十一条）。

欧洲各国教员的职位有绝大的保障，其任期可说是无限制的。录美国教育联合会研究专刊第 2 卷第 5 号所载欧洲各国教员任期调查表如下：

国别	任期	免职
德国	终身。	须有重大事故经过训诫和刑事手续。
丹麦	无限，只要胜任。惟冬令乡村学校例外。	须有重大事故。
瑞士	各府（Canton）不同，以四至六年为常例。	须有重大事故但极少见。
荷兰	无限。	仅不胜任，或操行不端。
芬兰	两年试教期满即为无限。	不尽职经警告后，犯罪或不道德。
挪威	在胜任期内无限制。	因身体不健全或不胜任，但少见。
瑞典	经试用后无限制。	须有重大事故并经警告，但教师有上诉权。
英国	无限。	不适宜或不尽职。
法国	在胜任期内无限制。	须犯有重大过失，但极少见。

美国情形稍差，变动速而任期短。1931 年教员离职的，占

——273

全数 10% 至 16%。① 少的 4%，多的至 47%。乡村教员每年更动的更多，自 1/4 至 1/2 不等。其任期平均为 12 个月，少的二、三月。现正设法补救。

第三，规定适当的关约。何种关约最为适当？其长短度又应如何？依《修正小学规定》第五十六条："小学教员……初聘以一年为原则；以后续聘任期为二学年。"《修正中学规程》第九十五条："教员之初聘，任期以一学年为原则，以后续聘，任期为二学年。"（见《修正师范学校规程》，第九十八条）师范学校教员的任期规定与中学同。南京市二十三年〔1934〕新订办法，小学教员须由校长呈社会局核定后始能聘请；期限第一期半年，第二期半年或一年，第三期一年或二年。（关约格式亦有规定）

按各校所订关约，大别有四种：(1) 不定期关约，(2) 一年关约或一期关约，(3) 数年关约，(4) 终身关约——我国尚不多见。关约的长短互有利弊，主持校政者宜特别审慎，善为采用。窃以我国聘任教员，规定关约宜多参考欧洲办法，对于中小学教员，皆先予以一年或二年的试用期，察其果能胜任，即予以永久位置。校长或行政当局无故辞退，教员得依法提起上诉。此外教育行政当局还当于物质和精神方面多方鼓励教员，俾增厚其服务兴趣，振刷其奋发有为精神；如此则教员任期无常或职位不定问题得以解决，而优良教师亦自可安于其位了。举美国奥尔马克和兰氏所定关于教员任期的原则七条如下：

(1) 确定教员资格，起码为四年中学毕业，再加二年的师范专业训练。

---

① Teacher Personnel, in *Review of Educational Research*, Vol. I, No. 2, April 1931, pp. 118-121.

(2) 入手暂定一试用期，二年或三年，在此时期内，常变换其职务以资实习。

(3) 试用期满，以后即为无限任期。

(4) 每年由教育行政当局研究教员升级及继续问题一次。

(5) 未先予以警告，不得任意辞退；即令通知，亦须详述理由。

(6) 退职时，教员得要求自行申诉，并因而获得适当的保障权利。

(7) 教员有向上级长官上诉权。①

第二节 教员的训练与检定

一、训练

关于中小学师资训练的各方面，笔者另有专述②，此处只略提现行制度一斑：

依法律规定，训练小学教员的机关，有下列数种：

(一) 师范学校招收初中毕业生，修业年限三年。

专收女生之师范学校称女子师范学校；以养成乡村小学师资为主旨之师范学校，称乡村师范学校。

(二) 附设师范学校之幼稚师范科和特别师范科：前者招收初中毕业生，修业期限二年或三年；后者招收高中毕业生，修业期限一年。

(三) 各地为急需造就义务教育师资起见，得设四年的简易师范学校，招收小学毕业生；或于师范学校及公立初级中学内附设一年的简易师范科，其入学者为初中毕业生。《师范学校法》及《修正师范

---

① Almack, J.C. and Lang, A.R., *Problems of the Teaching Profession*, p. 231.

② 罗廷光：《师范教育新论》，南京及《师范教育》，正中。

学校规程》）

教育部近因推行国民教育加紧训练师资起见，曾于二十九年〔1940〕五月颁行《各省（市）国民教育师资训练大纲》，除"中心学校校长、教员及国民学校校长，以由师范学校及特别师范科训练为原则；国民学校教员以由简易师范学校及简易师范科训练为原则"外，更规定种种临时师资训练办法：如办中心学校及国民学校校长训练班，国民教育师资进修班，国民教育师资短期训练班，师范及简易师范内酌行"训练实习间期制"，初中三年级增设师资训练科目，师范及中学附设特别师范科及简易师范科，并举办进修班、短期训练班等不一而足。此种师资所需训练之数量，纯依实施计划而定。

我国中等学校师资的训练，从无严格的规定，名义上纵称须有下列资格之一者，得为中学教员：（1）经高级中学教员考试或检定合格者；（2）国内外师范大学毕业者；（3）国内外大学本科、高等师范本科或专修科毕业后，有一年以上之教学经验者；（4）国内外专科学校或专门学校本科毕业后，有二年以上之教学经验者；（5）有有价值之专门著述发表者（《修正中学规程》）。实际任何大学或专门学校毕业生都可充任中学教员，既无需教学经验，更未经任何教员考试或检定手续——甚至没有小学教育资格的，反可充为中学教职。此种情形，实开世界各国之先例。前此教育部曾颁行《训练中学师资暂行办法》，规定要点四则如下：

（一）"大学教育学院或教育学系学生须依照《大学规程》第七条之规定，选定其他学院之其一学系或同学院不属教育性质之其他学系为辅（例如中国文学系、外国文学系、物理学系、史学系、地理系、化学系、数学系、生物学系及其他与中等学校课程有关之学系）；

其辅系所修之主要专门学科须在50学分以上（应有系统的专精训练，由系主任切实负责指导）。前项规定，独立教育学院之民众教育、农事教育、乡村教育等学系，得不适用之。

（二）"大学教育学院以外之各院学生，志愿毕业后为中等学校教员者，须修习教育原理、教育心理学、普通教学法、专门学科教学法（如国文教学法、英语教学法等等，包括教学观察及实习。但为事实困难，此种科目得酌量免设）等教育学科十二学分以上。

（三）"前两条所定学分数，其不采用学分制之学校，得以选课时数计算之。

（四）凡依本办法受师资训练之大学毕业生，除发给毕业证书外，由学校发给得充中等学校某科教员之证明书。"

这比以往稍有改进，不过实际上还没有什么大效果。师范学院成立，有了专门训练中等师资的机关了。据当局之意，未来中等教员皆取材于此，倘再辅以严格的检定，以后我国中等师资，或有逐步改善之望。

二、检定

教员的检定与各级学校师资的供应，有密切的关系。试先就我国现时所需师资情形略事考查一番：

小学师资的缺乏，可从下列统计得知：按《晨报》二十四年〔1935〕六月一日所载全国26省及上海、南京、青岛、北平、威海卫五市，计共学龄儿童49,022,202人（若以四万五千万人口计，尚不只此数）。就学儿童10,834,844人，只占总数22%。[①]以每40人需教员1人计，共需教员1,225,555人。查第一次教育年鉴十九年度〔1930〕全国服务初等教育机关教员共568,484

---

① 依甘豫源：《县教育行政》，正中，第305页。按：《第一次中国教育年鉴》所载1930年度统计与此相差不远。

人，较上数缺 657,071 人。又查十九年度，全国师范生共只 82,809 人，师范经费为 8,419,140 元。二十五年度〔1936〕师范生亦只 86,779 人，经费共 10,699,605 元。每生平均约占 124 元。所缺六十五万多的教员，其培养费就大可观了。新县制实行之后，所需之学员数和培养费，更是庞大无比。

以上不过就数量方面说，至质量方面，不合格的中小学教员更不知多少。以云南一省而论，据该省教育厅最近刊行的《云南省教育概览》称："全省现职中等学校师资，则有二千余人之众，其中合格者不足二分之一；尤以职业学科，音乐、美术、劳作、体育、童军等项师资，倍形缺乏。"又据湖南十九年度〔1930〕各县公私立小学教员共 17,966 人，其中不合格者（中小学毕业，私塾出身及其他）共 13,300 人，约占总数 72%，余可概见。故知中小学师资问题，在我国今日确是十分的严重！

检定教员，使未正式受师范训练者，一律加以检定，而就学识经验合格者，给予证书，使充当教员，是一种补助师资不足和防止过滥的有效办法。各国都定有检定制度。我国以前所检定的，仅以小学教员为限。二十三年〔1934〕教育部颁布《中学及师范教员检定暂行规程》（自本年〔1934〕七月一日起实行），以后中小学师范教员都该受检定了。

现制检定分无试验检定与试验检定两种：无试验检定，由审查其各项证明文件（毕业证书，修业证书，服务证明书及著作等）决定之；试验检定，除审查其各项证明文件外，并加以试验。

（一）无试验检定者的资格　具有下列资格之一者，得受无试验检定：

1. 小学教员：（1）毕业于简易师范学校或简易师范科者；（2）

毕业于旧制中学或现制高级中学以上学校，或与旧制中学现制高级中学同等之学校，曾充小学教员一年以上，或曾在教育行政机关，或大学教育学院系或师范学校等，所办暑期学校补习教育功课满二暑期者；(3) 毕业于旧制乡村师范学校或县立师范学校，或二年以上之师范讲习科，曾充小学教员二年以上，或曾在上述暑期学校补习满三暑期者；(4) 曾充小学教员三年以上，经教育行政机关认为有成绩，或曾在上述暑期学校补习满四暑期者；(5) 曾充小学教员三年以上，有关于小学教育之专著发表，经主管教育行政机关认为确有价值者。

具有前项第一款资格者，以受初级小学教员无试验检定为限；具有前项第二、三、四、五各款资格之一者，如曾任高级小学或初级小学教员年限与各该款规定相合者，得分别受高级小学或初级小学教员无试验检定。初级小学教员无试验检定合格后，任职四年以上有相当成绩者，得受高级小学无试验检定（《修正小学教员检定规程》）。

2. 初级中学教员：(1) 具有高级中学教员无试验检定规定资格之一者；(2) 国内外大学本科、高等师范本科或专修科毕业者；(3) 国内外专科学校或专门学校本科毕业后，具有一年以上之教学经验者；(4) 高级中学程度相当学校毕业后，有三年以上之教学经验，于所任学科确有研究成绩者；(5) 曾任初级中学教员五年以上，经督学视察认为成绩优良者；(6) 具有精练技术者（专适用于劳作科教员）。

3. 高级中学教员：(1) 教育部认可之国外大学本科毕业者；(2) 国内师范大学、大学本科、高等师范学校毕业，有一年以上之教学经验者；(3) 国内外专科学校或专门学校本科毕业后，有二年以上之教学经验者；(4) 曾任高级中学教员五年以上，经督学视察认为成绩优良者；(5) 有有价值之专门著述发表者。

4. 师范学校教员：(1) 教育部认可之国外大学毕业者；(2) 国内师范大学、大学本科、高等师范学校毕业后，有一年以上之教学经验者；(3) 国内外专科学校或专门学校本科毕业后，有二年以上之教学经验者；(4) 曾任师范学校教员五年以上，经督学视察认为成绩优良者；(5) 有有价值之专门著述发表者；(6) 具有精练技术者（专适用于劳作科教员)(《中学及师范学校教员检定暂行规程》)。

(二) 受试验检定者的资格 具有下列资格之一者，得受试验检定：

1. 小学教员：(1) 曾在旧制中学或高级中学毕业者；(2) 曾在师范学校或高级中学修业一年，并充小学教员一年以上者；(3) 曾在师范讲习科毕业者；(4) 曾任小学教员三年以上者；(5) 学有专长并充小学教员一年以上者。

2. 初级中学教员：(1) 国内专科或专门学校本科毕业者；(2) 与高级中学程度相当学校毕业后，有一年以上之教学经验者；(3) 与高级中学程度相当学校毕业，有专门著述发表者；(4) 曾任初级中学教员二年以上者；(5) 具有精练之艺术技能者（专适用于图书、音乐教员）。

3. 高级中学教员：(1) 国内大学本科毕业者；(2) 国内专科学校或专门学校本科毕业后，有一年以上之教学经验者；(3) 检定合格之初级中学教员；(4) 曾任高级中学教员二年以上者；(5) 具有精练之艺术技能者（专适用于图书、音乐教员）。

4. 师范学校教员：(1) 国内大学本科毕业者；(2) 国内专科学校或专门学校本科毕业后，有一年以上之教学经验者；(3) 曾任师范教员二年以上者；(4) 具有精练的艺术技能者（专适用于图书、音乐教员）。

检定合格者，由主管行政机关给予检定合格证书，其有效期是有限制的（小学教员四年，中学师范教员六年）。

综观前面教员检定办法可得数要点如下：

(一) 我国初行教员检定，只以小学教员为限，现已扩张范围，举中小学师范教员，皆在检定之列。（附录）

（二）大约具有法定教员的资格的，可不受检定试验，这与前面师资训练制度互为呼应。

（三）检定试验施于本无某项教员资格或资格不完备者，使其有取得某项教员资格的机会，可视为一种补偏救弊的办法。

（四）检定试验及格后，虽可领得某项教员的许可证，但其有效期间还是有限制的。

现在问题：

（一）就理论说，凡已毕业于师范学校或其他相当师训机关者，可免受检定试验（详前），但现时各师范学校程度未必相等，若全恃校内毕业考试，恐不足整饬各校学生程度，似须厉行"师范生毕业会考"，藉以鉴别现有成绩并策励未来。

（二）前面说过，依现时法规，教育部普通教育司有权检定中小学教员，各省教育厅及市教育局如上海亦可举行教员检定，如此事权不集中且各自为政，流弊必大。今后全国宜施行统一的检定办法，即各省市举行，须受中央之委托，并以中央规定办法为准。

（三）欲提高教员资格，应设法改良教师待遇；待遇改良后，教员检定的标准乃可严定，教员检定的法令乃可厉行。

（四）教员的登记和审查与教员检定有密切关系，应一并举行。

克伯莱为美国教员检定问题拟定原则14条，述其大意如下[①]：

(1) 欲提高教员资格，同时须增加薪俸，薪俸增加，教员检定的

---

① Cubberley, E. P., *State School Administration*, Chap. XXIII, pp. 636-638.

条件乃能提高。

(2) 各州所行之低级教员检定制（The lower grade teacher's certificates）应一律废止；考试次数应酌量减少；检定应着重检定人所受的训练。

(3) 前此人才缺乏地方所发的临时低级教员证，应于可能时尽速宣布无效。

(4) 受检定人的资格，至少四年中学毕业；受检定后应于相当期内为专业的准备，并有相当的证明。

(5) 小学教员的检定暂分两级：甲为毕业中学及师范训练班者而设；乙为曾受相当训练服务两年以上，著有成绩者而设。有效期间，概为两年；以后成绩优良，可换新证，有效期间约五年，迨师资训练推广，教员待遇改良以后，甲级办法应先取消。

(6) 检定所需的专业准备，法律上应明白规定期间（多少星期）；大约初次须经师范学校当局证明，换新约则须缴各项研究证明文件。

(7) 检定应分别教员的种类、性质。中小学固应分别办理，即幼稚园和低级、中级及初中甚至初级大学（junior college）亦当各定标准。

(8) 视导员须受特别检定，一种为从事行政和视导有相当成绩者，一种为专门研究教育学者；二者皆以预有若干年的教学经验为条件。

(9) 特殊教员（如特殊职业教员，低能儿教员及口吃儿乃至聋盲儿教员等）应有特殊的检定法。

(10) 终身教员许可证（life diplomas）不宜滥发，必受检人教学成绩优异且学识卓越，品行佳良，思想见解均高人一等，方可享此特殊权利。

(11) 已得终身教员许可证者，如中途改业至三五年者应失其效力；但若再继续研究，有确定证明者，亦得酌量恢复以前的权利。

(12) 一切检定手续，应由于州政府集中办理（地方应放弃这种职权）。

(13) 所检定的资格,各州间宜交互承认。

(14) 每年应举行教员登记及审查,并与视导方面联络。

附录

各省小学教员检定早已通行;近且及于中学师范教员,举最近二例以为证。

甲、贵州省自二十六年〔1937〕八月中等学校教员检定委员会成立后,即开始检定。截至二十七年〔1938〕底止,省会暨各县中等学校教员备具证件申请检定者,有1140人。经审查结果,高中师范教员正式合格者为274人,代用合格者为146人;初中教员正式合格者为178人,代用合格者为129人;高职教员正式合格者为27人,代用合格者为10人;初职教员正式合格者为8人,代用合格者为12人;简师教员正式合格者为2人,代用合格者为1人。以上合计为787人。至于试验检定尚未举办。(据黔教育厅:《贵州省教育概况》,二十八年〔1939〕一月)

乙、福建省为提高中等教师程度起见,曾先后举行第一、第二两届中学师范教员无试验检定及第一届中学师范教员试验检定,经检定合格者凡1432人。至第三届中学师范教员无试验检定,于二十七年〔1938〕八月起举行。截至本年〔1938〕四月止,报名人数达275人,经检定合格者127人。各科检定合格人数:计公民3人,体育5人,国文18人,英语14人,算学12人,生物13人,生理卫生6人,化学26人,物理13人,历史26人,地理6人,图画4人,教育16人。至第二届中学师范教员试验,业于二十八年〔1939〕七月在永安、龙岩及闽清三处分别举行。参加者共43人。(据《教育杂志》第29卷第12号,第55页)

第十五章

学校教员（续）

第三节 教员的待遇

一、政府对于教员待遇的规定

大家知道，教员待遇问题是一个极关重要的问题，它不独是个教育问题，同时也是个社会问题。教员待遇问题不解决，一切教育事业难期发展，而欲罗致和保持优良教师更不可能。让我们先一考察历届政府对于教员待遇规定的情形怎样。

我国政府注意教员待遇并以法令形式规定的，始于宣统元年〔1909〕十一月学部公布《小学教员优待章程》，以及二年〔1910〕二月学部公布《初级师范及中学教员优待章程》。不过那两种章程，除告退和病故两项稍有实质的优待以外，其余都属空谈。宣统三年〔1911〕六月学部再公布《小学经费暂行规程》，关于小学教师薪俸略有规定。

民国六年〔1917〕，教育部颁布《小学教员俸给规程》，一方规定国民学校、高等小学校长及教员年俸表，并劳绩人员之升级办法，他方更厘订各地方校长、教员的俸额标准，由主管人员依地方情形酌为拟定。因表中所定最低薪额缺乏理论的根据，且分级太多，活动性太大，结果各地自行其是，彼此相差很远。十五年〔1926〕十一月，国民政府（在广州）公布《学校教职员养老金及恤金条例》，规定了教职员养老金和恤金的请领标准。二十六年〔1937〕一月加以修正。十七年〔1927〕七月前大学院依据第一次全国教育会议的决议，公布了《小学教师薪水制度之原则》，将最低限度之薪水，本着学历的薪级表及经验的加薪数，厘订标准以资应用，实际各省市多自定有标准和实施办法①。

二十九年〔1940〕一月，蒋中正先生电勉全国小学教师并饬各教育行政机关，亟行订定小学教师待遇办法，以谋教师生活之安定。教育部乃令各省教育厅，除对小学教员薪俸每年必以十二月计算按月十日发放外，须对原有薪额酌为提高，以改善教员待遇。该部并先后公布《小学教员待遇规程》（参考原料二十七），《小学教员薪俸支给及实施办法》，《儿童家庭供给小学教员食宿办法》，《地方津贴小学教员米谷暂行办法》，《小学教员子女入学免费办法》，《小学教员年功加俸办法》，《优良小学教员奖励办法》，以及《各种小学教员待遇实施办法》等。对于小学教员待遇无论在物质或其他方面，皆有较合理的提高，远非曩昔所可比

---

① 例如江苏曾规定"小学教师俸给标准"如下：
"为奉行部令增加小学教员待遇，并调整各县小学校长教员俸给标准，增进教育效率起见，特订定待遇标准。其中要点：为小学校长教员资格共分五等：（甲等）师范大学，教育学院，教育科系，高等师范及专科师范毕业者；（乙等）旧制师范本科、高中师范及特别师范科毕业者；（丙等）省立乡村师范毕业及无试验检定及格者；（丁等）合于《小学规程》代用教师资格者。月俸则按照上列规定，订定等级，每级差以 2 元至 4 元为准，但各级起俸则照下列规定：（甲等）至少 20 元起俸；（乙等）18 元；（丙等）16 元；（丁等）14 元；（戊等）12 元。"《中华教育界》第 24 卷第 11 期）

拟了。

二、各方教员待遇近况

甲、小学校

我国小学教员薪俸的微薄，是大家所知道的。据江苏省二十二年度〔1933〕统计，各县小学教员月俸的中数为26元，初级小学教员的中数为20元；而最低月俸为12元，最高月俸为37元（按苏教厅当时规定：小学校长月薪最低24元，最高40元；初小校长月薪最低18元，最高28元，小学教员薪给未有规定）。

浙江各县小学教员之待遇，最高月俸75元，最低者仅年俸25元（均专任），厚薄之差，有如霄壤。

安徽乡村小学教员待遇，最高月俸19.8元，最低者7.8元；城市最高月俸30元，最低者11元。[1]

湖南短期小学教员待遇，"在城市区之行二部制，以教员三人担任四级之教学者，月薪二〇元；乡村区及各县之未行二部制，以教员一人担任一级之教学者，月薪一四元至一五元。"[2]

云南省教育厅规定：校长月俸分七级，第一级新滇币50元（每元合国币五角），以次每级递增5元，至第七级85元为止。于初任或在职期间，依其个别之资历，服务之成绩，在职之年期，事务之繁简，分别规定。[3]

这些小学教员已是十分可怜的了，何况边荒区域更远不及呢。

若就表面上看，南京市小学教员的薪俸敢许认为十分优厚，依所订《小学教职员任用待遇服务及奖惩规则》，普小教员高级

---

[1] 苏、浙、皖三省数字，皆据甘豫源：《县教育行政》，第392页。
[2] 据湖南教育厅：《湖南教育概况》(1936年9月)，第5页。
[3] 据云南教育厅：《云南省教育概览》(1938年度)。

级任月支 44 元，中级级任月支 42 元，低级级任月支 40 元，科任教员月支 40 元至 38 元。复依其资格与年功加俸而略有差异。至于简小教员，一律月支 40 元，助教员月支 34 元。但以南京生活程度如此之高，究竟能值几何呢？

乙、中等学校

中等学校校长教员俸给，各省市亦大有差异，举数省为例。

江苏依《江苏省立中等学校校长任免待遇条例》（江苏省教育厅颁布），省立各中等学校校长应支俸给等级，由厅长就各校事务繁简和各人学历经验情形，依下表分别酌定：

俸给 校别	第一级	第二级	第三级
中学校	200 元	180 元	160 元
初级中学	140	120	100
职业学校	180	160	140

外有"年功加俸"及"恤金"等项标准。

又依《江苏省立中等学校教职员聘任及待遇暂行条例》（江苏省教育厅颁布），教职员薪俸标准，分专任教职员及兼课教员数项：

（1）专任教职员的薪俸等级，由校长按各人学力、经验和职务轻重，依下表分别酌定：

校别	等级	月薪数
高级中学	一	160
高级中学	二	140
高级中学	三	120
初级中学	一	120
初级中学	二	100
初级中学	三	80

一校支高级薪俸的，不得过专任教员总数 2/10；支中级薪俸的，不得过专任教员总数 3/10。

（2）兼课教员（限于音乐、图画、手工等）薪俸按钟点计，每周授课一小时者，高中月薪以 5 元至 10 元，初中月薪以 4 元至 6 元为标准。

福建　最近福建教育厅遵照省主席手订《中等学校校长教员待遇办法原则八项》，拟定本省《中等学校校长教职员待遇办法》：高中校长月俸最低额为 150 元，最高额为 260 元，分 9 级支薪，200 元以下每级递加 10 元，200 元以上每级递加 20 元。高中教员月薪最低额为 100 元，最高额为 180 元，分 9 级支薪，每级递加 10 元。初中校长月薪最低额为 120 元，最高额为 200 元，分 9 级支薪，每级递加 10 元。初中教员月薪最低额为 80 元，最高额为 180 元，分 9 级支薪，每级递加 10 元（《福建教育通讯》第 4 卷第 2 期）。

云南　初中、简师、初职校长月薪从 150 元至 210 元，共分 7 级，每级 10 元；高中、正师、高职校长月薪从 210 元至 270 元，亦分 7 级，每级 10 元，国外留学曾任大学教授二年以上由教授现职调充者，给以原任大学教授相当之月俸。初中、简师、初职教员月薪从 100 元至 160 元,分 7 级,每级 10 元;高中、正师、高职教员月薪从 160 元至 220 元,亦分 7 级,每级 10 元。兼校内主任或导师者,高中暨同等学校月支津贴 20 元;初中暨其同等学校月支津贴 15 元(皆以新币计算)。①

三、教员待遇问题研究

各国教员待遇近况——依本人最近考察所得,欧美各国教员待遇概况如下②:

(1) 德国　各级学校教师年俸概数:

小学校——从 2,400 至 5,400 马克(柏林市)。

中间学校——从 3,300 至 5,500 马克(柏林市)。

中学校——从 4,000 至 8,000 马克(柏林市)。

新设国立政治中学——从 3,000 至 9,000 马克(柏林市郊)。

职业学校——从 3,000 至 5,800 马克(柏林市)。

(2) 法国　各级学校教师年俸概数:

小学校——从 11,000 至 19,000 法郎(巴黎市)。

高等小学——从 24,000 至 56,000 法郎(巴黎市)。

国立中学(Lycee)——从 40,000 至 60,000 法郎(巴黎市)。

(3) 英国　依 1930 年全国男教师平均年俸 324 镑,女教师平均年俸 217 镑;又全国男有证教师平均年俸 334 镑,女教师平均年俸 254 镑。后来因世界经济凋敝的影响,中小学教师稍有折扣,最近则已渐复原状。

(4) 意大利　自 1923 年秦梯利(Gentile)改革案公布以后,该国小学教师薪俸大为增加。现时最低年薪为 5,600 里耳,

---

① 据云南教育厅:《云南省教育概览》(1938 年度)。
② 详罗廷光:《最近欧美教育综览》,商务,上、下两册。

最高者 9,500 里耳。服务满 28 年,可达 10,000 里耳。文科中学教师,年薪从 8,400 至 19,200 里耳(罗马市)。

(5) 俄国 俄国教师薪俸本来很薄:1928 年小学教师平均月俸,都市为 53.74 卢布,乡村为 45.89 卢布。又都市中学教师平均月俸 73.74 卢布,乡村中学教师平均月俸 65.57 卢布。1931 年经人民教育委员会决议增加 25% 至 30%,并扩充教师之购物特权。1932 年,小学教师月俸可至 90 卢布。至最近本人参观莫斯科苏维埃多艺学校(包括中小学在内)时,校长及少数教师月薪已可至 100 卢布了。

(6) 美国 美国各州情形不同,都市与乡村亦互异,依最近可靠调查,都市中小学教师及教育行政人员薪俸比较如下①:

美国市教育局长及中小学校长教员年薪中数比较表 (1932—1933)

人口	年薪中数					
	教育局长	中学校长	小学校长	中学教员	初中教员	小学教员
100,000 以上	8,267 元	4,468 元	3,102 元	2,479 元	2,204 元	1,947 元
30,000 至 100,000	6,090	3,885	2,569	1,994	1,761	1,526
10,000 至 30,000	4,600	3,300	2,252	1,747	1,525	1,360
5,000 至 10,000	2,818	2,603	2,314	1,575	1,376	1,217
2,500 至 5,000	3,216	2,134	2,000	1,429	1,270	1,089

(表中校长不兼课)

表中年薪最少者为小城市小学教师只 1,089 元,最多者为大

---

① 据 Salaries in City School System, 1932-1933, *Research Bulletin of the National Education Association*, Vol. XI, No. 2, March 1933, p. 48.

都市教育局长达 8,267 元，相距几至八倍。

乡村学校教师则报酬极薄。依统计 1929 至 1930 年各种乡村教师年薪中数如下：平均中数 945 元，最低中数 534 元，最高中数 1,502 元。

各国对于教师待遇，薪俸以外，尚有若干养老金和恤金；有时并供给教员住宅。

上述各国教师薪俸，比较以美国最低，若以与他种人员报酬相比，尤觉显然。以明尼苏达（Minnesota）州而论，该州教师薪俸之低，从下表可以知道：

明尼苏达州各业工资与教师薪俸比较表（一年收入，中数）

名称	元数
铅管工	1,847
水泥工	1,797
理发匠	1,615
木匠	1,507
牧人	1,172
司帐	1,124
长工	1,107
速记	989
中学教师	982
商店会计	945
小学教师	803
乡小教师	602

一个乡村小学教员的薪俸尚不及铅管工的收入的 1/3，还能

谈到什么？

为欲纠正这种不合理的现象，该国人士乃起而研究教师的给薪制度：(1) 有主张以粗工工资为标准的；莫尔曼（Moehlman）在所著《公立学校财政》（*Public School Finance*）中力主此说，以为合理的教师薪俸，应相当于粗工工资的 1.5 至 2.2 倍，资格较高的，可至 3 倍。(2) 有主张拿购买力作标准的；如 1900 年薪金 2,000 元的，至 1913 只值 1,548 元。而在 1926 年则只值 884 元了（不及其半）。因购买力之日益低下，故教师薪俸当随之而增高。(3) 亦有主张以生活程度为标准的；生活程度的提高，薪金当亦应为比例的增进。

现时趋势，教师给薪制大抵以下列数项为根据[①]：

(1) 所受训练。(2) 教学经验。(3) 教师任务。(4) 教学成绩。(5) 进修费用。(6) 地方经济能力。(7) 地方生活程度。(8) 优异的成绩。

兹举克伯莱所提优良教员薪制 11 要点于后[②]：

(1) "薪制起点应斟酌实况，俾优良教师欣然来归。

(2) "逐年增薪，定率不大，而年限宜长（如五年或七年）；教师无进修准备者，其因成绩或效能增薪之标准宜严，薪金之最小限度，应能代表教师所受专业训练及其个人才能所应得之生活费。

(3) "凡有经验之教师，其起点应高于新进教师，无论其经验从

---

① 详 Chamberlain, L. M., *The Teacher and School Organization*, Chap. VIII, Printice Hall, New York, 1938.

② Cubberley, E. P., *Public School Administration*, Chap. XX, 外 Almack and Lang 曾举支配教师薪俸十二步，见所著 *Problems of Teaching Profession*, pp. 250-252, 又 Reeder 曾综述教师薪俸原则十一条，见所著 *The Fundamentals of Public School Administration*, pp. 126-127.

何处获得。

(4)"优异教师,或属勤奋或属造诣,或属非常成绩,均应于达最大限度以外特别加薪。

(5)"薪金之决定,使教师足用其所长,教师之成绩,不以个人位置为目的。

(6)"特殊教师,如模范教师、非常儿童班教师等,必使有特殊研究者充任,其薪制应提高。

(7)"因任务之高低,薪制应各异。各级任务薪金,各有其增率及最大限度,采分等进级制。

(8)"等级之升进,须俟确实证明其效率或业务准备有进步后公告之。

(9)"地方考试暑期教学及大学补习后可证明其训练提高;至服务效率,则须经过各种测验,主试者并不应由一人为之,其结果须公告。

(10)"以教师为专业者,其最大限度所得,应比照起薪时二倍或二倍半,但必有十八至二十年之服务而证明确有效率者。以教师为临时任务者,其最大限度不应及于一般教师所规定者。

(11)"养老金,或年老无力者,另易轻微职务,亦应规定。但两种办法中以前者为较优。"

第四节 教员的进修

甲、进修的效用

(1)灌输新思想、新知识 服务过久的教员,多墨守成规,不求进步,对于新思想、新知识诸多隔膜,教育行政当局,应注意不时灌输,以求改进师资,发展地方教育。

(2)鼓舞教员研究的兴味 鼓励教员以教学为"研究"对象,教学儿童不啻即"研究儿童",永远在"研究"的过程中,期收到"教学相长"的效果。

（3）补足专业的训练　在职教员之未深受专业训练的，在消极方面，固可藉检定制度加以限制；而积极方面尤当给他们研究进修的机会。暑期学校或其类似机关，对于此点有很大的贡献。

（4）增进教学效能　师范生平日在校因缺乏实际经验，故讨论教育问题，每觉不甚亲切，远不若毕业后服务若干时日再加研究的真切有味。研究以后再去教学，其效能定可大为增进。

乙、进修的方法

在职教员进修的方法很多，而最重要、最通行者，约有下列十种[1]：

（1）组织研读团——研读团（Reading circle）为教员进修的极重要团体，美国各州有以加入此种团体为教员检定或重行检定的一要件者，其重视研读团可想而知。他们选了若干标准书籍为一般教员所不可不读的，通告大家分类研究，并制成报告，以充成绩。此法大可采用。

（2）入暑期学校——暑期学校或暑期讲习会，为在职教员进修的极普通机关，我国近来各省、市办理者甚多，教员们可利用假期前来研究，并藉以参观游览。美国暑期学校学员多的达数万人，——例如哥伦比亚大学所设暑期学校每届23万人，其中以中小学教师（包括校长、教员）及教育行政人员占最多数。

（3）参加教师研究社（Institutes）及各种会议（Meetings）——此等会社皆为教员补习而设。分短期讲习和永久团体两种：短期讲习包括普通教育讲演和专门学识技能的传习；永久团体则有各种教员组织的会社，例如中华儿童教育社，便是规模

---

[1] Ruediger, W. C., *Agencies for the Improvement of Teachers in Service*.

最大的一个。

（4）通信研究——类于函授学校，为省时省事的经济有效办法。

（5）参观——交互参观，亦是教员进修的一良好方法，有时由政府资送出省出国考察，收效更大了。

（6）示范——择优良教员为教学之具体示范（Demonstration）并设立示范班，以资共同研究。

（7）推广学程——欧美大学、中学、师范学校之设推广部供应推广学程（Extension Courses）者甚多，吾国亦时有类似的设施，皆为教员谋补习方便用也。

（8）教学辅导——视察教员之实际教学，就其困难所在而予以适当助力，克服其困难；这于教员教学能力的增进最为有效。大学教育学院、教育科系及师范学院对此应负相当的责任。

（9）给予长假——给教员以长假（半年或一年）仍支原薪之全部或一部分，使得出外考察研究，于教员修养大有裨益。我国现只有少数大学可以做到，他则极不多见。

（10）巡回文库——乡村教员不易有阅览图书机会，各行政机关于是设巡回文库，俾图书轮回使用，法至善而意至良。近来此种事业渐趋于发达。

从教育行政立场谈，我国政府对于教员进修有整个的计划，始于第二次全国教育会议决议：《改进全国教育方案》。其中《中小学教职员进修办法》，规定有"开办暑期学校"，"订定并颁发中小学教员进修书籍"，"提倡阅书团"，"选拔优良教师继续深造"，"明定教育会研究学术办法"等项，都很切实。后来教育部先后公布《修正小学规程》、《中学规程》、《师范学校规程》及《职业学校规程》，对于教员进修都有相当的规定。

研究问题

(1) 从法规上研究中（小）学教员的资格，并略加评论。（用历史法或比较法均可）

(2) 参考各家主张以后，估计一个小学（或中学、师范）校长学行上应有的资格。

(3) 做一个专门研究：用科学方法调查关于小学（或中学、师范）教员应具的品德。（参考 Charters and Waples）

(4) 假如你是个教育局长，关于任用中小学教师应采用何种合理的手续？（包括任用、任期两项）

(5) 假如你是个中学校长，物色及聘任教员时应该如何？

(6) 为什么中学、师范教员亦应该受检定？在中国何以尚未能广为推行？其阻力何在？

(7) 举一省（本省最好）中小学校长、教员的待遇实况，并略加评论。

(8) 举科学的教师给薪制的要素。

(9) 教师进修的必要和方法。

第五篇 教育经费

第十六章
教育经费之扩张及其来源

"巧妇难为无米之炊",无钱不能办学校,更不能办成好的学校,几乎是大家所公认的。教育的理论和方法,无论讲得怎样动听,教育行政的制度和教育人员等问题,任凭讲得怎样详尽,没有适度的教育经费,终是枉然的。反过来说,经费若是充足,一切事业都易举办,教育效率可以增高,教育进步可以加速。不过教育经费该怎样筹措,怎样支配和怎样管理,也是极重要的问题。无钱固不易办成好的学校,有了钱不一定就能办成好的学校,须看支配和管理得法与否,这些问题便是本篇所要讨论的。

第一节 我国教育经费之扩张概况

我国教育经费,有由中央供给的,有由省和市县担负的。大约言之,关于高等教育、学术研究及文化事业和机关等项经费,概由中央及省负担;中等教育、民众教育、实验事业等费则由省及市县负担。初等教育及大部社教经费,多出自于各省市县。近因中央推行义务教育,曾拨巨款助各省及地方。① 又因抗战发生以后,沦陷区域学校无法维持,教育部已创设国立中学及师范学校若干所,以容纳一部分学生,此种学校所需经费,完全由中央负担。

此刻我们先考察我国近来中央及地方教育经费扩张的大概情形。

一、中央教育经费之扩张概况

中央教育经费除庚款外,皆列入整个预算。教费原属政费的一部分,由中央全部入款中支给。中央入款大部为国家收入,小部由各省汇解。国家收入中包括各项税收及国有财产收入,国有营业收入等;其中以税收占大宗。依二十四年〔1935〕七月国民政府公布各级财政收支办法(自二十八年〔1939〕一月一日起施行),中央及地方税收,划定如下:

甲、中央税

(1) 关税——货物进口税、货物出口税及船舶吨税。

(2) 货物出产税——盐税、矿产税,其他以法律规定之出产税。

(3) 货物出厂税(统税)——卷烟税、火柴税、水泥税、棉纱税、麦粉税,其他以法律规定之出厂税。

(4) 货物取缔税——烟税、酒税,其他以法律规定之无益物品或奢侈物品取缔税。

(5) 印花税。

(6) 特种营业行为税——交易所证券及物品交易税,银行兑换券发行税,其他以法律规定之特种营业行为税。

---

① 据马宗荣氏在《最近中国教育行政四讲》(商务)上称,自1935年《实施义务教育办法大纲》公布以后,中央所给各省义务教育补助费1935年度为三百二十万元,1936年度增为四百六十余万元。

(7) 特种营业收益税——交易所税，银行收益税，其他以法律规定之特种收益税。

(8) 所得税。

(9) 遗产税。

(10) 由直隶于行政院之市分得之营业税。

乙、省税

(1) 营业税。

(2) 由县市分得之土地税。

(3) 由县市分得之房屋税——《土地法》施行后并入土地改良物税。

(4) 由中央分给之所得税。

(5) 由中央分给之遗产税。

丙、直隶行政院之市税

(1) 土地税。

(2) 房屋税——《土地法》施行后并入土地改良物税。

(3) 营业牌照税。

(4) 使用牌照税。

(5) 行为取缔税。

(6) 由中央分给之所得税。

(7) 由中央分给之遗产税。

(8) 由省分给之营业税。

原来中央的税收，是向以关税、盐税和统税为支柱的。拿二十六年度〔1937〕的国家总预算来说，在十项税之中，关、盐、统三税所占的比率，达90％以上：

税别	数额（单位元）	百分比
关税	369,267,522	43.99
盐税	228,625,553	27.24
统税	175,617,550	20.92

抗战军兴，沿海一带重要关区及盐场，皆被敌人占据，税收当随而大减；各沦陷区的工厂，多被破坏，统税收入的减少，亦是当然的。幸迩来中央另有开源办法①，故整个国家财政基础尚不至动摇。

那末中央每年花在教育文化上的经费共有若干？民国十八九

---

① 抗战期间，政府因税收短少，乃用举债办法以资补救，国内公债（地方债除外）迄1939年6月，债额计达2,800,007,000元。列表如下：

债券名称	发行日期	债额
二十六年〔1937〕救国公债	二六年〔1937〕年十月	500,000,000
二十七年〔1938〕国防公债	二七年〔1938〕年五月	500,000,000
二十七年〔1938〕金公债	二七年〔1938〕年五月	（关金）100,000,000
		（美金）50,000,000
		（英镑）10,000,000
二十七年〔1938〕赈济公债	二七年〔1938〕年七月	100,000,000
二十八年〔1939〕建设公债	二八年〔1939〕年四月	600,000,000
二十八年〔1939〕军需公债	二八年〔1939〕年六月	600,000,000
备考	赈济公债第一批先发行3,000万元；建设公债与军需公债均分两期发行，前者为本年四月及八月，后者为本年六月及十月。	

年度〔1929，1930〕，国家预算所列教育文化费，都只1,400余万元。二十〔1931〕及二十一〔1932〕两年度增为2,100余万元。二十二年度〔1933〕增为2,300余万两。二十三年度〔1934〕将军事特种教育费1,500万元加入，便为4,300余万元。二十四年度〔1935〕为推进义务教育和边疆教育及奖助成绩优良省私立专科以上学校，增列义务教育费240万元，边疆省份教育文化补助费50万元，省私立专科以上学校补助费72万元，共为4,680余万元。二十五年度〔1936〕增列教育建设费五百万元，为义务民众、电影、播音之用，而将原有义教经费并入；又增列生产教育费85万元，为奖助优良职业学校及提倡生产教育之用，共为5,490余万元，为中央教育经费之最高额。① 按本年度（二十五）〔1936〕中央总预算岁出共99,000万元，教育文化费占总额5.59%。

二十六年度〔1937〕中央教育经费预算内列支4,580余万元，外建设专款内列支1,470余万元，共计6,060余万元。嗣因抗战发生，全国入于紧急状态，教育费不得不谋紧缩和调整。②

二、地方教育经费之扩张概况

各省及行政院直辖市的教育经费，据教育部二十一年〔1932〕及二十三年度〔1933〕督学报告，总数为42,210,828元（东三省、四川、西康等省在外）。内以江苏省经费最多，数在400万元以上；山东、河北、广东次之，均超过300万元；河南、浙江、江西、安徽、湖北、湖南、广西又次之，均超过200万元；最少者为热河和宁夏两省，尚不足20万元③。

---

① 据教育部：《十年来之教育概述》。
② 所有教育经费之紧缩及调整情形，详注①，第46页。
③ 依吴俊升、王西徵：《教育概论》，正中，第124页。

又据二十三年〔1934〕《申报年鉴》所载,各省及直辖市教育经费,仍以江苏省居首位(教育文化费岁占 4,468,084 元),西康省居末位(教育费岁仅 34,384 元),相差几至 130 倍之多。若以教育费在一省总岁出中所占百分比而论,则安徽省最高(占总数 26.8%),西康省最低(只占 1.56%)。各直辖市的教育经费,上海市居于首位(凡 1,395,477 元);北平市教育费占岁出总额的百分比最高(占总额 23.83%)。

以一省论:江苏十五年度〔1926〕以后,历年教育经费增加情形如下[①]:

年度	数量
十五年〔1926〕	3,072,947 元
十六年〔1927〕	3,093,252
十七年〔1928〕	3,453,943
十八年〔1929〕	3,922,840
十九年〔1930〕	4,420,840
二十年〔1931〕	4,700,090
二十一年〔1932〕	4,300,000
二十二年〔1933〕	4,260,000

(以上皆为预算数)

广西近五年来(从二十年〔1931〕至二十四年〔1935〕)省

[①] 据 1932 年度及 1933 年度江苏省教育经费统计图表及《江苏教育概览》。

教育文化费概算比较如下表①：

年度	数量
二十年〔1931〕	2,270,242 元
二十一年〔1932〕	2,642,061
二十二年〔1933〕	2,479,360
二十三年〔1934〕	2,772,356
二十四年〔1935〕	3,260,420

说明：(1) 自二十二年度〔1933〕起各县取消杂税，教育经费减少，遂将各县解省之三成粮赋为教育经费附加，约国币 50 万元，拨还各县，以资弥补；故二十二年度〔1933〕省教育经费预算减少 10 余万元，实际却仍旧增加。

(2) 二十三年度〔1934〕桂省府开始合署办公，省教育行政费改由普通行政费项下开支，不再另列数目。

云、贵、川数省僻处内地，教育稍落后，惟近年进步亦速，教育经费，年有增加；从下统计数字，可知三省年来教育经费扩张情形的一斑。

（一）滇省教育经费近来增加甚速。抗战前每年岁出共不过数十万元，二十六年度〔1937〕增到 1,699,213 元，二十七年度〔1938〕更增至 2,509,589 元②。

二、黔省教育经费原甚微薄，近年始大见增加，由下表

---

① 据广西省教育厅 1935 年度《广西省教育调查统计总报告》（教育经费部）。

② 据云南省教育厅 1939 年刊行之《云南省教育概览》。

可知①：

年度	经费数
二十四年〔1935〕	617,159元
二十五年〔1936〕	991,722
二十六年〔1937〕	1,280,000
二十七年〔1938〕	674,957

（二十七年度〔1938〕经费因会计年度变更，只按半年计算）

年度	经费数
二十八年〔1939〕	1,741,656元
二十九年〔1940〕	2,026,104
三十年〔1941〕	3,235,050

（三）川省年来总收入数量及省库拨充教育经费之百分数如下②：

年度	省收入总数	省库拨充教育总数	教育费占总收入百分比
二十四年〔1935〕	67,900,000	1,800,000	2.65
二十五年〔1936〕	82,350,000	2,700,000	3.28

---

① 据贵州省教育厅1939年刊行之《贵州省教育统计及贵州教育》第3卷第2、3期合刊。

② 据四川省教育厅刊行之《省教育经费二十七年度〔1938〕岁入岁出预算书》。

二十六年〔1937〕	86,300,000	3,600,000	4.17
二十七年〔1938〕（半年）	29,677,515	1,800,000	6.06
二十八年〔1939〕	65,909,983	3,900,000	5.94

综观上列事实，可知中央和省教育经费年来均有增加，所以致此之重要原因，约有如下各种：1. 当局对于教育之重视。虽在艰困之中，对于教育经费仍谋扩张，其重视教育事业概可想见。2. 国家教育政策的确定。如拨巨款推进义教和边教，以及奖助成绩优良之专科以上学校是，又军事特种教育费的增设亦然。3. 学龄儿童的增加。我国人口平时年有增加（抗战时期稍异），人口既有增加，学龄儿童当亦随而加多，如此，则教育经费的扩张势所必然。4. 入学儿童的增加。迩来各地学校时有推广，入学儿童年有增进，此从各省教育报告可知。入学儿童既增，教育经费当不得不随而递加。5. 义务教育的厉行。年来各省逐渐注意义务教育，经费时有增加，加以中央提倡，对于各省补助经费不少，各省自当依照比例增其应增之经费。6. 中等以上教育的发展。虽无初等教育之迅速，但其发展亦还有相当的程度。7. 教师待遇的提高。8. 学校课程的扩张及各项设备的改善。9. 教育行政费的增加。各项教育事业增加，行政人员增多，教育行政费自然要扩充了。10. 生活程度的高涨，货币价值的低落，此在抗战时期尤甚。（教育经费的扩张，美国尤见迅速，近年来其扩张数量和原因，详见 Bolton, F. E. and Others, *The Beginning Superintendent*, Chap. VII, pp. 148-155, The Macmillan Co., 1938.）

第二节　教育经费的来源

一、中央教育经费的来源

抗战发生以前，中央教育经费，什九取给于国家的赋税（例如二十二年度〔1933〕国家财政收入，盐税、关税、烟酒税、印花税、统税、矿税数项占去 90% 以上），而国税中又以关税、盐税、统税三项占大宗（见前）。教育经费由财政部照中央教育文化费的预算支拨，没有指定的教育专款或基金。从前有人提议以海关吨税发行长期教育债券的，也有人希望以各国退还庚子赔款作为教育基金的，也有人建议举办遗产税和所得税专供教育经费的，更有人主张以全国盐税充义务教育经费的：种种企图，至今没有一项能够实现。[①]

中央教费的另一来源，惟各国所退还的"庚子赔款"。以美国退款最早，由中华教育文化基金董事会管理之。外英、俄、法、比等国，都已先后退还，分别指定用途。据中国银行报告，1934 年至 1948 年庚款总额有 783,441,115 元。

二、省教育经费的来源

各省教育经费，来源不一；姑以苏、豫、桂、黔、滇、川数省为例说明之：

江苏据二十一年度〔1932〕教育经费统计图表，其教育经费历年收入项目为田赋、屠宰税、牙帖税、卷烟税、省补助费、学宿费及其他。又据二十二年度〔1933〕教育经费收入预算，各项税收按历年实收最多者另列如下：

---

① 孟宪承：《教育概论》，商务，第 92 页。

第十六章 教育经费之扩张及其来源

税别	经费数
忙漕	2,600,000 元
屠税	700,000
牙税	650,000
协款	300,000
行政收入	200,000
总计	4,450,000

河南教育经费向以全省契税收入为来源，设有教育专款管理机关（教育款产管理处）专司其事，征收保管，完全独立。据二十六年度〔1937〕全省教育经费预算数为二百八十九万九千余元，实际收支核计，尚有余裕。[①]

桂省教育经费来源，据官方负责报告，约有四类：（一）中央补助费，（二）省款，（三）县款，（四）各校自筹款。中央补助及各校自筹款，系多用在国民基础教育方面。

黔省二十六年度〔1937〕教育经费的来源如下[②]：

项别	经费数（元）
学产收入	5,200
学费	20,520
中央边教补助费	60,000
盐税协款	120,000

---

① 据河南省教厅最近刊行之该厅《重要施政工作报告》。
② 据云南省教育厅 1939 年刊行之《云南省教育概览》。

中央义务补助费	200,000
屠税	363,972
省库拨款	583,698
总计	1,353,390

若拿来和三十年度〔1941〕比较，当知不独中央补助费增加特多，便是省库拨款亦已突飞猛进了：

黔省三十年度〔1941〕教育经费来源表

项别	经费数（元）
学费	21,200
学产收入	12,780
中央补助国教费	520,000
中央补助师训费	240,000
中央补助铜师经费	52,000
中央补助江职经费	20,400
中央补助铜师附小费	16,800
省库拨款	2,351,070
总计	3,235,050
备 考	（1）中央补助国教费中有23万元系上年度补助数，实际本年度多补助20万元。 （2）中央补助师训费中有10万元系上年度补助数，实际本年度多补助14万元。

据川省二十七年〔1938〕一月一日至十二月三十一日教育经

费岁入经常门所列，可知该省教育经费来源的一斑[①]：

项目	本年度预算数	上年度预算数	增数
四川省教育经费	2,317,629元	2,064,414元	253,215元
一、省库拨款收入	1,800,000	1,800,000	
二、学费及生产费收入	15,000	14,050	
(1)各校学费	14,300		
(2)各校生产费	700		
三、中央补助费收入	150,000	150,000	
四、借入款	352,629	100,364	

可见各省教育经费多出自田赋、契税、屠宰税、卷烟税、营业税、中央补助及其他杂税，至于行政收入、事业收入则有限。

三、县教育经费的来源

我国县教育经费的来源，复杂万分，一国之内各省不同，一省之内，各县不同。兹引苏、浙、皖、鲁、湘五省县教育经费的来源统计，并表列如下[②]：

苏浙皖鲁湘五省县教育经费来源一览表

经费来源	江苏 实数	江苏 百分比	浙江 实数	浙江 百分比	安徽 实数	安徽 百分比	山东 实数	山东 百分比	湖南 实数	湖南 百分比
田赋附税	2,256,364	20.01	1,990,000	69.87	1,359,485	54.32	3,173,877	72.41	1,059,027	14.24
亩捐	5,344,211	47.41	……	……	……	……	……	……	485,927	6.52

---

① 四川省教育厅：《四川省教育近况》，载《教育丛刊》第10辑。
② 依甘豫源：《县教育行政》，正中，第146～147页。

屠牙契等杂附税	502,002	4.45	……	……	……	……	……	……	310,587	4.16
学产	987,572	8.76	260,000	12.28	734,803	29.36	344,193	7.85	90,739	28.06
款息	56,810	0.50	63,000	2.21	……	……	163,638	3.73	77,941	1.04
杂捐	873,683	7.82	350,000	9.87	42,135	5.68	453,088	10.33	414,531	5.56
行政收入	1,030,636	9.14	……	……	……	……	……	……	235,706	3.16
寄附金	126,604	1.12	……	……	101,861	4.07	……	……	1,164,727	15.63
临时收入	94,187	0.83	……	……	……	……	……	……	……	……
积存基金	……	……	……	……	59,816	2.39	101,307	2.31	……	……
指拨	……	……	135,000	4.74	……	……	43,000	0.98	1,500,261	20.14
其他	……	……	50,000	1.75	104,614	4.18	142,256	3.24	109,448	1.46
总计	2,272,059	100.00	2,848,000	100.00	2,502,734	100.00	4,382,659	100.00	7,443,894	100.00

说明：

（一）江苏系二十二年度〔1933〕统计，见该省教育厅出版之《江苏教育经费统计图表》及《江苏教育概览》；浙江系二十二年度〔1933〕统计，据程凤鸣：《谈浙江各县教育经费》（《浙江教育行政周刊》第6卷第35期）；安徽系十九年度〔1930〕统计，见该省《民国十九之安徽教育》；山东系二十一年度〔1932〕统计，见《山东省各县地方民国二十一年度教育费决算册》；湖南省系二十年度〔1931〕统计，据《湖北最近教育一览》。

（二）江苏各县附税原表列2,758,366元，系包括田赋、屠、牙、契约等附税，兹据苏省二十年度〔1931〕统计，将屠牙契等附税五十余万别出，而成上表所列之数。杂捐一项，大抵就各该县出口之土产而征收，如盐城之蛋捐，铜山之花生瓜子捐是。学产收入为各县学田市房之租息，款息系各县积存基金利息。行政收入为各所收之学宿费。寄附金包括政府团体及私人补助等项。临时收入系无永久性的税收，积存基金乃各县教费之赢余，专款存储作基金之用。①

（三）浙江75县教育经费来源极复杂，计有四成教育费、田赋附捐、

---

① 参看曾毅夫：《地方教育行政》，商务，第109～110页。

第十六章 教育经费之扩张及其来源

田赋增加附捐、亩谷捐、屠宰附税、产业验契捐、土产捐、商业助捐、迷信捐、消耗捐、奢侈捐、杂捐、租金、息金、学费及其他杂捐，不一而足①。

从江苏省教育厅公布的《江苏省各县教育经费预算编制细则》（二十一年〔1932〕十一月）第二条"岁入经常门"所列项目，可知该省县教育经费来源的复杂及名目的繁多：

> 一、附税及带征各款——甲、田赋附税；乙、屯芦、场灶、渔课附税；丙、滞纳罚金；丁、田赋带征；戊、教育亩捐；己、普及教育亩捐；庚、其他。
> 二、杂税附税——甲、牙税赋税；乙、屠宰赋税；丙、契赋税；丁、其他。
> 三、特捐——甲、中资捐；乙、契纸捐；丙、盐厘；丁、盐斤加价；戊、箔类特税；己、其他。
> 四、杂捐——甲、货物杂捐；乙、营业杂捐；丙、其他。
> 五、款产——甲、田地租；乙、房租；丙、息金；丁、其他。
> 六、学宿费——甲、学费；乙、宿费；丙、其他。
> 七、寄附金——甲、团体机关补助；乙、私人补助；丙、其他。
> 八、其他。

依陈友松氏分析：我国"在各县内抽样算来，田赋占教育收入的50%至75%"。又"据五省抽样的研究，其县教育经费的来源计有学田及苛捐杂税670种。推算起来，县教育费的80%至

---

① 据1932年度及1933年度江苏省教育经费统计图表及《江苏教育概览》。

85%，出自农民与穷苦的消费者。"①

自二十三年〔1934〕五月全国财政会议通过："自本年〔1934〕七月一日起至年底止，将一切苛捐杂税废除，如何抵补另定；各省市果有特殊情形未遵限废尽者，得呈报核办"议案以后，各省纷纷废除苛捐杂税，而向恃此为挹注之各省县教育经费来源者，立感恐慌。在此时期各地教费类皆临时张罗，有请中央暂予保留一部税捐者，有另谋抵补办法者，更有抵补无着，致全县教育陷于停顿者。幸至二十四年〔1935〕七月中央公布各级政府收支办法，对县地方财政收入，有明确的规定，其中县地方所得之赋税，有下列数项：

（一）45%至75%的土地税（县税）。

（二）70%至85%的房屋税（《土地法》施行后并入土地改良物税）（县税）。

（三）20%至30%的所得税（中央让税）。

（四）25%的遗产税（中央让税）。

（五）30%的营业税（省让税）。

（六）营业牌照税（县税）。

（七）使用牌照税（县税）。

（八）行为取缔税（县税）。

二十八年〔1939〕九月《县各级组织纲要》公布，关于县财政，规定下列各款为县收入：

（一）土地税之一部（在《土地法》未实施之县，各种属于县有

---

① 陈友松：《中国教育财政改造》，载邰爽秋等选编的《教育经费问题》，教育编译馆出版。

之田赋附加全额)。

(二) 土地陈报后正附溢额田赋之全部。

(三) 中央划拨补助县地方之印花税三成。

(四) 土地改良物税(在《土地法》未实施之县为房捐)。

(五) 营业税之一部(在未依营业税法改定税率以前,为屠宰税全额及其他营业税 20% 以上)。

(六) 县公产收入。

(七) 县公营事业收入。

(八) 其他依法许可之税捐。

今后县经费不独总额可增加,且有确定之来源,县教育经费问题当较一般有合理的解决。不过还当注意的是,我国各县贫富悬殊过甚,例如江苏吴县,每年预算有百余万元,而青海同仁每年仅九百余元;倘欲求县政之平均发展,内地贫瘠县份,中央首应予以巨额资助,始克有效。

研究问题

(1)"教育经费乃实施全部教育改造方案之关键"(第二次全国教育会议议案有此说焉),试申述其义。

(2) 试就可靠事实述我国近年来中央及省教育经费扩张的情形。

(3) 就原则上说,教育经费应有增无已,你赞成这话么?请说明理由。

(4) 述抗战期内中央对于财政的整理及教育经费的筹措概况。

(5) 以中国与各国比,其教育文化费所占全部预算的百分比,高下情形如何?应有何种重要的调整?

(6) 述本省约二年教育经费的增加(或减少)情形,并摘举其重要原因。

(7) 分析本县教育经费的来源并略加评述。

(8) 苛捐杂税与县教育经费。

315

第十七章

教育经费之分配

第一节 中央教育经费的分配

中央教育经费属政务费的一部分,由中央入款中拨给;中央教育文化费在全部用费中所占的地位,可于财政部全部收支报告中知之。

民国二十二年度〔1933〕中央收支报告表

支出之部	总费数	备考
甲、党务费	5,589,584.93元	
乙、政务费		
一、国务费		
(1)国民政府	3,290,270.68	
(2)行政院及其他直属机关	2,094,990.45	
(3)立法院	1,589,500.00	

(4)司法院	936,760.00	
(5)考试院	1,145,371.27	
(6)监察院	1,571,500.00	
(7)其他各机关	4,844,720.23	
合计	15,473,112.68	
二、内务费	4,190,780.09	
三、外交费	9,920,548.82	
四、财务费	4,917,385.73	
五、教育文化费	13,338,008.28	
六、事业费	1,578,072.12	
七、交通费	4,909,033.96	
八、蒙藏费	1,576,823.90	
九、建设费	6,812,363.67	
十、补助费		
(1)补助各省市	26,038,121.94	
(2)其他	5,963,210.87	
合计	32,001,332.10	
十一、抚恤费	1,191,183.8	
十二、救济费	3,923,865.54	
政务费总计	99,832,510.70	
丙、军务费	371,895,202.52	内有46,376,864.80元系以前各年度款项在本年内转账者
丁、稽核所拨当地长官款	23,003,728.78	
戊、稽核拨各项基金款	942,222.58	
己、价务费净额	202,601,983.65	

庚、赔款净额	41,676,254.99	
辛、暂记各项净额	23,519,882.43	
支出总计	769,122,355.47	

近年中央教育文化费增加很多（见前章），以二十六年度〔1937〕而论，本年度教育文化费岁出经常费为 42,878,717 元，临时费为 55,651 元。经临合计 42,934,368 元。连岁出经常门第十二款补助费第二项教育文化部分 2,949,728 元，则为 45,884,096 元。此时中央教育文化费支出，属于经常门者如下：

名称	经费数
(1) 教育部及所属机关	2,109,032 元
(2) 国立各学校	16,912,249
(3) 国立各研究院	1,660,000
(4) 留学经费	752,016
(5) 特种教育费	19,800,000
(6) 其他	1,218,820
(7) 预备费	426,600

此外各私立学校及文化学术团体补助费（即所谓第十二款补助费教育文化部分）2,949,728 元。

第二节　省市教育经费的分配

省市教育经费的支出，可分下列数项：1. 教育行政费，2. 大学补助费，3. 省立学校及机关费，4. 各项补助费，5. 留学费，6. 其他。兹录数省教育经费岁出概数，以见其分配情形一斑：

一、浙江省二十三年度〔1934〕教育文化费岁出、岁入统计表：

甲、岁出

名称	经费数
教育行政	137,340 元
小学	226,072
师范	256,498
职业	202,850
专科	111,790
社会教育	230,018
留学	99,660
各县补助	85,498
其他	104,840
总计	2,275,958

乙、岁入　岁入方面，向由省金库划拨，这时指定专款二百万元（箔类营业税、烟酒附税、屠宰营业税三种）。不足之数，仍由省金库划拨。

二、广西二十四年度〔1935〕省教育文化费岁出概算统计表[①]：

---

① 据 1935 年度《广西省教育调查统计总报告》。

项别	百分比	总计	经常费	临时费
合计	100.00	3,260,420	2,486,719	773,701
高等教育	36.98	1,205,817	860,901	344,916
中等教育	41.74	1,361,075	1,201,324	159,751
基础教育	0.90	29,280	29,280	
社会教育	8.55	278,594	201,944	76,650
其他	11.83	385,654	193,270	192,384
备考	广西边务学校经费原由国家边务费项下支出，今特列入高等教育经费下。			

三、四川二十六年度〔1937〕省教育经费分配于各项教育事业之预算及百分数如下[①]：

项目	经费预算数	百分数
教育行政经费	130,200 元	3.75
学校教育经费	2,279,401	55.34
社会教育经费	191,300	4.63
义务教育经费	540,000	13.07
特种教育经费	154,000	3.73
边民教育经费		
补助费	286,182	6.92
国立四川大学建筑补助费	200,000	4.84
抵补上年度不足经费	211,746	5.12

---

① 据四川省教育厅：《教育丛刊》第 1 辑（1939 年 4 月）。

特别预备经费	100,000	2.42
预备费	36,000	0.87
总数	4,128,829	100.00
省库拨充经费	3,600,000	87.19
教育收入	528,829	12.81

（注）省库拨充经费与教育收入二项之和，等于教育经费总数。

四、云南二十七年度〔1938〕教育经费岁出概算数及百分比表[①]：

科目	岁出概算数	百分比
高等教育费	952,400元	19.00%
中等教育费	2,084,152	41.52%
初等教育费	680,086	13.55%
社会教育费	242,211	4.83%
教育行政费	221,668	4.42%
各项被助费	121,944	2.43%
临时费	716,717	14.28%
合计	5,019,177	100%

五、贵州三十年度〔1941〕教育经费分配表（据《贵州教育》第3卷第2、3期合刊）：

---

① 据云南省教育厅：《云南省教育概览》(1939年7月)。

项别	经费数(元为单位)
教育行政费	153,853 元
中等教育费	1,054,243
初等教育费	93,084
国民教育费	1,223,861
社会教育费	193,307
教育补助费	215,514
师范生伙食补助费	169,668
教育预备费	25,000
教育临时费	115,000
总计	3,235,050

六、南京市二十二年度〔1933〕教育经费支配表①：

项目	每月实支数	百分数
第一中学经费	4,994.00	8.70
完全小学经费	38,966.26	67.82
义务小学经费	6,257.50	10.92
私立小学补助费	934.00	1.63
职业补习学校经费	1,160.00	2.03
妇女职业补习学校经费	400.00	0.71
盲哑学校经费	730.00	1.12
民众学校经费	2,153.00	3.75

① 据南京市社会局 1933 年度统计。

市立图书馆经费	1,344.00	2.34
实验民众教育馆经费	565.00	0.98
总计	57,503.76	100.00

从上事实，可知各省中等教育经费皆占最多数，高等教育经费次之，职业教育、社会教育经费则甚少。教育部近来颇注意增加社教经费，限制普通中学之设立，为的是要纠正这种倾向。

再将二十五年度〔1936〕各省市岁出经费总数与教育经费数比较，表列如下[①]：

二十五年度〔1936〕各省市岁出经费总数与教育经费数比较表

省市	岁出经费总数	教育经费数	教费占总数百分比
江苏	27,889,938	5,743,188	20.59
浙江	31,261,958	3,602,875	11.52
安徽	15,422,906	3,140,881	20.37
江西	26,625,295	2,631,070	9.88
湖北	24,013,933	3,212,059	13.38
湖南	19,882,919	3,375,250	16.98
河北	20,457,445	3,010,890	14.72
山东	26,735,170	4,192,400	15.68
河南	23,226,244	2,459,116	10.59
陕西	15,191,659	2,334,585	15.37
甘肃	5,353,740	1,293,692	24.17

---

① 据教育部：《十年来之教育概述》，第44页。

福建	20,237,785	2,098,560	10.37
广东	46,157,889	9,402,120	20.37
广西	43,736,544	3,537,959	8.09
贵州	7,030,914	957,495	13.62
察哈尔	3,218,750	528,997	16.43
绥远	3,101,857	465,990	15.02
宁夏	4,386,623	345,159	7.87
青海	1,125,048	152,439	13.55
南京	10,971,801	3,028,718	27.60
上海	12,638,928	2,132,580	17.21
北平	7,969,414	1,764,167	22.14
天津	6,359,128	991,076	15.59
青岛	7,217,855	908,017	12.58
威海卫	434,806	68,180	15.68
合计	410,693,453	61,427,463	14.96

原注（1）本表材料系根据财政部整理地方捐税委员会出版之二十五年度〔1936〕各省市地方预算分类统计编制之。

（2）省市部分尚有四川、西康、云南、山西、新疆五省未经填报，又东北四省及东省特别区沦陷以后，材料无从征集，故亦未经列入。

（3）表中各省市经费均以预算为标准，其未经成立预算者，则依各省市所送之概算数填列。

（表中数字容有与他处不尽符合者，系因我国统计很难得到一致可靠的事实，惟各注明来源，亦无大害。）

上表显示各省教育经费总额最多的算广东、江苏等省，最少的算青海、宁夏等省（青海全年只十余万）；教育经费占经费总数百分比最高的，惟甘肃、江苏，次则惟安徽、广东二省；宁夏则居末位。但其百分比最高者尚未达宪法草案所规定之数（30%），本题容后详论。

第三节 县市教育经费的分配

各省县市教育经费来源既不一，分配尤参差不齐，一般说来，可分为教育行政费、中等教育费、初等教育费、社会教育费及补助费等，近来因推行国民教育，则关于国民教育经费的筹措实为首要。兹举数例于后，以明各省县市教育经费分配的情形。

山东各县二十一年度〔1932〕教育经费支出经常门为 3,288,746 元，其分配情形如下：

类别	数量
教育行政	591,415
学校教育	2,395,531
社会教育	401,800
补助费	511,430
贷费	122,611
预备	335,229
其他	36,209

安徽省于二十二年〔1933〕规定县教育经费支配标准：（1）学校教育经费应占全县教育经费 50%，至少不得少于 40%。（2）社会教育经费应占 10% 至 20%。（3）教育临时费不得超过 5%。（4）教育局支用不得超过所定标准。

福建省近为平均发展地方教育起见，教育厅业已订定分配标准如下（行政费除外）：

甲、全年县教费不满五万者：（一）初等教育费占 70% 至 75%；（二）社会教育费占 10% 至 20%；（三）预备费占 10% 至 20%。

乙、全年县教费在五万元以上十万元以下者：（一）初等教育费占 60% 至 70%；（二）社会教育费占 10% 至 20%；（三）中等教育费占 10% 至 20%；（四）预备费占 10% 至 15%。

丙、全年县教经费在十万元以上者：（一）初等教育费占 50% 至 60%；（二）社会教育费占 10% 至 20%；（三）中等教育费占 15% 至 25%；（四）预备费占 10% 至 15%。

广西五年来（二十年〔1931〕至二十四年〔1935〕）县教育文化费概算列表比较如下①：

项目		合计	教育行政	中等教育	基础教育	社会教育	其他
二十年〔1931〕	数量	2,424,893	395,238	588,493	1,172,608	113,179	155,375
	百分比	100.00	16.30	24.27	48.35	4.67	6.41
二十一年〔1932〕	数量	2,660,851	444,323	670,504	1,259,826	158,691	127,507
	百分比	100.00	16.70	25.20	47.35	5.96	4.79
二十二年〔1933〕	数量	2,760,653	347,689	691,579	1,274,422	352,016	94,947
	百分比	100.00	12.59	25.05	46.17	12.75	3.44
二十三年〔1934〕	数量	3,668,875	126,874	520,389	2,785,189	117,393	119,030
	百分比	100.00	3.46	14.17	75.93	3.20	3.24
二十四年〔1935〕	数量	4,227,301	111,802	470,109	3,429,035	127,428	88,927
	百分比	100.00	2.64	11.12	81.12	3.02	2.10

---

① 据 1935 年度《广西省教育调查统计总报告》。

若欲知一省各县教育经费在地方支出总额中所占百分比,则以江苏为例,该省近年各县地方支出概算如下表①:

用途	实数	百分比
党务	926,145	4.46
民政	8,223,404	8.41
财政	335,802	1.65
教育	7,501,609	35.04
实业	777,733	3.63
建设	3,168,391	14.80
预备	443,785	2.07
合计	21,406,869	100.00

原注（1）本表除太仓、高邮、兴化用十八年度〔1929〕预算外,其余各县,均二十年度〔1931〕预算。

（2）本表共列 59 县,铜山、睢宁二县未列。

（3）本表根据贾士毅:《民国财政史》（续编）,第七篇第四章所列。

（4）贾著原表有 11 县未列教育经费,其他经费亦有漏列。

由上表可知苏省县教育经费仅亚于民政,占了全数 35% 有零,盖各县收入以田赋为大宗,教费占田赋附税之大部,则他项事业自少分润也。

更举二十五年〔1936〕全国各省县市岁出经费总数与教育经费总数比较表②于下:

---

① 据甘豫源《县教育行政》第 175 页所引。
② 据教育部:《十年来之教育概述》,第 44 页。

二十五年度各省县市岁出经费总数与教育经费数比较表

各省县市	岁出经费总数	教育经费数	教费占总数百分比
江苏	30,201,616	9,813,597	32.50
浙江	16,555,523	3,526,599	21.31
安徽	8,707,351	2,216,543	25.46
江西	8,307,582	2,122,825	25.55
湖北	8,785,980	1,684,211	19.17
山东	13,116,615	5,023,287	38.30
河南	8,020,608	3,180,633	39.60
陕西	5,273,005	1,310,817	24.86
甘肃	2,330,610	672,539	28.86
青海	111,894	71,661	64.04
福建	7,377,872	2,086,400	28.28
广东	14,969,868	2,322,247	15.51
广西	13,211,454	4,960,081	37.54
察哈尔	727,528	335,793	46.16
宁夏	358,729	191,679	53.43
山西	4,237,184	1,096,542	25.88
合计	142,293,412	40,615,454	28.54

（原注）湖南、河北、贵州、绥远、四川、西康、云南、新疆八省因少数县份或表册未到，或编造未齐，概未列入，余同前。

从上表可知各省县市教育经费在岁出经费总数中所占百分比，远较中央及省市为高，其中缘由，自易明了。

研究问题

（1）中央教育文化费在全部预算中所占百分比甚少，其原因何在？

(2) 各国中央教育经费的比较研究〔参考英国出版之《1933年教育年鉴》(E. Perey, *The Yearbook of Education*, 1933) 第55表所载各国与英国教育经费比较表。萧承慎译出，载《大公报》附刊《明日之教育》第20期〕。

(3) 从省市教育经费举例中，可曾觅得何种要义？

(4) 依据本省教育经费的分配情形，提出改良的建议。

(5) 依据本县（或本市）教育经费的分配情形提出改良的建议。

(6) 教育经费的分配，应得最多份的是哪一种教育？目前我国教育经费分配是否如此？

第十八章

教育经费之管理

第一节 中央教育经费的管理

教育经费之专设保管机关，其目的在防止教育经费之被挪用，同时保障教育经费的独立。我国中央政府向未将教育款项另行划出，故迄今尚无专管机关的设置。民国十二年〔1923〕北京曾有"教育基金委员会"的组织，内分行政、研究、计划三部，惟未久即无形消灭。

十七年〔1928〕第一次全国教育会议关于教育经费管理机关的组织，曾有两个重要议案，第一，主张全国教育费管理独自成一系统，其关系图示如下：

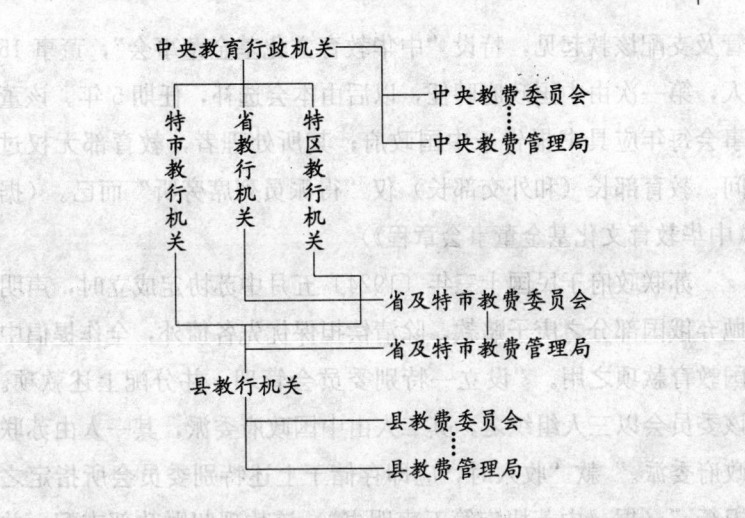

```
中央教育行政机关 ┬── 中央教费委员会
                └── 中央教费管理局
特市教育行政机关 ┐
省教育行政机关   ┼── 省及特市教费委员会
特区教育行政机关 ┘   省及特市教费管理局
县教行机关 ┬── 县教费委员会
          └── 县教费管理局
```

中央教费委员会有权决定全国教费政策，计划全国教费管理事项。其下省及特市教费委员会和县教费委员会性质亦同。各级上下相承，俨然自成一行政系统。

第二，为区教育经费独立官署的组织，其要点有三：（一）各省区教育专款管理处应隶于中央教育行政机关，但受本省区最高行政机关的监督和最高教育官厅的监理。（二）各省区教育专款管理处，应置处长一人，由各省区最高官厅召集教育机关选出三人，呈请中央教育行政机关遴派一人充任。（三）各省区最高教育官厅对各省区教育专款管理处，得组设监理委员会。此两案皆偏于分治制（Dual plan），教育行政机关只遥加监督而已。[①]

这些议案至今仍未曾实行，不过有那么一回事罢了。

实际中央教育经费，从无专管机关的设立，有之，仅自庚子赔款的处理始。自1924年6月14日美国国务卿照会中国驻美公使退还全部庚子赔款，充发展中国教育及文化之用。为接收、保

---

① 参看夏承枫：《现代教育行政》，中华，第3讲。

管及支配该款起见，特设"中华教育文化基金董事会"，董事15人，第一次由中国政府聘任，以后由本会选补，任期5年。该董事会每年应具书报告于中国政府；其所处理者，教育部无权过问。教育部长（和外交部长）仅"得派员列席旁听"而已。（据《中华教育文化基金董事会章程》）

苏联政府于民国十三年〔1924〕五月中苏协定成立时，声明抛弃俄国部分之庚子赔款，除清偿担保优先各债外，全作提倡中国教育款项之用。"设立一特别委员会管理，并分配上述款项。该委员会以三人组织之，其二人由中国政府委派，其一人由苏联政府委派。"款"收入时，应即存储于上述特别委员会所指定之银行。"（据《中苏协定第五声明书》）该款现归财政部支配，并无专设保管机关。

除此以外，美、法、比、意各国所退还的庚子赔款，各有专设委员会，负责保管，存放及分配用途。[①]

第二节 省教育经费的管理

依据教育部二十八年〔1939〕刊行的《十年来之教育概述》，称我国各省市教费已独立者，有江苏、浙江、江西、河南、福建、云南等省及南京市，教费一部分独立者，有安徽、湖南、陕西、甘肃、贵州、绥远等省及威海卫市；教费筹划独立尚未实现者，有湖北、山东、广东、察哈尔等省及上海市；教费由省市库统筹拨付者，有四川、西康、河北、山西、青海、广西、宁夏、

---

① 详见袁希涛：《庚子赔款退还之实际与希望》，载《申报教育与人生》第53期，转载于邰爽秋等：《教育参考资料选辑》第1集，教育编译馆印行及《第一次中国教育年鉴》，戊编，第二，《庚款与教育文化》。

新疆等省及北平、天津、青岛等市。（据《第二次中国教育年鉴》征集之材料及参考各省市呈报二十四年度〔1935〕教育经费报告表而来）。在教费已独立的省份，设立教费保管机关最早的，要算江苏。该省教育经费管理处于民国十四年〔1925〕成立，专管指作教育经费的款项。该处设处长一人，由教育部督令省教育厅凭江苏教育经费委员会加倍推举择一聘任，呈报教育部备案。处内分三科办事：（1）国税科，（2）总务科，（3）省税科。为慎重保管银钱或整理调查督催事宜，得由处长酌派常任委员或临时委员。对管理征收机关行文用令，对教育部省政府用呈，对于教育厅县政府用公函。至"省教育经费委员会"乃教费管理的最高机关。委员分当然委员及聘任委员两种：当然委员为江苏省政府主席，江苏省财政厅厅长，教育部部长及国立中央大学校长；聘任委员为江苏省立中小学校长代表二人，江苏省社教机关代表一人，江苏教育经费管理处支拨经费之其他学校及学术团体代表一人，江苏热心教育之耆士四人。皆为义务职。其职责在"协助教育行政长官对于教育经费之收入支出款额及用途为相当之考查，或筹议整理方法。"（据《修正江苏教育经费管理委员会简章》）。江苏省教育经费管理的组织系统是这样的：

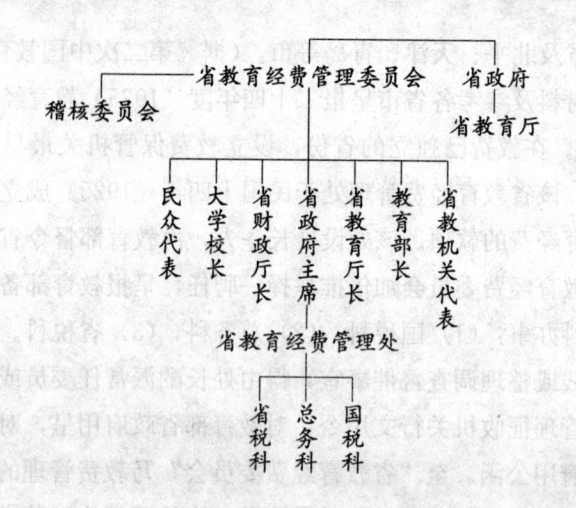

```
                          ┌─ 省政府
         ┌─ 省教育经费管理委员会 ─┤
稽核委员会 ─┤                   └─ 省教育厅
         │
         ├─ 民众代表
         ├─ 大学校长
         ├─ 省财政厅长
         ├─ 省政府主席
         ├─ 省教育厅长
         ├─ 教育部长
         └─ 省教机关代表

            省教育经费管理处
         ┌─────┼─────┐
       省税科  总务科  国税科
```

依图所示，本组织系统偏于分治制，与教育厅无大关系；管理处直受委员会的管辖，而委员会仅有机关没有机能。稽核员的任务，据简章所定，仅注意于税额之比较及支款之用途（按即稽核各项收支簿据，并盖章于发款通知书），未免过于空泛。这些都是该省教费管理组织欠健全的地方。[①]

在教费一部分独立的省份，亦每有类似管理机关的设立。例如湖南，民国十年〔1921〕间即曾组有省教育经费保管委员会，内分管理、监察二部，办理数年，尚著成效。革命军兴以后，即被取消。旋于该省教育厅设"教育经费保管委员会"，专管本省之盐税教育附加。设委员七人，除教育厅长、财政厅长为当然委员外，余五人由教厅召集下列人员会同选举之：（1）省立各教育机关主管人；（2）省立各学校校长及各校教职员代表各一人；（3）受省款补助各私立学校校长及各校教职员代表各一人。该会职权：（1）关于稽核收支数目及检查簿据事项；（2）关于商号或

---

① 参看夏承枫：《现代教育行政》，中华，第3讲。

银行之信用调查事项；（3）关于教育经费独立之计划及建议事项；（4）其他应办事项。①

他如江西、福建、河南、云南各省均有教育经费管理处的组织，其办法，大同小异，恕不枚举。

第三节　县与地方教育经费的管理

关于县教育经费的管理，行政院曾颁布《地方教育经费保障办法》，第四条有"现有教育经费，必须用于教育事业，无论何人及何项机关，均不得挪借或移作别用"的规定。福建省二十三年〔1934〕曾设县教育经费管理处，二十四年〔1935〕并入财务委员会，二十五年〔1936〕十月改由经征处暨金库统一收支，仍维持教育专款之性质，不得挪用。

湖南曾于十八年〔1929〕公布《各县教育局产款经理暂行要则》，规定各县教育局设产款经理员一人，负经理各县县有教育经费之责，任期三年。该经理员系由教育局召集下列人员，就信用卓著之士绅选出二人，呈请县长提交县政会议决定一人委任之：（甲）县教育会代表二人，（乙）县立各学校校长，（丙）其他县立各教育机关主管人。产款经理员的职责：（1）于每年度开始前编制预算案，呈请教育局长提交县政会议审议；（2）于每年度告终时，汇齐决算书，请呈教育局长提交县政会议审议；（3）关于县教育经费之契证及有价证券，由教育局长率同经理员妥慎保管。

江苏各县曾组有教育经费委员会，职在管理学款，审核县教育预算及讨论学款之增筹办法，实行未久，即被废止。后来推行

---

① 据曾毅夫：《地方教育行政》，商务，第119页所引。

县金库制度，各项经费收入，分别入账，不另设保管机关。为防征收之种种舞弊，江苏省政府乃于二十一年〔1932〕十二月颁行《江苏省各县征拨教育专款考成办法》，颇足资他省之参考，照录如下：

一、各县县长或财政局长经征各项附税亩捐划分之县教育专款，均应切实遵照教费独立之旨，以及江苏省整理各县普及教育亩捐办法，专款列收存储，按期结算拨付，不得丝毫挪移延压。

二、各县县长或财政局长经征各项教育专款，于一年之内，能遵照前项规定办理成绩优越者，由教育厅咨请财政厅会呈省政府核定分别奖励；其有将旧欠一并征起拨清者，得专案呈请特别给奖。

三、各县县长或财政局长经征各项教育专款，如有擅自挪用，过期不拨，或拨不足额时，由教育厅查明情节轻重，分别呈请惩处，其挪用之款仍责令如数赔偿。

四、各县遇有应付需要，不敷周转时，应由县另行设筹或抵借，无论如何，不得侵占此项县教育专款；如有藉词挪用情事，均得依照上项规定办法，严予惩处，并勒令负责赔偿。

五、本办法系本省政府重视地方教育，专为保障县教育经费之独立，实施奖惩而设，其财政厅另订考核财政局长条例，仍属有效。

六、本办法自公布日施行。

关于区教育经费的管理，各省各县更设有统一的办法。湖南湘潭县曾订有《湘潭各学区教育经费保管办法》，算是一种尝试，录其要点于后，以供参考。

（一）组织及人员　（1）湘潭各学区区有教育经费视学务之繁简，酌设产款经理员三人至五人，负保管之责任，任期二年，得连举连任。(2) 产款经理员之任用，由教育委员商承区长，约集区内乡镇长、各公立学校校长、受公款补助之私立学校校长及法团代表各一人,就地方信用卓著而明白教育之士绅,加倍选出,函请教育局圈定,转呈县政府委任之。(3) 产款经理员应互推一人,常驻区公所处理日常事务;如教育委员公出时,并得代为办理各项事务,除常驻经理外,余均为无给职。(4) 产款经理员应于每年度开始前一月内,商同教育委员编制预算,提交区务会议审核后,列入每年度总预算中,并缮具一份由区公所函转教育局备查。(5) 该员又应于每年度终结后,编制计算书及证明册,收支对照表,连同单据,交由教育委员提交区务会议审核,列入每年度预算中,并缮具一份由区公所函转教育局备查。(6) 区教育经费之契据及有价证券,由产款经理员妥慎保管。

(二) 保管办法 (1) 产款经理员对于划作教育经费之动产与不动产,不得变卖抵押或挪作他用。(2) 该员对于经费之支出,应依照区务会议审定之预算案办理。(3) 该员所用之各种账簿折据等,教育委员得随时调验查核。(4) 该员舞弊经查明有据者,依照《地方教育经费保障办法》第十一条之规定,除撤职惩戒外,仍应责令赔偿。(5) 产款经理员交代时,应有继任人出具交代清楚切结,交由区公所核转教育局备查。

此种保管办法与湘省县教育经费保管办法同出一机杼,对于一县及一区教育经费的管理,确具有相当功效。惟今后实施新县制,此种办法当有极大改变,容再加讨论。

一般言之,教育经费管理的重要任务大略有四:第一,征收——有责成专员商人承包,自行征收及认捐诸种办法,各有其利弊和困难。第二,保管——务求存款机关可靠,动用手续严密,用途指定不致移挪。而欲求稽核的便利,则经费出纳的纪录,需有严密系统的格式。第三,发放——这与征收保管不可分离;苟征收舞弊保管稳妥,发放日期自可确定,不致拖欠。第四,稽核

——需要精确统一的会计制度,否则稽核时不免感觉困难。①

抗战时期各省市县教育经费往往被人挪用,为害教育何堪设想,三十年〔1941〕四月,八中全会爰有关于保障教育款产之决议,其决议案原文如次:

"各省市县教育经费因地方经费统筹支配关系,在此非常时期,往往挪用,致教育事业发生极大困难。此后凡原有地方学产及已经确定之教育专款及预算,不得挪移,俾资保障。"

中央维护教育的苦心,于此可见。

研究问题

(1) 教费管理通常有两种制度:一为分治制(Dual Plan),一为统一制(Unit Plan)。试说明其办法并申言其利弊。(参考 Pittenger, *An Introduction to Public School Finance*, Chap. Ⅶ)

(2) 试据重要文献研究各国庚子赔款与我国教育文化的关系。

(3) 试就所知举一省管理教育经费的较良办法。

(4) 评本省教育经费管理制度。

(5) 教育经费管理原则述要。

(6) 比较数省教育经费管理处工作的良否。

(7) 你以为一县的教育经费应单独管理抑与其他方面(如民政、财政、建设等)共同管理(所谓统收统支者是)?说出理由来。

(8) 欲使地方教育经费不为一班豪劣所把持侵吞,其道奚由?

---

① 参看倪文宙、陈子明:《教育概论》,中华,第212页。

第十九章
教育经费问题

我国教育经费之来源、分配及管理概况，已如前三章所述，其中问题多不胜收，本章提出几个较重要的来讨论。

一、教育经费应占政府全部预算之成数若干？

中央教育预算自民元以来至二十五年度〔1936〕，从未超过总预算的3%，二十年度〔1931〕中央岁出总额约八万九千万元，教育文化费不过两千一百余万元，占总预算之2.35%。二十二年〔1933〕及二十三年度〔1934〕教育文化费所占国家岁出总额，亦不及3%。至二十五年度〔1936〕，中央岁出总额为九万九千万元，教育文化费为五千四百九十余万元（内特种教育费一千五百万元）占岁出总额的5.59%，算是最高额了。

各省市县教育经费近年来稍有增加，惟数字难以稽考。就最近统计所得，最高额占预算27%，最低额约居8%弱。① 而依据陈友松氏推算"二十年度〔1931〕中国各省市教育预算占总预算的百分比，中数不过10.7%。""二十一年度〔1932〕湖北57县

---

① 见教育部：《十年来之教育概述》，第45页附表及第46页说明。

339

的教育预算总和，仅占总预算的总和的18.26%"。①

此种比例，实与欧美、日本各国相去太远。（依陈友松氏所举：英、日、俄等十国的中央教育预算，平均占总预算的10.3%，英、日、德等五国省及地方教育预算，平均占总预算的18%至37.6%，注同上。）毋怪乎国联教育考察团对于我国教育经费，曾有下面一段批评：

"依近似之估计，中国用于国家教育之经费，平均每人每年约占二角五分至三角，而每人每年付与中央及地方政府之税，平均约有三元之多。此种比例之意义，即表明中国现在教育经费仅占预算9%至10%。……此种比率，皆较具有完善教育制度之多数国家为低。……复次，中央预算、省预算、县预算，关于教费之支配百分数亦各不相同。中央预算之用于教育者，其纯百分数尚不及五；在省预算中可达10%，而县预算往往可达20%。"（报告书：《中国教育之改进》）

考1920年美国纽约州县市区政府支出总额为美金十二万万余元，教育经费一万七千余万元，占全数14.7%。又查1926年美国各州教育经费占全部税收之百分比，多数在20%至35%之间。观下表可知②：

---

① 陈友松：《中国教育财政改造》，载《教育经费问题》，教育编译馆发行。

② 据 Engelhardt, F., *Public School Organization and Administration*, pp. 523-524 所引，原见 *Research Bulletin of the National Education Association*, Vol. Ⅶ, No.1, Chart 5.

1926年美国各州教费占全部税收的百分比

教费占税收百分比	州数
20 以下	4
20—25	9
25—30	10
30—35	10
35—40	6
40—45	5
45—50	3
50 以上	1
合计	48

我国地方教育经费所占全部预算之百分比，较之中央教育经费所占者为高，此因中央军费浩大，致教育不能享有多量经费（他亦同然），而地方则否（由前所举，江苏各县地方支出概算，教育一项费额仅次于民政可知，至广西则教育更居首位了）。如何可使教育经费在各级政府岁出预算支出中得到适当的比例？据国民政府二十五年〔1936〕五月公布的《中华民国宪法草案》第一百三十七条规定，"教育经费之最低限度，在中央为其预算总额15%；在省区及县市为其预算总额30%。"倘能做到这步，也就算不错了。

但这问题还不单在教育经费应占政府支出之成数上，最重要的是如何开辟财源藉以增高教育费的总量。譬如青海全省各县岁出经费总数不过111,894元，教育经费71,661元，已占总数的64.04%了。表面看去，比例已是很高，但实际却十分可怜！故欲增高教育经费的数量，当顾及一国一省或一地方岁出经费的总数，这却又与一国一省或一地方的富力有关，问题牵涉太远了。

二、如何扩张教育经费的来源？

我国教育经费的短绌，是无可否认的，主张扩张教育经费的人很多，所拟方案：或为"指拨海关吨税发行教育基金"[1]；或为"收回庚子赔款作为兴学基金"[2]；或为"确定遗产所得税作为教育专税"，或主"厉行庙产兴学"[3]，或为"另辟教育税源"及"鼓励人民捐资兴学"[4]……不一而足。各有一部分理由，个人认为可行的方法，约有下列数种：

（一）整理学款　各省县市固有的学款很多，只因未曾善为整理，致或收入不多，或为豪劣中饱，影响教育事业发展至巨且深。福建自二十三年〔1934〕九月闽侯等 20 县废除苛杂 46 种（共计 56,286 元）以后，另谋抵补方法。本年十一月订定各县市整理教育经费办法六项，通令施行。二十五年〔1936〕三月令各县市清理地方公款，如学租膏伙、宾兴租、义塾书院各租产，一律收充教费。此等学款经整理后，收入大增。又查山东各县共有学田三十余万亩，全年收入不过四十万五千余元，平均每亩收入只有一元三角余。江苏各县共有学田八十余万亩，年收只九十四万五千余元，每亩平均一元一角有奇。他省学产业亦复不少，倘能加以整理，收入必大增加，所造于教育经费者必非浅鲜。[5]

（二）增辟税源　凡主张在税款里增加教育经费的，该注意筹辟教育上的新税源，不可在一种已有的赋税上无限制地增加。

---

[1] 郑洪年等在十七年〔1928〕第一次全国教育会议所提之案。
[2] 陈礼江等在第一次全国教育会议所提之案。
[3] 亦第一次全国教育会议之提案，前者为张默君等所提，后者为邰爽秋氏所主张。
[4] 曾毅夫：《地方教育行政》，商务，第 110～113 页。
[5] 参考教育部呈奉行政院指令各省县市清理教育款产办法。

我国各省教育经费，以田赋为大宗。田赋制度在我国已有几千年的历史，从这里增加，当然比较来得容易。不过我国的田赋已经很重了，如再增加附加，农人实在不能担负。所以今后增加教育经费，应另辟新路，如遗产税、所得税等，都是很好的新来源。第一次全国教育会议已通过《确定遗产所得税为教育专税案》，理由是"此项税法不加贫者之负担，于富者可取累进之税率，规定其成数，亦不觉严苛"。第二次全国教育会议并已确定遗产税为今后教育经费的来源，其支配方法，以五成归中央，二成归省，三成归县市。依二十四年〔1935〕政府公布的《财政收支系统法》，已确定20％至30％的所得税及25％的遗产税划归县区，将来一部分县教育经费，即可取给于此。遗产税在各国颇为通行，如英格兰、加拿大、澳大利亚等国，都采用累进率的遗产税。至所得税，东西各国施行更久，成效尤著。

（三）利用官产荒地　我国各县官产荒地甚多，近年尤甚；倘能开发利用，定可增加大宗收入，第一次全国教育会议曾提议及此。理由以"我国地大物博，官产荒地，如无业主之山林，新涨之沙田，所在多有，任其委弃，致地利不兴，民生日蹙，实为可惜。以之收归办教育，一方可举办大规模之农林畜牧、采矿等试验事业；一方以其可收之利，可充裕教育基金"。此举甚为得计。

（四）发展公营企业　有人预料将来县政之重要收入，厥为公营企业的盈利，而非其他。地方公营企业，常专供本地方人民的需要；为避免私人独占，妨碍人民福利计，地方政府必须自己经营，同时独占事业可得优厚利润，亦可弥补财政之不足。

欧美各国县地方所经营之工业，大率以电气、煤气、自来水事业，县市交通事业为主；电气不独可以燃灯，且为一切工业交通的原动力；煤气亦系供给光力；自来水与公众卫生有关，影响人民健康很大。交通事业更是近代都市发达的工具。凡此均关系人民衣、食、住、行,当以由县地方经营为安。故各国地方政府公营企业的收入,多占财政收入的重要地位。① 我国县市目前虽不能经营重工业,但可先从公用事业或关系人民日常生活之轻工业着手,一以增进人民福利,一以充裕地方财政,同时即为教育增辟一新财源。

(五)扩大教育单位 我国各省各县贫富大相悬殊:"富的地方,富到征收某种程度的教育经费,毫不费力;贫的地方,虽征收到怨声载道的时候,还是不能维持极低限度的教育。"例如前此江苏举办八分亩捐时,江南很富庶的几县,依了八分亩捐收入的岁款,拿来办教育已经绰绰有余裕;而在江北几个贫县,则虽加至每亩二角,还是不敷应用。一省之内,各县情形如此;全国之内,各省情形,亦复如是。这种贫富不均的现象,实形成中国教育经费困难的一个原因。所以,我们此刻应扩大负担教育经费的单位,或"以富县之余,调剂贫县的不足,以富省之余,调剂贫省的不足"②;或由国库或省库补助,深信在教育效果上会有绝大的提高。

(六)增厚国民富力 最根本的方法,还在设法增厚国民的富力。国民富力实是增加教育经费的先决条件。富庶的地方,可以筹出多量的经费,贫瘠的地方则否。以世界各国而论,富庶的国家莫如美国,教育经费只纽约一市,已有四万万美金,超过中国全国教费几十倍。这么大的教育开支,只有富甲天下的美国才可办到。又如中国的江苏,每年支出省教育经费五百余万,地方

---

① 黄密:《县财政收入制度之研究》,载《新政治》第4卷第1期。
② 此为邰爽秋氏所主张,见所著《教育经费增高问题》,载《教育参考资料选辑·教育经费类》,教育编译馆发行。

教育尚不计；拿来和新疆、青海比，不知超过若干倍；也特因为江苏的普通富力高出新疆、青海等省的缘故。所以要扩张教育经费的来源，必得设法增厚国民之富力，又按新县制下的县财政，规定统收统支，教育经费属普通政费一部分，故欲教育经费的扩张，非增加县财政一般收入不可。至如何增厚国民的富力，孙中山先生在《地方自治实行法》里，论及筹集学校经费方法时，除主张"人尽所长，为公家服务一二日之义务"外，并指示了一个极重要的国民生产的方法。他说："至于手力所不能到之处，则以我辈手力所生产之粮食原料，由公家收集，输之外国，以换其精巧之机械，以补我手足之不足，则生产日加，财富自然充裕。学校之目的，于读书、识字、学问、知识之外，当注意于双手万能，力求实用。凡能助双手生产之机械，我当仿造，精益求精，务使我能自造，而不依靠于人。必期制造精良，实业发达，此亦学校所有事也。"①

孙先生告诉我们注意国民普遍生产，同时提倡学校，力求实用，促进生产，实是根本的要图；谈教育的人，谈教育经费的人，千万不可忽略这点。

二十九年〔1940〕六月教育部公布《保国民学校及乡（镇）中心学校基金筹集办法》，关于筹集基金方法，规定有：（1）劝勉当地寺庙祠会等拨捐财产，充作基金；（2）经营公有生产事业；（3）公耕田地；（4）分工生产；（5）采集出售天然物品；（6）征集双方共同认捐之手续费；（7）征集劳动服务者捐助其所得之酬金；（8）由居民依其富力自认捐款；（9）劝募等种。各县市自可酌量采用。

---

① 此为邰爽秋氏所主张，见所著《教育经费增高问题》，载《教育参考资料选辑·教育经费类》，教育编译馆发行。

三、如何使各级教育经费支配合理化？

这里可分两个问题：一是政府对于各级教育经费应负担何种责任？二是各级教育经费之支配，在教费总量上应占何种比数？关于第一问题，前面说过，我国教育经费凡属于学术研究及高等教育机关，概由中央或省政府负担；中等教育及民众教育实验事业，概由省政府或县负担；小学及一般民众教育经费则由各县市负担，一向都是这样的。这种支配情形很不合理，国联教育考察团对此曾为严重的批评，报告书里说道："此种支配之结果，发生极特殊之奇异现象。依据近似之估计，中国每学生每年所占之教费，在初级小学为三元五角至四元，高级小学为 17 元；在初高级中学等学校约达 60 元（若在高级中学、师范学校及职业学校则达 120 元）；而在高等学校（大学、专科学校）则升至 600 元至 800 元。是以国家金钱用于一小学生及一大学生之差数，在欧洲各国尚未超过 1∶8 或 1∶10 者，在中国则达 1∶200 之比较，实为前所未闻也。由此观之，中国对于为大众而设之初等学校，较之中等学校，尤其较之高等学校，实异常忽视。是以要求国家预算增加教育经费之一问题外，减少各级学校此种过度之差异，实属刻不容缓之事。达此目的之方法甚多，其一即中央政府对于初等、中等及高等教育之经费，必须分担；而各省则应负担初等及中等教育之经费。"

过去中央对于初等教育经费不负责任，中等教育方面亦负担很少，致形成此种畸形现象。近来中央曾拨大宗款项补助各省市办理义务教育——各省市因而自行增筹之数亦不少[1]；小部分款项推广边疆各省蒙、回、藏及苗族的基本教育[2]；嗣又创设国立中学及师范十余所；最近更大规模的筹款补助各省市推进国民教育，凡此等等，一方固为适应现阶段教育之特殊需要，同时亦可藉此纠正那种不合理的现象。

第二问题是各级教育经费之支配在全部教费总额上应占何种百分比？我国各省市教育经费支配情形，彼此互异；各种教育和各级教育所占经费的比例，各省市也各不相同（由前统计可知）。就一般而论，大都偏于中学教育的发展（若各省市设有大学或专科学校，则中等教育经费所占的百分比，当然较小），而职业教育、师范教育及社会教育所占经费的比例往往甚低。据十九年度〔1930〕中等教育统计，普通中学之校数约占中等学校总数 2/3，经费数约占 3/4，学生数超过 3/4，而职业学校数不及 1/10，经费数仅及 1/10，学生数不及 7%。至于社会教育所占经费总额成数之低，由前所举例证亦可知道。

此种不合理情形，不独中国如此，美国亦坐患同病。依该国"教育经费研究会"（Educational Finance Inquiry）最近统计及他项研究，均指出该国中学教育的发展最快，所占经费的百分比最多，不期成功一种畸形的现象。以纽约一州而论，中小学每生所

---

[1] 自二十四年度〔1935〕《实施义务教育办法大纲》公布以后，中央补助费二十四年度〔1935〕为 320 万元，二十五年度〔1936〕即增为 460 余万元。而因中央补助系以各省市自行增筹之数为标准，故各省市教育费之激增亦殊显著，二十四年度〔1935〕增筹数为 1,110 万元，二十五年度〔1936〕估计可增筹 1,560 万元。此外中央又曾与中英、中美、中法庚款机关会商，由各国退还庚子赔款中，提出 30 万，为补助各地方普及义务教育之用。（据马宗荣：《最近中国教育行政四讲》，商务，第 3～7 页）

[2] 中央在二十四年度〔1935〕普及义务教育计划中，特别注意边疆各省市的教育，除了 240 万元以外，另拨 50 万元作为边疆教育之用。

占用费（以每日平均出席人数为根据计算）表列如下①：

	小学	中学
一等城市		
平均数	92（美元）	183（美元）
最高额	101	212
最低额	82	161
二等城市		
平均数	79	137
最高额	98	165
最低额	60	114
三等城市		
平均数	79	137
最高额	98	165
最低额	60	114
人口超过 4500 的村镇		
平均数	66	141
最高额	125	268
最低额	36	76
四年的联立学校		
平均数		56
最高额		207
最低额		41

---

① Cubberley, E. P., *State School Administration*, Houghton Mifflin Co., Boston, pp. 434-435.

本州各校用费平均每人为美金89元。

若以每人上课时数为根据计算，则小学用费从 4.3 元至 6.3 元，中学用费从 7.9 元至 12.4 元。而本州女子商业学校中数为 12.8 元，男子商业学校中数为 16.9 元。此外，里夫斯（Reeves）氏对于伊利诺伊州，罗素（Russell）对于依阿华州，西尔斯（Sears）对于加利福尼亚州的研究，结果亦相仿，美国教育家引以为憾，亟谋设法补救。

我国教育部自二十年〔1931〕起已迭令各省市限制设立普通中学，积极增设职业学校；二十二年〔1933〕九月，更厘订各省市中等学校设置及经费支配标准办法通令遵办，并极力督促厉行。办法中规定：(1) 各省市中等教育经费之分配限至民国二十六年度〔1937〕达到下列标准：职业学校（包括职业补习学校）不得低于 35%；师范学校约占 25%；中学校约占 40%。(2) 为达到前项标准，自二十三年度〔1934〕起，各省市对于中等教育之新增经费，应尽先先作职业及师范学校经费。其未能增加者，应就原有经费逐年缩减中学经费之相当数额，以供扩充职业及师范教育之用。倘能依此切实做去，将来自可得到相当的调剂。不过以后职业教育（和师范教育）在办理上应充分发挥其职能，否则办理不善，尽耗公帑，其损失或较中学为大。

在社会教育方面，中央为纠正以往缺点及力谋推行起见，也曾颁布社会教育经费所占百分比法令，规定各省市社会教育的经费，须达到总额 20%，富庶之区须渐达 30%，不过实际上各地遵行者极少，将来也许还要得到中央的补助才行。

四、行政官厅分配各校经费应依据何种标准？

这问题亦很重要。行政官厅分配各校经费时，究应依据何种

349

标准方为公平合理，普通标准约有 8 种[①]：

一、根据班级的数目。
二、根据注册学生的数目。
三、根据学生实际出席的人数。
四、根据学生实际上课的时数。
五、根据教员的多寡及其资格的高低。
六、根据课程的增废及科目的多寡。
七、根据学校实际成绩的良否。
八、根据地方贫富的情形。

我国各省市地方分配学校经费，多以第 1 项为标准，可说是极不精确，极不公平的。因为一级人数的多寡，彼此大相悬殊，怎能一体看待？中央补助每视学校实际成绩的良否而定；但各级政府，尚未以此为分配经费的标准。至于其他各项，则采用者更少。分言之，第一项标准最粗，最不可靠。第二项学生注册的数目，未必就能代表实际学生的数目，故亦不能充分配学校经费的良好标准。第三为学生平均每日出席人数（average daily attendance）较为可靠，外国也常拿来做补助和支配学校经费的标准。[②] 第四项当更精确，不过计算时稍觉繁琐。所余第 5、第 6、第 7、第 8 等项，都可拿来参照——尤其末项地方贫富情形，不可忽视——但不配充作唯一支配经费的标准。笔者以为最好根据学生平均每日出席人数（或学生实际上课时数），参以第 4、第 5、第 6 等项，支配学校经常费用；至于给予补助，则以第 7、

---

① 参看杜佐周：《教育与学校行政》，商务，第 115 页。
② 详阅 Mort, P. R., *State Support for Public Schools*, Bureau of Publications, Teachers College, Columbia University, N. Y.

第 8 两项为根据。质言之，参照各项事实，全盘计划，酌用各种标准，妥为支配，方可达到精确、公允及机会均等的地步。

五、新县制下的教育经费问题

诚然，前面所讨论的，多以现制为根据，许多以前成问题此刻不成问题的（例如地方教育经费独立问题），我们都不提出。但为读者便于了解起见，似有再提及新县制下教育经费问题的必要。实言之，新制优点在冶管教养卫于一炉，教育系普通行政（包括民政、财政、建设、军事等）的一部分，应与普通行政沟通，完成三位一体的功效。是故在新县制下教育经费的问题，便是整个县区财政的问题。要想教育经费增加，非先设法充裕整个县经费不可。

依《县各级组织纲要》所规定，关于财政方面（附录），至少有下列几个特点：（一）确立各项经费来源，划定中央、省及县区税收的界限：这样苛杂取消了，也自有办法。（二）明定国家事务及省事务之经费，不得令县就地筹款，以清界限。（三）乡镇财政之收入须编入县预算，视为财政的一部，以便统筹规划。（四）经费足以自给之县，其行政经费及事业费由县库支给，收入不敷之县，由省酌量补助，以期平均发展。（五）新开辟之县所需开发费，由省库、国库补助，俾内地边远县份，得以早日开发。（六）县经费统收统支，可运用自如，并免支离琐碎之弊。

县教育财政之要点，简言之，在确立县教育经费的来源，并谋合理的支配；对贫瘠县份及乡镇，中央及省应给以适度的补助。

附录

《县各级组织纲要》中之县财政部分：

一、下列各款为县收入：（一）土地税之一部（在《土地法》未实施之县,各种关于县有之田赋附加全额。(二)土地陈报后正附溢额田赋之全部。(三)中央划拨补助县地方之印花税三成。(四)土地改良物税(在《土地法》未实施之县为房捐)。(五)营业税之一部(在未依《营业税法》改定税率以前为屠宰税全额及其他营业税20%以上)。(六)县公产收入。(七)县公营事业收入。(八)其他依法许可之税捐。

二、所有国家事务及省事务之经济,应由国库及省库支给,不得责令县政府就地筹拨开支。凡经费足以自给之县,其行政费及事业费由县库支给;收入不敷之县,由省库酌量补助;人口稀少、土地尚未开辟之县,其所需开发经费,除省库拨付外,不足之数,由国库补助。

三、议政府应建设上之需要,经县参议会之决议及省府之情形,得依法募集县公债。

四、县之财政,均由县政府统收统支。

五、在县参议会未成立时,县预算及决算,应先经县行政会议审定,再由县长呈送省政府核准。在县参议会成立后,县预算及决算应先送交县议会决议,再由县长呈送省政府核定之。但有必要时,得由县长先呈送省政府核准施行,再送县参议会。

六、县金库之设置及会计稽核,依法令之规定办理之。

研究问题

(1) 试就可靠事实(如官方负责统计)研究我国中等教育经费问题的种种问题。

(2) 试就所知,举本省教育经费的重要问题至少五个。

(3) 研究本国富力与教育经费扩张的关系。

(4) 你对于部定中等学校经费支配的标准,觉得满意么?说出满意或不满意的理由来。

(5) 试为本省想出扩张教育经费来源的有效方法。

(6) 你的县份快要施行新县制了,要请你拟一个教育财政的新计划,你将何以回答?

第六篇 教育视导

第二十章

教育视导概说

第一节 教育视导的本质和意义

教育视导由英文 Supervision 迻译而来，兼含视察和指导在内。执掌教育视导的人叫做视导员（Supervisor）；我国往时称查学官或视学，现称督学，也有称督导员的。正名定义，以称教育视导员为妥。

教育视导的涵义，凭在中国或外国，都经过了长时期的演变，迄今已大非昔比。《礼记·文王世子》篇"天子视学，大昕鼓徵，所以警众也。"这是我国"视学"名词最初次的发现。马端临的《文献通考》说："古者天子之视学，多为养老设也。虽东汉之时犹然。自汉以后养老之礼浸废，而人主之幸学者，或以讲经，或以释奠，盖自为一事矣。"汉唐以后，设有学官，对于职掌权限以内的教育，负有视察监督的责任。明英宗设提督学校官，专督学校行政；宪宗诏提学躬历各学，督率教官，化导诸生：皆以行政长官而兼视学督学的明证。清初各省设提学道；雍正间改为提督学政，主办全省科举事宜。光绪三十一年〔1905〕

学部成立，不久设了京师督学局，京师已有督学的机关。民初成立视学制度，后来改称督学，直到现在。无论是视学是督学，仅示政府视察和督促各地教育之意，顶多是视察，绝对谈不上指导。

西洋对于教育视导的解释，亦从通俗的视察，而至"分工的专业的指导"。这在美国最可看出。美国设立学校最早的，要算马州。该州依据1642年和1647年的法令，设立了初级小学和中级小学，由地方人民供给经费，选举教师；同时亦由人民实行监督管理。那时除家长偶尔视察学校而外，全无所谓行政与视导。到了1654年，马州通过法令授乡镇被选人员普泛视察学校之责；但仍嫌人数少，更谈不上专门视导的话。18世纪之初，马州开始举行教员检定，渐认教学为几分专门职业，非门外汉所能滥竽充数。学校视察之事，于是渐感需要。加以学校逐次增加，学生逐次增多，办学之事也日趋复杂；该州便于1800年间正式授权学务委员会检定和聘请教员及视察学校。惟其时学务委员会仍由行政人员所组成，所谓视察至为广泛，只有行政的意味，绝无指导的作用。迨19世纪中叶，教育事业日益发达，内容日益繁复，行政必须有专门人员负责，视导尤当如此。19世纪之末，因学校增设音乐、美术、图画、工艺、体育及家事等科，不独需要专科教员，且亦需要专科指导员，藉以增进教学的效能。嗣后由专门科目推至一般科目，视导制度于以风行，视导观念爰以确立。

若就专家的意见说来，德怀特（Theodore Dwight）当1835年，鉴于一班门外汉之滥充视察学校职务，曾暗示教员自求进步和彼此讨论的两个方法。[①] 后来波特（Potter）与埃默森（Em

---

① Dwight, T., *The School-master's Friend*, *with the Committee Man's Guide*, Roe Lockwood, 1835, p. 336.

erson)更主张教员们应多多集会讨论,如此则获益必多。[1] 1864年威克沙姆(J. P. Wickersham)在详举教育行政长官的任务中列有"视察学校"一项,意欲彼等对于改进教学一事特加注意。惟当时人们尚混视导与行政组织为一谈,且亦未设专员主持其事。到了佩恩(W. H. Payne)做教育局长,便极力提倡教育视导,并于1875年刊行名著《学校视导精义》(*Chapters on School Supervision*),他以为教育视导应包含下列各要项:(1)依据学生成绩分别班次;(2)谘询董事会关于所任教员之资格和待遇;(3)审核课程及教科书;(4)辅助教员解决训练上的困难,并视察各校是否遵守官方所颁法令;(5)批订管理学生的法规及处理校地和建筑等事宜;(6)指导教员改进教学和训练方法。

可知佩氏所重仍在行政方面。此种观念递嬗不下十余年。直到1890年皮卡德(Pickard)才附以新的意义。他说:"教育局局长专业的视导,应注重以全时指导教员教学;处理招生和分级;训练学生,研究家长攻讦教员的原因,把纷争事项减至最低限度;普泛的或专一的视察校舍;以及以学校适应社会环境等。简单说,他的重要职责,在使教学管理达到极经济极有效的地步。"[2]

20世纪之初,钱塞勒(Chancellor)初次刊行他的《学校行政与视导》(*Our Schools, their Administration and Supervision*,1904),结论中说道:"视导之另一目标在'辅导教师'"(To help the teacher),不过那时候所谓视导,仍不外大略的视

---

[1] Potter, A. and Emerson, G. B., *The School and the School Master*, Harper, 1842, p. 388.

[2] Pickard, J. L., *School Supervision*, Appleton, 1890, pp. 18-19.

察而已。到了吉尔伯特（Gilbert）、佩里（Perry）和霍利斯特（Hollister）[①]及克伯莱（Cubberley）等人，才把辅导教师一词给以肯定和积极的意义。在这方面，克伯莱的贡献最大。他以为教育局长的重要任务中，应有指导教师一项，并应与专门视察员、校长、教员和学生保持密切的关系。他还直截了当地说道：教育视导的目的，应该是积极的、建设的（Constructive），不是消极的、侦察的。教育视导须致力于鼓励、暗示、范教及批评；消极的指责毫无是处。惟友爱的、审慎的、辅导的态度，为能博得教师们的信仰。要教师们深深感觉视导员系对彼等工作成就具有兴趣，不只代表官方来加督责，才能彼此发生友好的关系，才能达到视导的目的。[②]

现代教育视导的观念，有如美国教育联合会教学视导部第三次年鉴（Current Problem of Supervisors, *The Third Yearbook*, the Department of Supervisors and Directors of Instruction, N. E. A., pp. 8-9.）所举：

一、教育视导应是哲学的（Philosophic）——涵义有二：

（一）它趋向发现真理，思想要站在领导的地位，不独研讨教育问题，且研讨教育所依附的社会问题。

（二）它时时权衡教育的目的和目标。在变动不居的社会里，时

[①] 详 Gilbert, C. B., *The School and Its Life*, Silver Burdett, 1906.
Perry, A. C., *Outlines of School Administration*, Macmillan Co., 1912.
Hollister, H. A., *The Administration of Education in a Democracy*, Scribner, 1914.

[②] Cubberley, E. P., *Public School Administration*, Houghton Mifflin Co., Boston, 1929.

时向前探讨，第一目的达到，随即引到第二目的。引导教师们的思想趋向一个修正的较良的共同目的上。能做到这步，才算是上等的领导。

二、教育视导应是互助的（Cooperative）——其义亦有二：

（一）各种视导组织应趋向同一的目的，各人的见解尽可不同，个人用的方法也许互异，但所有视导人员须齐求共同目的的达到，组成整体，毫无裂痕。这样才算是互助的。

（二）视导重使教师自求解决问题。制造情境，使他们自己感觉问题，并求得帮助。视导不用命令或侦察的方式，应本友谊的态度辅导他们。教师之所以欢迎视导，是因为视导员能实际帮助他们，不是别的。

三、教育视导应是创造的（Creative）——分言之：

（一）它重在发现教师的潜能，并使得到充分发展的机会，鼓励其创造发明，自信，自我实现，助长成功，防止失败。

（二）它重在创造环境，注意保持个性发展和社会福利的均衡，不致有所偏废；并不时调整环境，俾便于目的的达到。

四、教育视导应是科学的（Scientific）——这里有三个要点：

（一）应用科学方法研究教学的过程；激发创造批评的思想，并把学校看作改进人类思想最有力的机关。

（二）客观地权衡教学的成绩；它的测量虽重在学生学习能力方面，但对于教师教学上的努力，亦不时加以测量。

（三）鼓励人们在相当情境下作控制的实验；修正尝试错误的所在，并经常用客观法鉴别实验的结果。

五、教育视导应是讲效率的（Effective）——分别说来：

（一）辅助教师在课程、测验、图书、教材、设备和教具等方面获得教学上有效的知识。

（二）贯通理论与实际。理论必须符合事实，视导员一面指示教师的原理原则，同时更当使彼等善于应用。时时修正方法手续，期切于理论的实行。

至此我们可述教育视导的定义如下：

教育视导乃依据视导的原则和标准，运用科学方法对于教育事业和教学活动，由精密的视察、调查和考核，进而作审慎的考量、明确的评判，更给予妥善的指示、同情的辅导，并计划积极建设改进的方法，使教学效能增加，教育日在改造、扩充、伸长和进展的历程中，得以有效地达到美满完善的境地。[1]

第二节　教育视导的目的和功效

一、目的

教育视导的目的是什么？简单说来有下面六种：

（一）视察学校——本正当态度和客观眼光，视察一地或一区学校教育的真相。该调查的用调查法，该测量的用测量法，该和校长、教员们面谈的，便和他们面谈，务求了解视察学校的真

---

[1]　参看周邦道：《教育视导》，正中，第2页。

相，免去种种隔阂。

（二）辅导教师——教师需要辅导，新进教师尤然。我国学校教师资格太差（依云南省教育厅报告：该省中等教员二千人中，其只由中等学校毕业者占过半数。又据程湘帆《教学指导》所举安徽某六县小学教员已受检定者172人，未受检定者占公立小学教员全数87%）。能力太弱，视导之事，倍感需要。藉着视导，一方可防教师陷于失败，耗费公家经费，虚掷学生光阴；同时又可发展其才能，使成一创造的自由的教师。从另一方面看，藉着教育视导，又可使全校教职员合作，齐谋共同目的的达到。

（三）改进教法——如何运用科学方法以增进教学之效能，亦为教育视导目的之一。或据教室视察的结果，或据实际测量的成绩，或据其他方面以考核教师教法的优劣，诊断其缺点并谋辅救之方，务求课程、教材、设备等合理化而后已。

（四）发展学生——这是一个极重要的目的。可以说一切教育设施，无非直接间接设法叫学生得到充分的发展。教育视导在使学生智德体各方发展得十分舒畅，其中包含数要义：（1）在设置适宜环境以启发学生的兴趣；（2）在设法适应各人不同的需要；（3）在涵养学生的德性；（4）在养成经济的求学习惯；（5）在发展学生创造的建设的思想。

（五）从事专门研究——近代教育科学的研究日益进步，教育视导方面亦有极好的成绩（见前）。近人承认教育视导，不仅是一种技能，也是一种学术。因之一部分人研究教育视导，只把它当作一门学术研究，不是为了旁的。施贝恩（Spain）分叙视导的主要目的有三：即研究、训练及实地工作（field work）是。研究的步骤如下：

(1) 诊出现时教学上的缺点。

(2) 设法纠正这些缺点。
(3) 拟定改进教学的计划。
(4) 布置适宜的环境,施行控制的实验。
(5) 测量实验的结果。
(6) 厘订施行的目标和标准。
(7) 制成某种方法试行的计划。
(8) 提供本计划于当地教育界,任其批评参考。

本计划经赞成或修正以后,即训练教员依此实行。美国底特律(Detriot)市的教育视导,都是依据这个研究步骤而来的。[①]

(六)统一教育行政——视导员为官厅的耳目,藉着他的视导来推行教育政策,励行教育法令,并推进教育事业,使其努力达到标准,以收教育行政统一之效。

二、功效

教育视导的功效依周邦道氏所举有四[②]：

(一)"教育行政机关,藉视导的作用,做一个中介,声气可以沟通,精神可以联贯。

(二)"教育法令的推行,教育政策的实现,必藉视导人员推动策进的力量。

(三)"视导人员实际去视察指导,教育行政可以统一或集中,教育方法可以普及或整饬。

(四)"实地视导制度,可以视察教育的事实,估量教育的价值,指导教育的进行,结果可以提高教育标准,增进教育的效能,改进教育的制度。"

---

① 详 Spain, C. L., The Detroit Plan of Supervision, *First Yearbook*, Department of Supervisors and Directors of Instruction.
② 参看周邦道：《教育视导》,正中,第3页。

第三节　近代教育视导研究的进步

本节举几个重要研究，以明近代教育视导之科学化的一斑：

一、地理的视导

美国底特律市曾于 1918 年 9 月在本市各校试用分组实验法，比较各种视导的价值。实验开始，先使全市小学四、五、六年级学生共 25,000 人，受同样地理测验，依据结果，分全体为四组：（一）非视导组——无人视导；（二）视察组——用旧法视察；（三）全校视导组——视导员依各校情形、需要，尽力使校长、教员明了对本校学生的希望；（四）分级视导组——视导员尽量利用市教育研究所的研究结果以行视导，并特注意于地理成绩较劣的班级，辅助教员使其改进教学。六星期以后重行测验，两组比较得到下面结果：第一组增加 49.5%；第二组增加 54%；第三组增加 68%；第四组增加 69.5%。很显然的，进步以第四组最速。[1]

二、书法的视导

本研究亦在底特律市举行，主持者为本市书法视导专员肖莉娜女士（Miss Lena Shaw）。参加的学生，从小学三年级至八年级，共 30,529 人。亦分四组：（一）不受视导组，（二）旧法视察组，（三）全校视导组，（四）分级视导组。学期之始，学生全受试验；学期终了再行之，以其成绩互相比较，结果如下：

---

[1] Courtis, S. A., Measuring the Effects of Supervision, in *School and Society*, Vol. 10, July 19, 1919.

组别	初次成绩	末次成绩	成绩百分比
第一组	6,935	8,460	30.7
第二组	6,943	8,778	36.2
第三组	6,969	9,020	40.7
第四组	6,931	8,819	37.2

可知视导组较非视导组成绩较优；最良的视导，系在最需要之地方行之。[1]

三、乡村学校的视导

皮特曼（Pittman）曾用客观方法研究乡村学校的视导方法和结果。他把某区13个乡村学生分为两组：（一）未经视导，（二）予以适当的视导。两组学生所在地之户口、财富及他项因素，力使其相等。实行之初，给以测验，七个月后再加测验，结果摘要如次：

（1）两组比较，视导组七个月来的进步达194%。

（2）以金钱估计，本区教室共有四五个，倘用同类视导法，每年效率代价，可值美金45,102.15元，可算是藉着视导而获得的。

（3）视导组教员，其阅读成绩四倍于从前，也四倍于他组教员。

（4）学生平均出席数，在视导组占全注册数76%；他组则只占70.7%。

（5）视导组学生从三年级到八年级，都有很好的进步；他组学生七年级以下几乎没有什么进步。

（6）视导组学生继续读到学年终了的占92%；他组学生只有69%。

---

[1] 详 Barr and Burton, *Supervision of Instructoion*, Chap. XV所引。

(7) 视导又可改进社会的生活。①

四、教育视导与行政组织的关系

关于这些，重要研究甚多，其中最可注意的，有艾尔（Ayer）及哈里斯（Harris）二人的研究。艾氏研究人口满十万之市，其视导员职务与行政的关系。他发现大市中聘有专科视导员者占 86%；此种视导员在美国从 1908 年时有增加，迄今仍有增无已。专家视导对于行政组织大有助益。②哈氏研究人口满五万之市，其视导员职务与行政的关系，发现在各市中（四个除外）：人口从 25,000 至 50,000，视导员数 1 至 7 人，中点数为 4.5；人口从 50,000 至 100,000，视导员数 1 至 10 人，中点数为 5；人口从 100,000 至 200,000，视导员数 2 至 24 人，中点数为 8.9；人口从 200,000 至 500,000，视导员数 4 至 30 人，中点数为 10；人口在 500,000 以上者，视导员数则为 5 至 63。又依其研究，各地视导主要目的，在改进教学，次为教学估价，再次为视导和合作。③

此外重要研究尚多，难以一一缕述。教育视导的成绩，虽已昭昭在人耳目，但本门应解决而未解决的问题，仍属不少，诸待人们努力研究。

---

① 详 Pittman, M. S., *The Value of School Supervision*, Warwick and York, 1912.

② 详 Ayer, F. C., The Rise of Special Supervision and Departmental Organization, in *Studies in Administrative Research*, Bulletin No. 2, Seattle Public Schools, Chap. Ⅰ, 1925.

③ Harris, R. W., *The Organization of Supervision*, A Master's Thesis, University of Wisconsin, 1925 及 Barr and Burton, *The Supervision of Instruction*, Chap. Ⅱ.

总之，教育视导之为哲学的、民主的、合作的和创造的，已如前述，所用方法则应为科学方法。科学的视导之目的，在使教育工作人员致力用科学方法解决视导上的重要问题，不徒受习惯成训的束缚。科学的视导之特点，在供应适当环境，使抱有高尚理想的教育界安享有生气的、智慧的和创造的生活之福，而厚惠于全世界人类。①

研究问题

(1) 分析教育视导定义中的要项。
(2) 教育视导观念的演变。
(3) 述视察和指导的区别及二者的关系。
(4) 教育视导的目的应该是什么？
(5) "视察员"、"指导员"、"视导员"、"视学"、"督学"各名称的比较。
(6) 详论教育视导的功用。
(7) 克伯屈（Kilpatrick）先生之教育视导观。
(8) 教育视导之科学的研究述要。
(9) 用科学方法研究教育视导，其步骤如何？
(10) 教育视导自近人看去，不仅视"术"，抑且是"学"，其意何居？

---

① 参考 Cook, A. S. and Others, *The Superintendent Surveys Supervision*, *Eighth Yearbook of the Department of Superintendence*, N. E. A., 1930.

第二十一章 教育视导制度

第一节 史略

我国之有教育视导制度，乃自前清三十二年〔1906〕起，是年颁布《学部官制职守清单》内称："拟设视学官无定员，约十二人以内，秩正五品视郎中，专任巡视京外学务。"此为我国正式设置视学人员之滥觞。惟当时尚未实行。视学职务由临时所派之各司人员充任之。宣统元年〔1909〕十月，《视学官章程》经学部奏准施行，其第九条规定："视学员不设定员，以部中人员或直辖学堂管理员和教员之职分相当者派充。"可知那时候的视学官，仍带临时差委的性质。

当时规定划分全国为十二学区，各省区分如下：

一、奉天、吉林、黑龙江。二、直隶、山西。三、山东、河南。四、陕西、四川。五、湖南、湖北。六、江苏、安徽、江西。七、福建、浙江。八、广东、广西。九、云南、贵州。十、甘肃、新疆。十一、内外蒙古。十二、青海、西藏。

按年每区派遣视学官二人，每年约视察三四区，三年之内全国可视察一遍。这个计划并未完全实行。仅于宣统二、三年间，曾派视学官分往河南、江苏、安徽、江西、湖北、浙江等省视察两次。

民国元年〔1911〕，学部改教育部；二年〔1912〕一月公布《视学规程》；三月公布《视学处务细则》（均载教育部：《教育法规汇编》，八年〔1919〕出版）除蒙藏暂作特别视学区域外，余划分为八：

一、直隶、奉天、吉林、黑龙江。二、山东、山西、河南。三、江苏、安徽、浙江。四、湖北、湖南、江西。五、陕西、四川。六、甘肃、新疆。七、福建、广东、广西。八、云南、贵州。

每区派遣视学二人，视察该区域的普通教育和社会教育。各区视察，分定期、临时两种：前者每年自八月中旬起至次年六月上旬止；后者依教育总长特别命令行之。其所视察之事项：（一）教育行政状况，（二）学校教育状况，（三）学校经济状况，（四）学校卫生状况，（五）教职员职务状况，（六）社会教育及其设施状况，（七）教育总长特命视察事项。惟当时视学不必专任视察职务；共设视学16人，其派在各司科任事，或充当科长、佥事，或兼任秘书，编审者，约有半数。

国民政府于十五年〔1926〕三月在广州成立教育行政委员会，其下设行政事务所，以参事、秘书及督学三处构成之。但督学处迄未成立，仅历史上保留新创之"督学"一名而已。

十六年〔1927〕国府奠都南京，新设大学院管理全国学术及教育行政事宜。中央视学或督学一职，尚未设置。直到二十年〔1931〕七月，国民政府公布《修正教育部组织法》，二十九年〔1940〕十月再加修正；二十年八月教育部公布《督学规程》，三十年〔1941〕六月公布《视导规程》，而现行中央教育视导制度，方告成立。

在省市县方面，清光绪三十二年〔1906〕，各省裁撤学政改设提学使司，其下设视学六人，巡视各府厅州县学务，此为我国有省视导制度之始。在学部奏陈各省学务官制折中，关于省县视学人数、资格任务等项，曾叙及：提学使以下设省视学六人，承提学使之命令，巡视各府厅州县学务。各省之视学，由提学使详请督抚札派习师范或出洋游学，曾充学校管理员、教员，积有学绩者充任。其巡视区域及规则，另详专章，由学部奏明办理。"各厅州县设视学一人，兼充学务总董。选本籍绅衿年三十以外品行端方，曾经出洋留学或曾习师范者，由提学使札派充任，即当佐各厅州县城内地方官监督办理学务，并以时巡察各乡村市镇学堂，指导劝诱，力求进步。"实则当时人选标准，仍极笼统，各省委派人员，尤多迁就。故次年河南提学使孔祥霖奏请考试视学官："拟普设视学一官，以各省高等学堂预科及中学毕业生为合格，现任候选教职亦准与考。"第当时学堂初办毕业生不敷分配，所以三十三年〔1907〕学部规定："省县视学仍由各省提学使慎选，无论为士绅，为教官，为学校毕业生，但查明实系品学俱优，热心教育者，均准札派委用，将来学堂毕业人数渐多，再由宪政编查馆会同学部另订考试视学官专章。"

民国初年，各省行政制度屡经更改，教育行政机构尤不一律：或设教育科，或设教育司；各县或设劝学所，或设第三科，或设教育公所，或设学务委员。省县视学人员设置与否，人数多少，亦各不同。三年〔1914〕，公布各省区官制，竟无省视学一职。各省因事实需要，曾由巡按司先后电询办法，当经教部呈准大总统通咨各省仍设省视学，以重职守。同年，教育部又咨各省设置道县视学，但道视学职权不易划清，六年〔1917〕遂通咨各省悉行裁撤。从这时起，我国地方视导制度，只有省县两级。

六年〔1917〕九月教育部公布《教育厅暂行条例》，规定"教育厅设省视学四人至六人，由厅长委任，掌管视察全省教育事宜。"七年〔1918〕四月公布《省视学规程》、《县视学规程》（每县设视学一人至三人），对于省县视学的资格，任用职责等都有明白的规定，省县视导制度大致确定。十二年〔1923〕三月，《县教育局规程》颁布，县设视学若干人；同时《特别市教育局规程》亦颁布。市设视学，人数视各设市教育繁简定之。

江苏鉴于教育视导的必要，曾于十三年〔1924〕省视学而外，添设分科指导员，如教育、理科、体育、农业、职业、国语、医学、应用化学、电气、机械等科，均托专员分科指导。[①]

十六年〔1927〕革命军势力到达长江流域以后，各省视学制度，多所改变：或称视学，或称督学，或称视察员、指导员，不一而足。江、浙试行大学区制，其组织条例中并无督学设立一项，只得聘请大学教授，中小学教师或校长，以及大学行政院职员举行临时视察。十七年〔1928〕一月，设视学委员会，推选常务视察员五人，是年四月，经正式聘任，而省视导制度乃复旧观。再后大学区制取消，教育厅成立，各省遍设省督学，惟人数不等。

十八年〔1929〕二月，教育部公布《督学规程》，规定省设督学四人至八人，必要时得聘任专门视察员。督学名称，始告统一。二十年〔1931〕六月，部中又颁布《省市督学规程》，各省亦多自订省督学规程，而现行省市视导制度乃定。

二十七年〔1938〕七月，教育部为推进义务教育，颁布了《省市义务教育视导员规程》及《县市义务教育视导规程》，对于各地义务教育视导，曾有详细的规定。近更不时派员专门视察各

[①] 蒋维乔：《江苏教育行政概况》，商务，第12页。

地义务教育。

江苏对于民众教育曾规定，该省民众教育馆及教育学院辅导各县社会教育办法，分全省为八个民教区，每区由民教馆及教育学院负责辅导各区内社会教育。视导制度至此效用益宏了。

在县督学方面，中央尚无普遍明确的规定，各省只好自定办法；例如江苏省订有《县督学规程》，规定"各县教育局设督学一人至二人，负全县视察或指导教育事宜之责"。他省亦多有同样规定者。

第二节 现行视导制度

一、现制概要

甲、中央教育视导制度

依《修正教育部组织法》（参考原料二十二）及《教育部视导规程》（参考原料二十八），教育部设督学8人至16人，视察员16人至24人，视察及指导全国教育事宜，并得酌派部员协同办理。督学视察员应视察及指导事项如下：(1) 关于教育法令推行事项，(2) 关于学校教育事项，(3) 关于社会教育事项，(4) 关于教育经济事项，(5) 关于地方教育行政事项，(6) 关于其他与教育有关事项，(7) 关于部次长特命视察与指导事项。视察与指导，分定期与特殊两种：定期视导，又分分区与分类两种，每年一度行之；特殊视导依部次长临时命令行之。分区、分类视导各派督学一人会同视察员若干人分别办理。督学、视察员视导的区域和时间及其任务的分配，由部次长核定实行。督学、视察员视导时应阐扬三民主义，宣达国家教育政策及中央政情。出发前由视导室呈请部次长商请有关各部会长予以指示，并供给有关各项材料以资参考。视导时遇有违反教育法令事件，应随时纠正，报部备核。又其视导学校或其他教育机关时,得调阅各项簿表册。

教育部现时划分全国为两广、皖、浙、闽、赣、湘、鄂、滇、黔、川、康、陕、豫、甘、宁、青、绥等区,每区派督学一人,国民教育及中等教育视察员二人至四人。督学视察各级教育,视察员除本身职务(国民教育、中等教育或其他)外,得兼负视察其他之责。国民教育以各县均能视察为原则,中教社教以分期抽查逐渐普遍为原则。注意办理特优之学校或机关及教学训育特良之教职员,予以长期之观察,介绍其有效方法与设施;对于办理不良之学校,亦加以充分之留意,以期改善。此外实行分类视察,如体育、童军、军训、职业、音乐、劳作、训育、护士、助产、服务团、国立中学、边疆教育,以及专科以上学校,均已分别进行,或正在进行之中。关于中等学校之分科视导,希当地国立师范学院,大学专科及地方教育行政机关负其责;至小学之分科、视导,则其责任应属于师范学校及其他国教师训机关。①

乙、地方教育视导制度

依部颁《省市督学规程》(参考原料二十九)所规定,现制要点如下:

  (一)各省教育厅设督学四人至八人,由省政府荐任;行政院直辖市教育局,设督学二人至四人,由市政府荐任或委任。但遇必要时得聘任专门视察员。

  (二)省市督学之资格:(1)国内外大学教育学院或文学院教育

---

① 参看钟道赞:《中央及省市视导制度之现状》,载《教育通讯》第4卷第45、46合刊。

系毕业，曾任教育职务二年以上著有成绩者；(2) 国内外专门以上学校毕业，曾任教育职务三年以上著有成绩者；(3) 高中师范科或师范学校毕业，曾任教育职务七年以上著有成绩者。

(三) 省市督学应视察及指导之事项如下：(1) 关于教育法令之推行事项，(2) 关于地方教育行政事项，(3) 关于地方教育经费事项，(4) 关于学校教育事项，(5) 关于社会教育事项，(6) 关于义务教育事项，(7) 关于地方人员服务及考成事项，(8) 关于主管教育行政长官特命视察或指导事项。

(四) 督学视察地方教育，除定期视察外，遇有特别事故，得由主管教育行政长官临时派往视察。

二十三年〔1934〕六月，教育部训令各省市局设置体育督学或指导员。部中业已设置是项督学。

二、现制批评

(一) 人选标准欠高　视导员乃"教师之教师"，历来教育当局每视视学或督学为无关轻重的人员，任意安插或委派，好像这种职务无论什么人都能胜任的，实是大错。

(二) 地位嫌低　往往被看作行政机关中的闲散人员，或为临时派遣的一种属吏。除做例行工作以外，每不易有积极的改进建议——即令有所建议，亦不易为当局所采纳。

(三) 责任不专　视察的对象，包括全部的教育，无论行政、经费、建筑、设备、教务、训育、各科的教学、社会教育乃至任何事态的应付，都由一人担任，人非万能，谁可胜任？这种不分工的视察，非尽速改革不可。

(四) 视察时间过短　一个人视察的项目那么多，要想在短短时间内获得真切可靠的印象，实不可能。即令视察的人受过很好的训练，已不容易办到，何况人选标准那么低，而人数又那么少？

（五）准备不充分　一向视学或督学出发，只当巡学看待，于视学工具毫无准备——甚或本人对于所欲视察之有关重要法令，亦不甚清楚，如何能取信于人？如何能于短时间内摄取真切的影片，获得重要的材料？近来虽稍稍改良（教部订发《督学视察要项》便是一例），但距科学的视导仍属渺远！

（六）调换过频致前后不衔接　教育部及各级教育行政机关，每每临时派员视察，每年一换，每期一换，致前后不相衔接，甲认为对的，乙或以为错；张三认为应办的，李四或以为可缓：个人见解不同，主张异致，致被视导者无所适从，这种视导，岂非多此一举。

至于不能有具体确切的批评和积极建设的提议，以及鲜用科学的方法等，都是旧制的缺憾。

第三节　各地改制近况

甲、督学常川驻区制

山东教育厅为改进督学制度，曾于二十三年〔1934〕十月订定《督学驻区视导办法》，督学在每区指定地点办公，各以一学期为限。次期续派则以互易地点为原则，必要时驻区期限得延至一年。驻区督学对于各县教育，先作普遍的视导，全区教育视导终了，以后择成绩较差之县，施行特别视导。这样督学对于本区教育较可得一明晰的观念，指导亦自较方便，比平常好得多了。

陕西近亦试行督学驻区视导制，其办法要点：（一）分全省为十学区，每区定一中心驻扎地点。（二）以督学驻扎地点为中心，向区内各县输流视导，每学期须将区内各县重要小学视察两次，至少须将联合小学视察一遍。（三）实行伊始，他处倘有困难，则从陕南、陕北尽先实行。（四）规定视导范围，教学管训及行政经济等并重，不使偏废。若以时间分，则三、四、五、六及九、十、十一、十二各月，注重视察教学管训等项，而一、二和七、八等月，则注重行政视导，如公文整理、校舍修缮及经费收支等。

秦省对于各县教育人员定期下乡视导，亦有所规定：（一）各区教育委员对于该区所有学校应常川驻区巡回视导，每月须有报告一次。（二）县督学或指导员所管区之学校，应每月视导一次，并随时抽查区教育委员之工作。（三）县督学须将所任区内小学教师之能力、个性考察清楚，期收指导宏效。（四）县督学在一学期内，对所任区内比较重要学校，必要时应作示范教学，以资改进教学方法。（五）教育局长或助理员应对于每一学校每学期视导二次。（六）县长对于该县学校每学期须视导一次。（七）视导乡村小学须顾及附近民众之知识程度，方法上须为变更，刚柔并济，慎勿惹起反感，影响教育。（八）视导乡村学校对所在民众心理，须妥为注意，并设法鼓励与纠正。又县教育视学人员对于私塾亦应有相当指导。[①]

乙、分区辅导制

江苏近分全省为六个师范区（镇江、无锡、太仓、淮阴、东海、如皋），每区设师范学校一所，约辖十县左右，称第一至第六师范区。各在师范附小内设初等教育指导员二人。他们负的责任是在积极的指示和详密的计划。又该省在推进民众教育方面，曾分全省为六个民众教育区，各以一省馆或两省馆为辅导机关，并组织社会教育研究会，以利研究。二十三年度〔1934〕开始，重新划分本省为八个民教区，并重订辅导办法。一切规定比前更

---

① 详周伯敏：《一年来的陕西教育》，载陕西教育厅，《抗战与教育旬刊》第1卷第1期。

加周密。①

安徽于二十四年〔1935〕二月确定本省"地方教育辅导办法"：（一）全省依照原有之师范区划分为六个辅导区，以省立师范学校为辅导中心。（二）每区设区地方教育辅导委员会，每学期举行全区辅导会议一次。（三）每区设辅导员一人负责办理全区辅导事宜。该委员以师范校长为主席委员，以区辅导员为总干事。总干事的重要任务：协理主席委员办理全区辅导事宜；巡回辅导本区各县地方教育；协助各县地方教育机关推行新教育方法（详《安徽省地方教育辅导办法大纲》）。

丙、中心小学区制

江浙试行中心小学区制，以苏省嘉定为最早，依《嘉定县中心小学条例》所规定，本制要点如下：

（一）学校性质　全县划为11个中心学校区，每区指定中心学校一所，设校长一人，秉承教育局长管理本区学校教育和社会教育事宜。校长除驻校办公外，每月须视察区内各学校及社会教育机关一次，并将考察状况摘要报告教育局长。每校设总务、教务兼训育主任一人，协助校长处理全区事务。中心学校区内各校设主事一人，不设校长，主事除商承校长管理本校一切事务外，遇有校长委托事项，应协助办理。

（二）校长任务　中心学校校长是本区教育行政的首领，他的任务：(1)代表本区学校对外办理一切交涉事项。(2)拟订区内学校学级组织，课程编制。(3)拟订区内学校关于训育、教学、设备及校外活动之实施方法。(4)商承教育局长办理区内社会教育事项。(5)考核区内学校学生成绩，核许其升级或毕业，并发给修业或毕业证书。(6)考核区内学校主事及教职员服务状况。(7)举行全区学校成绩展

---

① 载《江苏教育》第4卷第12期。

览会、运动会及课业竞进会等。(8) 拟订试验新教育方法之计划，领导区内各学校试验。(9) 提出教育上重要问题，召集区内学校教员，开各种研究会。(10) 督促区内各学校教员实行交互参观。(11) 指调区内各学校教员临时互易任务。(12) 报告试验新教育方法之结果。(13) 出席县教育会议。(14) 规划分年推广学校之顺序及社会教育之设施。(15) 调查区内学龄儿童数，并督促其就学。(16) 每年调制区内教育费预算、决算，并审查其用途之当否。(17) 编造区内学校行政历。(18) 每月考察区内学校及社会教育一次，学期终了，并将区内教育实施经过，汇报教育局长。(19) 聘请中心学校教职员，推荐中心学校总务主任、教务兼训育主任（教导主任）及学校主事。(20) 其他法律规定及区内教育一切事项。兹将本县区教育行政系统图示如下：

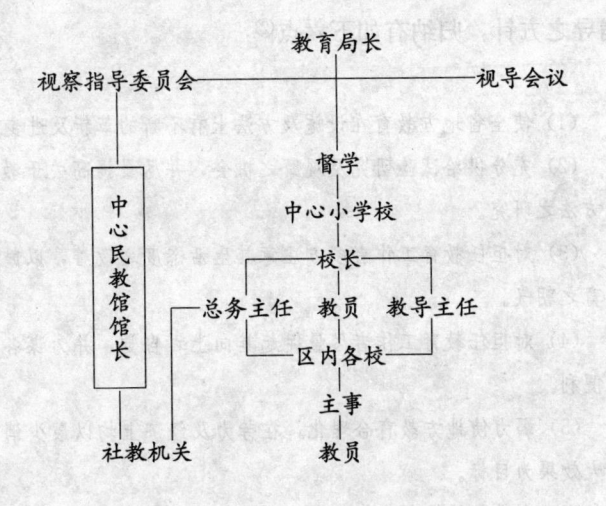

```
                          教育局长
视察指导委员会 ————————————————————— 视导会议
                            │
                           督学
                            │
                          中心小学校
                            │
                          ┌─校长─┐
中心民教馆馆长 ─总务主任  教员  教导主任
                          └区内各校┘
                            │
                           主事
                            │
       社教机关             教员
```

就视导方面说，本制特点：(1) 视导系统组织分明；(2) 视导人员较平常增加；(3) 随时可行视导，机会较平常多；(4) 易于分工合作；(5) 行政与视导打成一片；(6) 视导方法较为精密。

丁、浙江省地方教育辅导制

浙江地方教育辅导制,发轫于民国十六年〔1927〕,中经数次修改,至二十年〔1931〕方始确定。本年颁行《第二届浙江省地方教育辅导方案》,定为四级制,以省辅导会议为发动机关;省学区辅导会议,县市辅导会议为承接枢纽;县市学区辅导会议为基本组织。[①] 省辅导会议以教育厅为主管机关,省立学校附属小学,省学区社教辅导机关,省立师范等为被辅导机关,每年四月,举行会议一次。省学区辅导会议以省校附小等为主持机关,县市教育局科为被辅导机关,每年五月举行会议一次。县市辅导会议以县市教育局科为主持机关,县市立中心小学等为被辅导机关。县市学区辅导会议,以区内县市立中心小学等为主持机关,区内公私立小学等为被辅导机关,每学期至少各举行会议二次。此种辅导之方针,归纳有如下六点[②]:

(1) 使全省地方教育在设施及方法上有不断的革新及进步。

(2) 充分供给试验研究及观摩之机会,并尽量提高关于教育原理及方法之研究。

(3) 对担任教育工作者多方注意其生活态度之改善,以鼓起地方教育之朝气。

(4) 对担任教育工作者尽量促起其向上之自觉,并为谋各种进修之便利。

(5) 竭力使地方教育合理化,在劳力及经济上均以最少消费获得最大效果为目标。

(6) 在进行辅导工作时,充分注意各地方教育之实际情形,使每

---

① 详《江苏二十年度各级辅导机关活动概况》及庄泽宣、华俊升:《浙江教育辅导制度研究》,中华。

② 据第五届浙江省辅导会议通过之《浙江省地方教育辅导方针》。

一地方均有若干切实之改进，力避躐等与蹈空之弊。

浙江省辅导制度，因组织完密，系统分明，故实行时颇为整齐，成效尚称不恶。但会议重重，进行匪易，不免流于形式。又一切进行计划，多由上而下，作普遍的推动，是否合于地方需要实亦大成问题。

最近教育部为推行国民教育曾召集国民教育会议于重庆，在决议案中有"决定全国教育视导制度之原则"一项，大致为（1）分全国为若干督导区，每区由部督学及视导员督率区内省以下各级督导人员从事工作。（2）各省分为若干区，每区由厅设督学及视导员，督率区内县以下各级督导人员从事工作。（3）设县督学，督率县市以下各级督导人员从事工作。苟能依此实行，则全国视导制度将有极大的革新。

研究问题

(1) 试对现行省县视导制度加以检讨和批评。
(2) 我国视导制度由来考。
(3) 参观一地方（县或市）视导情形，并建议改良办法。
(4) 评浙江省辅导制度。
(5) 计划本县视导制度的实施大纲（参考他处改良办法）。
(6) 新县制下的视导制度。

第二十二章

教育视导人员（附视导原则）

教育视导人员粗可分为专任的和兼任的两种：前者为各级督学及视察员；后者各级教育行政长官、学校校长及社教机关主持人员属之。下面只就专任的视导人员，分资格、任务及活动数节讨论之。

第一节 视导人员的资格

一、实际情形

【中央视导人员】 据民国二年〔1913〕一月部颁《视学规程》第五条，部视学须有荐任文官资格而合于下列规定之一者：（一）毕业于本国、外国大学或高等师范学校任学务职一年以上者；（二）曾任师范学校、中学校校长或教员三年以上者；（三）曾任教育行政职务三年以上者。照此说来，部视学资格共分两种：（一）学历，（二）教育与行政的经验。但依二十年〔1931〕八月《教育部督学规程》，则规定"有简任或荐任文官资格，且曾任教育职业二年以上者，得任用为简任或荐任督学"（第二条），较为简括含混。现行《教育部视导规程》第二条"有简任或荐任文官资格,且曾任教育职务二年以上著有成绩者,得任用为简任或荐任督学;有委任文官资格且曾任教育职务二年以上著有成绩者,得任用为视察员。"除督学与视察员分别规定外,余与前次无差别。

【省视导人员】 民国七年〔1918〕教育部公布《省视学规程》,其中第三条规定,合于下列三项资格之一者,得由省教育长官委为省视学:(一)大学文科或高等师范毕业;(二)师范本科毕业而有五年教育经验者;(三)曾充师范或中学教职员二年以上者。惟"遇到特别情形经教育总长核准暂行作用者不在此限"。意指任何人皆得充任省视学,只须经长官之核准而已。二十年〔1931〕六月教育部另公布《省市督学规程》,第二条规定具有下列资格之一者得被任为督学:(一)国内外大学教育学院或文学院教育学系毕业,曾任教育职务二年以上著有成绩者;(二)国内外专门以上学校毕业,曾任教育职务三年以上著有成绩者;(三)高中师范科或师范学校毕业,曾任教育职务七年以上著有成绩者。较前资格略为提高,并着重服务的成绩。

【县市视导人员】 七年〔1918〕四月部中曾颁行《县视学规程》,规定县视学资格共有三项:(一)师范学校毕业而有一年教育经验者;(二)中学或二年以上之简易师范毕业而有一年教育经验者;(三)曾任高小校长或正教员二年以上,经省教育行政长官认为确有成绩者。外亦附有"遇到特别情形经省教育行政长官许可暂行任用者,不在此限"一项。其中不妥当的地方当然很多,不过以后中央并不曾颁行另外一个普遍的《县督学规程》。各省于是自定法规,对于督学资格多已相当的提高。举江苏省为例,十九年〔1930〕十月江苏省政府指令核准《江苏省县督学规程》(第四条)规定:"有下列资格之一者,得任为县督学:(一)国内外大学教育学院或教育科毕业曾任教育职务一年以上著有成

———— 381

绩者；（二）国内外专科或专门以上学校毕业曾任小学教员二年以上著有成绩者；（三）师范学校本科或高中师范科毕业曾任小学教员三年以上著有成绩者。"① 直到二十九年〔1940〕七月教育部《训令办理县各级教育行政应行注意事项》第六款才规定"县政府设置督学若干人，主持全县教育督导事宜……督学人选……应比照第四项关于科长之规定。"科长的资格又是怎样的呢？依规定："资历：除合于《县行政人员任用条例》第三条之规定资格外，须具有《修正小学规程》第六十四条所规定之资格，且办理教育著有成绩；或大学毕业办理教育三年以上著有成绩，并须能力丰富，品行端正，熟悉本省地方教育情形。"这就比从前提高多了。

二、视导员应有的资格

撇开法定的资格不谈，视导员应具的资格是什么？

甲、身体和态度　视导的工作是十分繁忙的，每到一地方，要接洽、视察、访问、记载、调查、批评、指导或接见有关人员，或参加种种会议，或公开讲演，或作紧急的报告等，所以理想的视导人员，第一个条件是身体强健，否则必不能胜任愉快。

其次，态度也很重要，态度和蔼，令人可亲；举止大方，从容中道；面貌端正，语言清楚；都是不可缺少的。浙江省对于县督学的态度有所剖释：（一）容貌和蔼，仿佛预备摄影的样子；（二）对于教师所正着手的工作，要表示一种自然的兴趣；（三）以温和而勤恳的态度开始进行其职务；（四）完全用友谊的态度接待教师，使他自动地报告学务，并要指示和批评；（五）表示真诚的满意。② 安德森（Anderson）及辛普森（Simpson）也说：

---

① 江苏省教育厅：《视察录》，第一编。
② 浙江教育厅：《地方教育行政》丛书第1类第4册。

"视导员集合许多教员开会指导时,应当根据各教员的一般需要,好像教员上课时对学生一样",要和蔼诚挚,细心指导他们。

有人以为乡村小学视导员还当具有下面的几种体态:

(1) 日行二三十里毫无倦容。
(2) 惯于舟车跋涉。
(3) 饮食起居失常,也能忍耐过去,不减兴味。
(4) 对乡村小学有深切的同情心,决不存鄙视的心理。
(5) 献身教育,对改进乡小具有极大的热忱。
(6) 能接受问题、忍受困难并进谋解决。

乙、学识和经验　视导人员无论是督学或视察员,要实行视导,学识经验必须相当,虽不必样样高人一等,但在本门范围内总该比人家多知道一些,多经验一些才对。专家对于这个也有相当的估计:

巴尔(Barr)与伯顿(Burton)认为视导员必须精通教育史、教育哲学、教学法、心理学、测验运动、课程编制、教育行政、学校卫生,并能用科学方法研究;此外具有本专业以外的普通基本学识如社会学、经济学及生物学等。[1] 他等并主张视导员就任前须有至少五年的教学经验。

周邦道氏分析视导员的学验,须含有下列几个条件:(1) 对于教育有深澈的研究和浓厚的趣味;(2) 在教学训管和教育行政方面有实在的经验;(3) 研究过专门的学术,并有相当的造诣;(4) 有丰富的普通常识;(5) 有彻底健全的人生观;(6) 熟悉国

---

[1] Barr, A. S. and Burton, W. H., *The Supervision of Instruction*, Chap. XIV.

家和世界的情势；（7）明了本国外国的教育概况和现代教育思潮；（8）认识本国教育宗旨和实施的原则、方针；（9）了解公认的视导原则和标准；（10）有妥适的系统的视导方法和办事方法；（11）有事事愿虚心研究的精神和精密的研究方法；（12）能介绍新学说、新方法和新出版的书报于被视导者。①

盛振声氏对乡小视导员应有学验，曾补述数种：（1）对于乡村社会情形，无论一般的或特殊的都须有相当的了解；（2）对于乡教理论和实际，须有深切的研究；（3）对于乡小环境内容，须有相当的认识；（4）对于乡小实际问题和困难，须有深切的了解，且有解决的计划；（5）对于改进乡小方法，须有深切的研究，且有成竹在胸；（6）对于乡小所需的课程、教材、教具等，能利用学校环境内所有事物指导学校当局或教员；（7）能按各别的需要，指示教学训导上的改进；（8）能引起乡小教员研究的兴趣，并指示其研究方法；（9）对单级复式及小学各科教学法均有相当经验，必要时能示范教学；（10）对乡村改造的理论和实际有相当的研究。②

简言之，视导员必须有：（1）丰富的常识，（2）专门的学识，（3）教育专业的知识，（4）教学、管训、调查、测验和示范的技能，（5）优良的指导方法，（6）虚心研究的精神。

丙、品格　教师应有高尚优美的品格，视导员更该如此。倘其人行为不端或心术不正，或卑污苟且，根本失去了视导员的资格。不过什么叫做高尚优美的品格？

美国伯德女士（Miss Bird）曾用问卷法向教员们征求意见，

---

①　周邦道：《教育视导》，正中，第57、58页。
②　盛振声：《乡村小学视导法》，商务，第二章。

其答案统计如下①:

教员估计视导员应有的品格项目	百分比
友爱同情心	55
系统的个别视导	48
合作心	16
实行能力	10
专业知识	10
前进心	8
社会领袖资格	8
判断准确	7
博学	5

科拉布特里教授(Prof. Crabtree)综合多人的意见而得到下面的结论:

(一)大家以为视导的品格一如其学识经验,大有详细确定的必要。

(二)品格中之重要者为和悦、友爱、同情、礼貌及对教员福利具有兴趣。

(三)各项品格的要素,可以时时改进。

(四)师范学校(训练视导员的场所)须注意视导员品格的培养。

---

① Bird, G. E., The Teachers Estimates of Supervisors, in *School and Society*, Vol. V, No. 16, 1917.

（五）视导员应在本职务上不断地求进步。①

他种研究尚多，不具引。

第二节　视导人员的任务

一、法律规定督学及视察员的任务

部颁《教育部视导规程》及《省市督学规程》，关于督学、视察员应视察及指导之事项规定如下：

（一）关于教育法令推行事项。
（二）关于学校教育事项。
（三）关于社会教育事项。
（四）关于地方教育行政事项。
（五）关于教育经费事项。
（六）关于地方教育人员服务及考成事项（省市适用）。
（七）关于主管教育行政长官特命视察或指导事项。

部督学及视察员到达视导目的地时，应注意下列各项：

（一）"每至一地应与当地主管教育行政机关及其他与教育有关人员接洽讨论，并得参加各种教育集会藉知当地教育过去之历史，现在之实况，以及将来之计划。

（二）"各种教育计划是否适合当地需要及其现实状况，是否与原定计划相符，应分别查核指导。

---

① Crabtree, J.W., *Personality in Supervision*, Proceeding of the National Education Association, Vol. 53, 1915.

（三）"地方教育经费有无整理增加妥当办法与筹划及其支配之是否适当，应详查报核。

（四）"调阅地方教育视导人员报告，应就其成绩最优最劣者，加以复核；必要时得会同地方教育视导人员及设有师范学院地方之辅导人员，对于成绩低劣者，指导其改进办法，并将成绩优良学校之事实，尽量介绍。

（五）"视导完毕后，应约集当地主管教育行政机关及其他与教育有关人员开会商讨一切改进事宜。

（六）"关于各地教育实际材料及重要统计等，应随时搜集，寄部参考。"《教育部视导规程》，第八条）

督学视察员视导时遇有违反教育法令事件，应随时纠正报部备核。又其视导时，为执行职务，得查点学生名额及试验学生成绩；遇必要时并得变更授课时间。

统一的县市督学规程尚未公布，各省多订有单行法规，其所确定的职务，约可归纳如下：

(1) 督察各种教育法令之推行。
(2) 视导各区学校和社会教育机关之设施。
(3) 视导各校教学和训育方法。
(4) 视导各校设备和卫生状况。
(5) 辅导学校推广事业。
(6) 视导私塾教训方法。
(7) 考核教育经费的来源和支配。
(8) 考核教育人员服务之成绩。
(9) 审订各教育机关之设施计划和应用图表簿册。
(10) 办理各种教育研究和调查统计事宜。
(11) 建议各种教育事业之改进。
(12) 处理教育上和文化事业上发生之纠纷。

(13) 办理主管长官特命或上级督学所委办之事项。

二、视导员应有的任务

什么是视导员应有的任务？依邰爽秋氏所举，县市视导员重要任务，计有八项，共一百八十余条：（一）计划标准规程之拟定；（二）良好风气，正当态度及团体精神之培养；（三）行政与教学之直接视导；（四）教育效率之估定与建议；（五）在职进修机会之供给；（六）教材、教具等之组织与选择；（七）教育问题之研究与试验；（八）专业修养及其他视导之活动。①

曾毅夫在所著《地方教育行政》（商务）第八章上，曾举督学的任务六项：（一）拟定计划标准及规程；（二）行政视导；（三）教学视导；（四）教育效率之估定及建议；（五）指导在职教师进修；（六）其他视导上之活动。②

他人对此主张尚多，不胜枚举。

我这里把视导任务加以分析，综为四项如下：

甲、关于视察方面：

(1) 教育法令的实施和教育政策的奉行。

(2) 教育行政一般状况。

(3) 学校教育概况。

(4) 社会教育概况。

(5) 国民教育概况。

---

① 邰爽秋：《视导员的任务问题》，载《江苏教育》第 4 卷第 5、6 期。

② Nutt 在所著 Supervision of Instruction（pp. 23, 239）上，Strayer 在所著 Some Problems in City School Administration（pp. 15-20）上，Cubberley 在所著 Public School Administration（pp. 132, 143, 344, 357）上，Elliot 在所著 City School Supervision（pp. 53, 75, 83, 88）上，对于视导员的任务，各有极好的意见发表。

(6) 特种教育概况。

(7) 公民训练状况。

(8) 地方教育需要的审核。

(9) 学校与社会家庭的关系。

(10) 特派事项的调查。

(11) 其他重要事项。

乙、关于指导方面：

(1) 订定课程大纲。

(2) 订定教学规程，标准及方法。

(3) 指示教材的选择和组织。

(4) 指导课本及参考书的选择。

(5) 开教学会议，讨论教学上的实际问题。

(6) 指示教法的运用和改良。

(7) 示范教学。

(8) 指导教员参观。

(9) 指导教员实验。

(10) 指导学校行政及组织。

(11) 指导训导的施行。

(12) 指导关于体育和卫生事项。

(13) 关于指导校舍建筑和设备事项。

(14) 厘订学生入学升级，留级及毕业的标准。

(15) 测量教学的效果。

(16) 指导教员使用各种新工具。

(17) 主持各校联席会议。

(18) 其他重要事项。

丙、关于行政方面：

(1) 代表所属行政机关并执行指派事项。

(2) 为地方教育行政领袖，负督促指导及奖励之责。

(3) 为学校与人民的代表。

(4) 参与各种行政视导会议并提出重要报告。

(5) 为学校职教员和教育行政机关的中介人和调解人。

(6) 接见各项有关人员。

(7) 襄助检定教员。

(8) 调剂地方教员。

(9) 所属各地教育人员的考成。

(10) 辅助当局筹划经费及建筑校舍。

(11) 注意前此视导员建议改进事项是否实行。

(12) 其他重要事项。

丁、其他

(1) 用科学方法征集重要材料，该调查的用调查法，该测量的用测量法。

(2) 编造系统报告。

(3) 编造教育统计。

(4) 处理例行公文和通讯。

(5) 举行教育宣传。

(6) 特殊问题的处理——或用"密查法"或用其他方法。

第三节 视导人员的活动

恩格尔哈特（Engelhardt）表列教育视导员的活动共为五类，其下再分析各项条目[①]：

---

① 详 Engelhardt, F., *Public School Organization and Administration*, Chap. XII, pp. 299-301.

一、搜集事实的活动和巧术：

(A) 教室的视察：(1) 预先通知的视察；(2) 不预先通知的视察；(3) 长时间的视察；(4) 短时间的视察；(5) 其他。

(B) 测验和测量：(1) 标准学绩测验（achievement test）的应用；(2) 智力测验的应用；(3) 非正式测验（教师编造的）的应用；(4) 诊断测验（diagnostic test）的应用；(5) 其他。

(C) 教师的报告：(1) 关于时间分配的报告；(2) 关于使用方法的报告；(3) 关于课业目标的报告；(4) 关于所用教材的报告；(5) 关于教案的报告；(6) 其他。

(D) 适合学生需要之教学会议。

(E) 其他。

二、提供事实的活动和巧术：

(A) 向教师会议为种种报告。

(B) 布告或刊行公报：(1) 复写版印的，(2) 印刷的，(3) 牌示的，(4) 通讯，(5) 图示测验结果，(6) 其他。

三、促进发展及改良的活动和巧术：

(A) 教师会议：(1) 全体教职员的例常会议，(2) 某科或某级的教师会议，(3) 各种研究委员会，(4) 其他。

(B) 示范教学：(1) 有计划的，(2) 为训练新进教师的，(3) 指示应用各种教材的方法的，(4) 其他。

(C) 交互参观：(1) 在自己学校内，(2) 在别的学校内，(3) 在其他学区内，(4) 其他。

(D) 展览：(1) 展览以一定方法做成的成绩，(2) 于某学科中做成的成绩，(3) 其他。

(E) 讲演和报告：(1) 由校长担任，(2) 由视导员担任，(3) 由校外人担任，(4) 由教员担任，(5) 其他。

(F) 鼓励专家图书的阅览：(1) 指示教师必需阅览的书籍，(2) 组织各种阅读的团体，(3) 请教师做读书报告，(4) 学校设置专业图书室，(5) 设置专业杂志，(6) 其他。

(G) 分别与教师们商谈：(1) 于视察以后，(2) 为鼓励他们的，(3) 其他。

(H) 实验：(1) 关于实验的方法，(2) 关于实验组织，(3) 其他。

(I) 辅助教师考核自己的工作：(1) 应用评衡量表 (rating scale)，(2) 应用标准教案，(3) 应用目标的详举法，(4) 其他。

四、训练教师及改进教学的活动和巧术：

(A) 遵守办公时间俾教师易于获得帮助。

(B) 教师团体的合作研究：(1) 学程研究，(2) 方法的改善，(3) 各种教材的选择，(4) 适合个别需要的教学，(5) 其他。

(C) 教师个别的研究：(1) 集团中特殊问题的研究，(2) 教师自身特殊问题的研究，(3) 其他。

(D) 学校的训练：(1) 大学课程的训练，(2) 推广学程的训练，(3) 暑期学校课程的训练，(4) 星期六与课后的补习，(5) 其他。

五、估量视导效果的手续：

(A) 根据学生方面的改变：(1) 依照标准测验所得的结果，(2) 观察学生态度的改善，(3) 其他。

(B) 根据教师或其他教学上的改变：(1) 教师对于视导的态度，(2) 观察教师教法上的改变，(3) 其他。

又恩氏和蔡格（Zeigel）等人曾用客观方法研究视导员的活动问题[1]，他们首从权威的著作中摘取重要视导活动凡72条，再请有经验的视导员品列其等第，并化为百分比。依其统计，在全部最高端1/4中共含项目18条（在另一端最低1/4中共有项目19条），兹录此18条以见重要视导活动的一斑：

(1) 视导教师上课。
(2) 阅读教育刊物。
(3) 出席本学区（the school system）以外的教育会议。
(4) 计划、实行并注目个别讨论的结果。
(5) 履行各种专业会议的任务。
(6) 出席、计划、实行并注目各种分科会议的结果。
(7) 出席、计划、实行并注目各种委员会或分组会议的结果。
(8) 征集教学上必需的教材。
(9) 与家长商谈关于学生方面种种事项。
(10) 研究受视导教职员的兴趣、能力、才具、经验及学历等。
(11) 出席地方社团的会议。
(12) 研究学生的兴趣、能力、才具及经验的背景。
(13) 分析教师对于改良本校教程的意见。
(14) 辅导教师应用新方法和新设备。
(15) 鼓励教师多多贡献改良本校教程的意见。
(16) 鼓励教师参加校外各种教育会议。
(17) 出席、计划、实行并注目各种教职员会议的结果。
(18) 计划、指示教师关于编订日课表。

---

[1] 见 Engelhardt, F., Zeigel, W. H. and Billett, R. O., *Administration and Supervision*, Bulletin 1942, No. 172, *National Survey of Secondary Education*, Monograph No. 11, U. S. Department of the Interior, Office of Education.

从上不难了解视导员应用活动的大概了。

【教育视导的原则】　最末，我举几家关于教育视导原则的讨论，并加以综述。

甲、依表克默里（F. M. Mc Murry）：

(1) 视导须能鼓励教师尽量贡献他们的见解和热忱，并须给他们各种良好的动机。

(2) 视导须在教材、教法和常规执行等方面多多辅导教师。

(3) 视导须辅导教师权衡活动、事实和方法的比较价值。

(4) 视导须鼓励教师独立，创造及自我实现。①

乙、克伯屈（Kilpatrick）则主张：

(A) 生长是最大的目的，其要义：

(1) 生长是圆满生活的精粹；生长即是生活，唯一的途径是生活圆满。

(2) 教师的任务，在助成学生的生长，并使所接触的人们都助成他们的生长。

(3) 视导员的任务，在助成教师的生长，并使他们尽量助成学生的生长。

(B) 专业的研究是必要的：

(1) 依据可靠的材料而研究，期于教育的目的和意义，学习的过程及教材教法的本质和功用等有所贡献。

(2) 教师倘能时求进步，他必将时时生长，愉快；学生亦必

---

① McMurry, F. M., *Elementary School Standards*, World Book Co., N. Y., 1914, pp. 5-12, 175-251.

因而生长，愉快。

(3) 视导员的任务，在适当而有计划地引导教师善于支配，并应用所征集的材料，使大家感觉在进步的社会中，共同致力于开创工作，藉以获到极大的福利。

(C) 民主的视导需要尊重对方人格：

(1) 民主的视导（democratic supervision）需要彼此尊重人格，无论现在或未来都该如此。

(2) 自导（self-direction）系从尊重人格而来；此种权利享受的程度，乃经他人同情的考量所付予者。

(3) 好的教师必许可学生有自导的权利；这便是生长，便是尊重学生的人格。同样视导员亦当设法助长教师的自导，教师因而生长，也就是尊重他们的人格。①

克氏此语乃就杜威教育哲学中之民主、自由、生长数义加以发挥，并应用于教育视导上，其立论之精审不能不叫人佩服。

丙、伯顿（Burton）的见解：

(1) 视导目的在教学的改进。

(2) 视导员应鼓励良教师从事进步的研究和实验，并作更高更重责任的准备。

(3) 视导员对于中材教师的工作应设法纠正、改善，不能达到优良教学的标准的应加以取缔。

(4) 视导应依据确切明晰的标准进行。

(5) 视导应依据明显有组织的计划实施。

(6) 视导应供给需要的工具，使教师能达到悬拟的标准和已定的计划。

---

① Kilpatrick, W. H., Supervision on Masse, in *Journal of Educational Method*, Vol. 2, Oct. 1922.

(7) 视导应视为一种通力协作的手续。

(8) 为求标准的达到和计划的实现，视导虽不免是权威的、科学的或不讲私情的；但必须充分表现一种和蔼同情的态度。

(9) 视导应鼓励教师养成创造、自信、自立和勇于负责的精神和能力。

(10) 行政方面的视导，较之教学视导应居次要的地位。

(11) 视导始于视察，但视察的前后，当有其他必须努力的工作。

(12) 视导的价值，须从视导的结果上判断。

(13) 视导员对于视导工作应有特殊的和切实的训练。

(14) 视导上需要的民主领袖，非具有最健全、最优美的人格不可。[1]

丁、周邦道氏在所著《教育视导》第一章中，也曾标举视导的原则10条，颇为精彩，亦照录于下：

(1) 教育视导应有健全的制度和组织。

(2) 教育视导应认为是一种专业。

(3) 教育视导应以视察为手段，指导为目的。

(4) 教育视导应采分工合作的办法。

(5) 教育视导应有共同的目的。

(6) 教育视导应以被视导者的利益为前提。

(7) 教育视导应采用科学的方法。

(8) 教育视导应抱同情的态度。

(9) 教育视导应发展被视导者创造、自信、自立的能力和精神。

(10) 教育视导应认定是通力协作的工作。

---

[1] Burton, W. H., *Supervision and Improvement of Teaching*, D. Appleton and Co., New York, 1922, pp. 10-12.

尚有他种主张，姑不具论。我把这些话归纳为原则 8 条如下：

一、须绝对尊重对方人格，并以对方利益为前提。

二、须本和蔼同情的态度，以博取对方的互助协作。

三、须发展被视导者之创造、自信、自立的能力和精神。

四、须采用分工合作的办法。

五、须以改进教学为主，行政视察为辅。

六、须有良好的组织和计划。

七、须认为一种专业，一门学术，主持者对之应时时研究，以求进步。

八、视导的方法须是科学的。

研究问题

(1) 调查数省或数县督学的资格加以比较。

(2) 估量一个县督学应具的资格。

(3) 你对于现行督学任用的手续有何批评？

(4) 新县制下县视导人员应具何项资格？

(5) 试分析国民学校及中心国民学校校长视导的任务。

(6) 试分析省督学的任务。

(7) 试用客观方法研究视导员应有的活动并品列其等第。

图书在版编目（CIP）数据

教育行政/罗廷光著. —福州：福建教育出版社，2008.12
（二十世纪中国教育名著丛编）
ISBN 978-7-5334-5173-8

Ⅰ.教… Ⅱ.罗… Ⅲ.教育行政－研究－中国 Ⅳ.G526

中国版本图书馆 CIP 数据核字（2008）第 197196 号

二十世纪中国教育名著丛编

教育行政（上、下册）
罗廷光 著

出版发行	福建教育出版社
	（福州梦山路 27 号 邮编：350001 电话：0591—83706771 83733693
	传真：83726980 网址：www.fep.com.cn）
印　　刷	闽侯青圃印刷厂
	（闽侯青口镇 邮编：350119）
开　　本	850 毫米×1168 毫米 1/32
印　　张	27.75
字　　数	671 千
插　　页	4
版　　次	2008 年 12 月第 1 版 2008 年 12 月第 1 次印刷
印　　数	1—3100
书　　号	ISBN 978-7-5334-5173-8
定　　价	62.00 元（上、下册）

如发现本书印装质量问题，影响阅读，
请向市场营销部（电话：0591—83726019）调换。